중공, 자유중국 그리고 중국

냉전시기 한국인의 중국인식

중공, 자유중국 그리고 중국

냉전시기 한국인의 중국인식

정문상 지음

혜안

책을 펴내며

첫 책을 낸 지 15년 만에 두 번째 책을 낸다. 첫 책은 박사학위논문을 수정 보완하여 출간한 것이었다. 첫 책을 출간한 후 나는 연구 주제를 두 방면으로 확장하고자 했다. 박사학위논문에서 다룬 바 있는 1920년대 상하이 지역의 대학문화 연구를 1930년대와 그 이후로 넓히고자 한 것이 첫 번째라면, 두 번째는 한국인의 중국근현대사 연구 계보를 추적하고자 한 것이었다. 이 책은 두 번째 방면의 연구 주제와 관련하여 그 동안 진행해온 논문들을 단행본 체제에 맞추어 내용을 수정하고 보완한 결과물이다.

첫 책 출간 후 중국근현대사에 대한 나의 관심의 좌표를 찾는 작업을 본격적으로 진행해보고 싶었다. 중국근현대사 연구자의 길에 들어선 이후 내가 줄곧 관심을 가진 문제는 "사회변혁과 청년학생"이었다. 이러한 관심은, 윈다이잉惲代英이란 인물의 사상과 행동에 대한 분석을 통해 5·4시기 신청년의 한 유형을 제시한 석사학위논문으로, 그리고 국민혁명기의 상하이 지역 대학사회에 대한 분석을 통해 청년학생들의 정치, 사회적 활력과 1920년대 정치, 사회변화와의 상관성을 해명한 박사학위논문으로 구체화되었다.

중국근현대사에 대한 나의 관심과 문제의식은 일차적으로 중국근현대사에 대한 개인적인 흥미나 지적 호기심을 반영한 것이었지만, 또 다른 한편으로는 우리 사회의 중국에 대한 관심을 반영하고 그리고 우리 학계의 중국근현대사에 대한 연구라는 보다 큰 흐름 속에 있는 것이기도 했다. 과연 중국근현대사에 대한 나의 관심은 우리 사회와 연구자들의 중국에 대한 어떤 관심과 이해, 그리고 시각과 어떤 관련성이 있는 것일까. 이 문제는 한국인은 언제부터 중국, 특히 근현대 중국에 관심을 가졌고 그 이유는 무엇일까, 과연 근현대 중국을 어떻게 이해하고 해석했을까, 그리고 그러한 관심과 해석 등은 오늘날 나에게 직간접적으로 미치는 영향은 무엇일까 등과 같은 질문과 통하는 깃이었다. 요컨대 우리 사회의 중국근현대사 연구와 해석에 대한 계보를 추적하는 작업과 관련된 것이었다.

이러한 문제를 어떻게 구체화할까 궁리하던 중, 나는 냉전시기에 주목하게 되었다. 지리적 근접성뿐만 아니라 정치, 사회, 문화적 연관성 등을 떠올리면 한국인의 중국에 대한 관심은 역사적으로 상당히 거슬러 올라가지만, 중국의 상대화를 전제로 한 중국에 대한 관심이 보다 체계화되고 게다가 그렇게 체계화된 중국에 대한 관심과 이해가 오늘날까지 미치는 영향력까지 고려한다면, 냉전시기에 주목하는 것이 타당하지 않을까 생각한 때문이었다.

한국인이 근현대 중국에 관심을 가진 이유는 무엇이었으며 어떻게 이해했을까. 그러한 관심과 이해는 어떻게 표출되고 사회적으로 유통되었으며 그와 병행하여 어떠한 중국인식이 형성되었을까. 체계화된 중국에 대한 관심과 이해는 냉전과 어떤 관련이 있을까. 그리고 오늘날 나를 비롯한 우리의 중국 관심과 이해, 그리고 인식에 어떤 영향을 미치고 있을까. 냉전시기에 주목한 연구는 이러한 질문들을 안고 시작되었다. 냉전시기에 체계화된 중국에 대한 이해와 인식이 오늘날 우리의 그것과 어떤 상관성이 있는지를 가늠해보는 것은, 세계적으로 탈냉전의 시기에 접어들었지만 여전히 냉전에서 자유롭지 못한 한반도와 동아시아의 특수성을 고려할 때 적지 않은 의미를 가진다. 우리의 중국인식에 지속되고 있는 냉전성을 문제 삼고 이를 비판적으로 성찰할 수 있는 기회를 제공함으로써 탈냉전과 평화의 한반도와 동아시아를 상상하는 데 유용할 것이기 때문이다.

그간의 연구를 책으로 묶어 내기 위해서 논문 한 편 한 편의 내용을 찬찬히 들여다보니 중복되거나 미진한 부분이 눈에 거슬리고 생각 또한 부족해 부끄러움이 앞선다. 그럼에도 출간을 결정한 것은 그간 진행해온 연구를 일단락 짓고 이를 바탕으로 애초에 가졌던 문제의식을 다시 한 번 되돌아보고 싶은 마음이 간절했기 때문이었다. 그래서 중복된 부분은 과감히 줄이고 미진한 부분은 보완하고 문제의식은 일관되도록 최대한 가다듬어 총 7개 장으로 책을 구성할 수 있었다. 앞의 6개 장에서는 한국인의 중국인식 문제를 집중적으로 다루고 보론에서는 북한의 중국인식 문제를 추가하여 그간 진행해온 연구를 충실히 반영하고자 했으나, 구성과 내용면에서 여전히 만족스럽지 못하다. 부족하고 거칠고 성긴 부분에 대해서는 독자의 기탄없는 질정을 바란다.

책이 나올 때까지 많은 분들의 격려와 도움을 받았다. 연구와 교육, 생활에 이르기까지 조언과 격려를 아끼지 않으시는 여헌 백영서 선생님께 감사드린다. 퇴직 이후에도 여전히 연구와 교육 활동에 여념이 없으신 선생님은 언제나 본보기다. 그리고 한결같이 격려해주시며 도움을 주시는 가천대학교 천화숙 명예교수님께 특별히 감사드린다. 연구에 정진하며 지적 긴장을 수시로 일깨우는, 소카대학교의 황동연 선배님께도 고마운 마음을 전한다. 미국에서 연구년을 보낼 수 있도록 배려해주었을 뿐만 아니라 미국연구자와의 학술교류의 기회까지 제공해준 UCI 사학과 Jeffrey Wasserstrom 교수님에게도 감사드린다. 가천대학교에서 교육과 연구생활이 즐거운 것은 가천리버럴아츠칼리지 교직원들을 비롯하여 문화유산역사연구소와 아시아문화연구소 구성원들, 특히 냉전포럼 참여자들 덕분이다. 고마운 마음이 크다. 연세대학교 사학과 선후배님들과의 즐거운 대화와 격의 없는 토론은 늘 힘이 된다.

연구 진행 과정에서 가천대학교 연구처를 비롯하여 한국연구재단,

동북아역사재단 등에서 개인 또는 공동연구비를 지원받았다. 이들 기관에서 제공한 연구비 덕분에 안정적으로 연구를 진행할 수 있었다. 지원기관은 물론 지원 과정에서 도움을 주신 관계자께 감사드린다. 그리고 타이완 중앙연구원中央研究院 진다이스연구소近代史研究所 방문 때마다 숙박과 연구에 편의를 제공해준 판광저潘光哲 교수님에게도 감사드린다. 마지막으로 녹록치 않은 출판환경에도 출판을 결정해주신 혜안출판사 오일주 사장님께 감사드리며, 빠듯한 일정에도 불구하고 출간을 위해 애써주신 김현숙, 김태규 님께 고마운 마음을 전한다.

누구보다 가족에게 깊이 감사한다. 말없이 늘 후원해주시는 부모님과 장모님께 감사드린다. 졸업을 앞둔 바쁜 마음에도 미소를 잃지 않는 아들에게, 그리고 바쁜 직장생활에도 가족의 소중함을 일깨워주고 건강까지 챙겨주는 아내에게 늘 고마운 마음이다. 사랑의 마음을 담아 이 책을 아내에게 바친다.

2019년 12월 가천대학교 연구실에서

정 문 상

차 례

책을 펴내며 5

서 장 15

제1부 분열된 중국 : "중공"과 "자유중국"

제1장 "반공 냉전형 중공인식"의 전개와 동요 33
　Ⅰ. 들어가며 33
　Ⅱ. "반공 냉전형 중공인식" 34
　Ⅲ. "중공"과 "중국" 사이에서 38
　Ⅳ. 미중화해와 "이상화된 중국인식"의 표출 47
　Ⅴ. 나가며 52

제2장 문화대혁명과 "반공 냉전형 중공인식" 54
　Ⅰ. 들어가며 54
　Ⅱ. 대중 언론매체의 문화대혁명 보도와 관점 55
　Ⅲ. 학계의 문화대혁명 이해와 시각 62
　Ⅳ. 나가며 72

제3장 "자유중국"에서 타이완으로 74
　Ⅰ. 들어가며 74
　Ⅱ. 일본문화에 압도된 반공우방 76
　Ⅲ. 농업근대화의 모델 78

　Ⅳ. 자립과 자강 의지가 넘치는 강소국　80

　Ⅴ. 민주화 도정에 들어선 타이완　85

　Ⅵ. 나가며　87

제2부 중국을 보는 세 가지 시선

제4장 반공주의자의 중국 : 근대화의 일탈　96

　Ⅰ. 들어가며　96

　Ⅱ. 독립운동가에서 역사학자로　97

　Ⅲ. 계몽과 역사학　99

　Ⅳ. 중국의 근대화　102

　Ⅴ. 중국체험, 냉전 그리고 학문　114

　Ⅵ. 나가며　121

제5장 근대주의자의 중국 : 주체적 근대화의 사례　125

　Ⅰ. 들어가며　125

　Ⅱ. 고대사에서 근대사로　126

　Ⅲ. 철저한 고증과 객관　129

　Ⅳ. 주체적 근대화 : 전통의 근대적 변모　133

　Ⅴ. 반제 대중운동의 전개와 근대화　140

　Ⅵ. 나가며　150

제6장 이상주의자의 중국 : 근대의 대안이자 거울　156

　Ⅰ. 들어가며　156

　Ⅱ. "전환시대"와 중국　158

Ⅲ. "인간혁명"과 한국근대화 비판 167
Ⅳ. 개혁개방과 문화대혁명의 유산 175
Ⅴ. 나가며 181

종 장 187

보론| 냉전기 북한의 중국인식
     한국전쟁 후 중국방문기를 중심으로 203

Ⅰ. 들어가며 203
Ⅱ. "피로 맺어진 형제의 나라" 205
Ⅲ. "노동 인민이 주인된 나라" 209
Ⅳ. "농업집단화에 성공한 나라" 213
Ⅴ. 나가며 219

참고문헌 223

미주 233

찾아보기 262

출전 267

일러두기

1. 중국어 지명과 인명은 국립국어원 외래어표기법에 따라 중국어 원음대로 표기했다.
   예) 모택동→ 마오쩌둥, 손문→ 쑨원, 남경→ 난징

2. 중국어 지명과 인명의 한자는 처음 나올 때 병기하는 것을 원칙으로 했다.

서 장

왜 중국인식인가

한국과 북한 사이의 냉전적 대결구도가 화해협력구도로 전환될 가능성이 보이기 시작했다. 한국의 능동적 중재로 북한과 미국이 핵협상에 적극적으로 나섰기 때문이다. 북미 간 핵협상은 북한에 대한 국제사회의 제재완화와 그에 따른 북한의 이른바 개혁개방만을 의미하지 않는다. 북미 간 종전선언이 병행 또는 뒤따를 것이 전망되는 만큼 동아시아의 냉전질서가 해체될 가능성이 점쳐지기 때문이다. 핵협상이 향후 어떻게 전개될지 예단하기 어렵지만, 북미 협상의 귀추에 한국인은 물론 동아시아인 그리고 세계인까지 이목을 집중하는 이유는 여기에 있다.

북미 간 핵협상은 지난 50여 년간 지속되어 온 한반도 냉전구조를 해체하고 화해와 협력, 평화의 길을 열수 있을 것인가? 소망스러운 일이지만, 그러나 그 과정은 결코 간단치 않을 것이라는 점은 누구나 짐작할 수 있다. 여기에는 한국을 비롯한 북미 양국 간의 이해뿐만 아니라 주변국, 이를테면 중국과 일본, 러시아 등의 관심과 이해까지 복잡하게 얽혀 있다는 엄연한 사실에서 기인한다. 북한핵문제는 단지 남북관계의 변화에 그치지 아니하고 동아시아의 새로운 질서의 도래와도 연관될 것이기 때문에, 남북, 북미, 그리고 주변국들 사이에서 치열하게 벌어지고 있는, 그리고 벌어질 여러 층위에 걸친 외교적 타협과 경쟁에 우리의 관심이 집중될 수밖에 없다. 미국은 물론 중국과 일본, 그리고 러시아 등 주변국이 북한핵문제와 한반도 평화구축에 과연 어떠한 역할을 할 것으로 기대할 수 있을까? 이는, 우리가 주변국들과 우호적 관계를 유지하며 상호 이해충돌의 가능성을 최소화하면서 어떻게 이들로 하여금 한반도, 나아가서는 동아시아 냉전구도의 해체와 평화체제 구축에 순기능적 역할을 하도록 할 것인가 하는 질문과 통한다.

이러한 질문에 대한 적절한 답을 찾는 과정에서 필요한 일은 한반도 주변국들은 우리에게 과연 무엇인가를 묻는 일이 아닐까 싶다. 주변국에 대해 우리가 어떠한 태도를 취하고 어떻게 대응해야 하는지와 관련된 질문이기 때문이다. 주변국에 대해 우리는 어떤 관심을 가지고 있으며 이들을 어떻게 이해하고 인식하고 있는지를 살피는 일은 현재는 물론 향후 이들 주변국에게 어떤 순기능적 역할을 기대할 수 있는지 나아가서는 이들과 바람직한 관계를 어떻게 모색하고 전망할 수 있는지 사고할 때 요긴할 터이다.

나는 한국인은 중국을 어떻게 이해하고 인식해 왔는지를 추적하고자 한다. 이러한 추적을 통해 중국은 한국인에게 무엇인지에 대한 답을 찾고자 한다. 중국은, 일본과 함께 한국의 가장 가까운 이웃이다. 가깝다는 것은 지리적 차원만이 아니다. 전통적으로 양국은 정치, 사회, 문화적으로 밀접한 관계를 유지해왔다. 우리가 중국에 관심을 가질 이유는 여기에 그치지 않는다.

현재 북미 간 핵협상 과정에서 드러났듯이 중국은 북한과 매우 밀접한, 즉 전통적 우호협력관계에 있다. 중국이 북미 간 핵협상과정에서 결코 무시할 수 없는 역할을 하고 있으며 이는 이후에도 지속되리라 충분히 예견된다. 말하자면 중국은 남북관계 개선은 물론 동아시아의 평화 체제의 구축 과정에서 중요한 역할이 기대되는 이웃국가인 것이다. 여기에 중국의 부상까지 고려하지 않을 수 없다. 중국은 개혁개방의 성취를 바탕으로 G2로 불릴 만큼 급성장하고 있다. 다방면에 걸쳐 대국화하고 있는 중국은 기존 동아시아 질서는 물론 미국 주도의 세계질서를 변화시킬 주요한 변수로 등장했다. 대국화하고 있는 중국은 과연 한국, 그리고 한반도의 현재와 미래에 어떤 영향을 미칠 것인가, 이에 대해 한국은 어떠한 대응방안을 중장기적으로 구상할 것인가 하는 등의 질문에 우리는 직면해 있다. 우리가 중국에 관심을 갖고 과연 중국은 한국에 무엇인가를 묻고 답하는 작업이 시급한 이유이다. 한국인은 과연 중국을 어떻게 이해하고 인식하고 있을까?

한국인의 중국이해와 인식을 살피는 데 1992년 한중수교가 갖는 의미는 각별하다. 한국전쟁 이후 적대관계를 청산하고 교류와 동반의 관계로 접어든 계기였기 때문이다. 경제적으로 2004년 중국은 미국을 제치고 한국의 가장 중요한 교역 상대국으로 부상했으며, 정치 외교적 관계 또한 긴밀해졌다. 민간 차원의 문화교류도 활발해져 각종 학술과 문화적 교류는 물론 유학생과 여행객은 하루가 다르게 증가했다.

한중수교 이후 다방면에서 이루어진 양국 간 교류와 그 증대는 우리의 중국에 대한 이해와 인식에 영향을 미쳤다. 경제적으로 중국은 한국인에게 "기회"의 대상으로, 외교적으로는 급변하는 국제관계에서 중요한 "협력과 연대"의 파트너로 인식되었다. 여기에 민간 차원의 교류까지 더해져 한국인의 중국에 대한 호감도는 빠르게 상승하는 양상을 보였다. 그러나 한중수교가 중국에 대한 호감도 증가로만 이어진 것은 아니었다.

급격히 늘어난 여행자의 시선만 보더라도 중국에 대한 인식은 결코 긍정적이지만은 않음을 어렵지 않게 확인할 수 있다. 여행과정에서 부딪치는 중국인의 일상생활과 사회주의 체제가 지닌 경직성으로 인한 불편한 경험과 그에 따른 부정적인 인식 또한 표출하는 경우도 적지 않았다. 경제성장을 거듭하고 있는 중국은 우려와 경계의 대상이기도 했다. 가령, 해외시장에서 한국 상품이 중국 상품에 의해 구축驅逐되고 있으며 한국 제조업이 중국으로 이전됨에 따라 제조업의 공동화 현상이 발생하고, 중국에 대한 의존도가 심화되면서 중국경제가 안고 있는 다양한 불확실성이나 중국으로 인한 세계경제의 충격이 한국경제의 안전성을 위협한다는, 이른바 중국위협론이 제기되기도 했다.[1]

이렇듯 한중수교 이후 중국에 대한 한국인의 시선과 인식은 다층적이고 복합적이었다. 전반적으로 호감도가 상승하는 가운데 일상생활과 사회체제의 차이에서 오는 이질적이고 불편한 시선, 그리고 중국의 다방면에 걸친 급성장이 한국에 미칠 영향을 우려하고 그것을 경계하려는 시선까지 표출되었던 것이다. 이러한 한국인의 중국에 대한 시선과 인식이 우려와 경계 쪽으로 급속하게 기울기 시작한 것은 이른바 "동북공정東北工程" 문제가 불거진 이후였다.

우리는 중국을 어떻게 보고 있는가

동북공정은 중국사회과학원中國社會科學院 산하 변경역사지리 연구센터[邊疆史地研究中心]가 주도한 동북 변강 역사와 현상 계열 연구 공정[東北邊疆歷史與現象系列研究工程]을 말한다. 2002년 2월에 시작된 동북공정이 언론 매체를 통해 한국사회에 알려진 것은 2003년 7월 이후였다. 한국의 언론매체는 동북공정을 "고구려를 역대 중국왕조의 지방정권으로 파악하여 그 역사를 중국사의 일부로 편입하려는 대규모 역사연구 프로젝트"라고 소개했고 이에 학계와 시민사회 단체가 호응하여 이를 "역사왜곡"이라고 공개적으로 비판하고 나서면서 동북공정은 한국사회의 핫이슈로 급부상했다.[2]

동북공정이 사회적 이슈가 되면서 한중수교 이후 사회적으로 확산되고 있었던 중국에 대한 호의적 시선과 우호적 분위기는 급반전되었다. 언론매체와 시민사회단체는 이를 "고구려사의 왜곡"을 넘어 "고구려사 빼앗기"로 규정하고 중국과 "역사전쟁"을 불사해야 한다는 결의를 공공연히 내비쳤다. 한중 대결의 필요성이 고취되면서 민족주의역사의 필요성이 강조되었으며 각종 항의와 규탄 집회 그리고 시위를 통해 그와 같은 주장은 반복되고 확대 재생산되었다. 한중간 대결구도는 2007년을 경계로 수습국면으로 접어든 양상을 보였지만, 동북공정에 대한 대응과정에서 중국은 한국인에게 일본에 이어 역사문제를 둘러싸고 "분쟁", 심지어는 "전쟁"을 벌여야 하는 이웃나라가 되었다. 중국은 "패권주의 국가"로 비판되면서 "위협적이고 공세적인 중국", "경계의 대상인 중국"이라는 인식이 한국사회에 확산되었다.

시민사회단체와 언론매체의 즉흥적이고 감정적 대응과 거리를 두었던 학계에서도 중국을 우려하고 경계하는 시선을 표출하기 시작했다.

진보 성향의 대중 역사잡지 『역사비평』에 중국 부상을 경계하는 논조의 글이 게재된 것은 시사하는 바가 적지 않다.³ 동북공정이 고구려사나아가서는 한국 고대사 전체를 중국사에 편입하려는 학술적 시도라는 점에서 문제지만, 더더욱 문제인 이유는 그것이 중국이 한반도에실제적인 정치적 영향력을 행사하려는 장기적인 포석이며 동아시아전통사회에서의 맹주자리를 탈환하려는 문화적 정치적 욕망과 의도를드러낸 점에 있다고 주장하고 나선 것이었다. 말하자면 동북공정의"정치성" 내지는 "대외 팽창의 가능성"을 문제 삼고 그것을 중국부상,대국화와 관련지어 설명하기 시작한 것이었다. 동북공정을 계기로연구자들 사이에 중국의 대국화에 대한 경계심이 생겨나기 시작했음을 시사한다.⁴

한편 동북공정은 "중국의 대내적, 방어적 프로젝트"라며 앞의 관점을 한중간 민족대결구도를 부추기는 보수적 관점이라고 비판하거나,중국의 대외팽창의 가능성을 판단할 때는 "능력과 아울러 의도까지"함께 고려해야 한다는 신중론을 제기하는 경우도 있었다. 하지만 동북공정을 추진하는 취지문에 대한 분석에서 드러나듯, 그것은 학문적차원으로 추진된 것으로 보기 어렵고 그 성격 또한 대내적, 방어적인것으로 국한할 수는 없다. 동북공정 문제가 마무리된 후 한국의 중국사연구자들 사이에 동북공정의 논리, 그 배경과 의도 등에 대한 연구가본격화한 것은 바로 이와 같은 이유에서였다. 아울러 "(팽창의) 의도"를 고려할 때 "중국에서 벌어지는 제반 상황변화"에 대한 객관적인분석만으로는 부족하며 그 못지않게 "역사적 경험과 그에 따른 주변인식"도 중시될 필요가 있다. 특정한 행위는 정치, 사회, 경제적 요인과함께 정신, 심리 등과 같은 주관적인 요인이 결합되면서 나타나기마련이기 때문이다.

이와 같은 점에서, 동북공정을 전후하여 중국사연구자들이 중화주의의 과거와 현재에 본격적으로 주목하기 시작한 점을 눈여겨볼 필요가 있다.[5] 예컨대 중화민족주의와 다민족 통일국가론 등에 주목하여 "한족 중심주의적" 사고 및 세계관의 형성과정과 그 기능, 그리고 그 과정에서 진행된 "한족"의 소수민족, 주변민족과 국가에 대한 차별과 억압, 그리고 팽창의 시도 등을 분석하기 시작한 것이었다.[6] 중국 특유의 전통적 세계관이자 자기인식, 즉 중화주의가 근대시기에 어떻게 지속되었으며 그리고 최근 중국의 정치, 경제, 군사적 부상과 맞물려 어떻게 부활하고 있는지를 추적한 것도 동일한 문제의식에 따른 것이었다. 팽창적이고 위협적 존재로서 중국부상을 바라보고 이를 경계하려는 시선이 학계 내부에서 확산되고 있음을 시사한다.

이러한 학계의 동향은 최근에 이루어지고 있는 중국의 "제국성帝國性"을 문제 삼거나, 중국 사상계의 보수화 문제를 비판적으로 다룬 연구가 등장하면서 좀 더 체계화되고 있는 듯 보인다. 이들 연구에 따르면, 전통시대의 제국성은 대외정책 내지는 대외관이라는 측면에서 근대는 물론 심지어는 현재까지도 계승되고 있으며[7], 그리고 중국의 국민국가는 제국 전통과 단절된 것이 아니라 "그것을 근대적으로 재구성한, 제국적 국민국가"라는 성격을 지녔다.[8] 위와 같은 연구는 중국 사상계의 보수주의화를 문제 삼는 연구와도 통한다. 이 연구는 1990년대에 들어서 중국 사상계는 좌우를 막론하고 전통, 특히 유학에 주목하고 그 가치 원리의 회복에 관심을 집중하고 있는 점을 문제 삼는다.[9] 사상계의 보수화는 사상계의 현실 비판적, 대안 모색적 역할과 기능의 상실을 의미할 뿐만 아니라 나아가서는 전통, 특히 유학을 통한 "문명제국"의 기획을 의미한다고 본다.

그런데 학계에서 동북공정 이후 중국을 경계의 대상으로 보는 관점만 제기된 것은 아니었다. 앞의 관점이 중국근대화 내지는 중국부상과 전통과의 상관성을 해명하고 중국부상의 패권화 내지는 팽창화의 가능성을 드러낸 의의는 있지만, 전통과 근대뿐만 아니라 중국과 주변 국과의 관계를 일면적, 일방적으로 설정함으로써 중국부상을 패권과 팽창으로 한정하여 이해하는 문제가 있다는 주장도 제기되었다.[10] 중국의 대국화가 패권화, 권력화하는 데는 비판적인 자세를 취하면서 도 동시에 다양한 층위에서 시도되는 지구화에 내재한 근대성에 대한 성찰, 대안적 근대의 모색, 근대 극복의 시도 등의 가능성에도 주목할 필요가 있다는 것이다. 중국을 복합적인 시선으로 보자는 이들에게 "비판적 중국연구"는 중국을 이해하고 인식하기 위한 유용한 방법론으로 강조된다.[11] 당대 중국현실과 그 주류적 사유체제에 비판적 거리를 유지하되 중국은 물론 연구자 자신이 속한 사회의 변혁을 동시에 전망하는 연구 자세가 필요하다는 제안이다.

중국의 부상을 보는 학계의 시선이 갈리는 이유는, 중국의 근대화는 물론 중국의 당대 현실이 결코 단순하지 않다는 점을 반영하는 것은 아닐까 싶다. 이러한 점에서 보면 이른바 "제국"을 키워드로 전통의 연장선상에서 근대와 중국부상을 해석하려는 시도는 근현대역사에 작동한 그리고 미래에 작동할 역사의 무게를 환기시킨 의의는 있지만, 그러나 전통과 근대, 그리고 중국과 주변국의 관계를 단순화한 혐의에 서 자유롭지 못하다. 전통과 근대가 지닌 복잡한 양상은 물론 중국과 그 주변국 사이의 상호영향과 작용이 연출하는 복잡다단한 관계를 간과할 우려가 적지 않은 것이다. 게다가 전통(적 요소)을 대안적 근대를 모색하는 유용한 역사적 자원으로 사고하는 상상력을 제약할 우려도 있다.

그렇다고 비판적 중국연구에 입각하여 대국화를 보는 관점이 만족스러운 것은 아니다. 비판과 긍정이라는 얼핏 상반된 관점 사이에서 균형을 잡는 지적 긴장을 늦추지 말 것을 제안한 점에서 매력적이지만, 중국을 비판의 대상이자 근대의 대안으로 보는 기준이 사안에 따라 흔들릴 뿐만 아니라 그러한 관점에 입각한 중국에 대한 평가가 유예적이라는 지적이 있듯이[12], 그러한 관점이 제시하는 중국 이미지 내지는 중국인식은 선명하지 않다는 혐의에서 자유롭지 못하다. 흡사 현실과 이상을 오가는, 사안에 따라 늘 유동하는 것으로 보인다. 물론 인식이란 고정적인 것은 아니지만 그렇다고 해서 수시로 변화하여 특정할 수 없다면, 부상하는 중국을 과연 어떻게 보아야 할지 그리고 그러한 중국에 어떻게 대응해야 할지 판단내리기 결코 쉽지 않다.

　과연 우리는 대국화하고 있는 중국을 어떻게 보아야 할까? 이 문제에 다가설 수 있는 효과적인 방안 중 하나는 과거 우리의 중국이해와 인식을 되돌아보는 것이다. 과거 우리가 중국에 왜 관심을 갖고 어떻게 이해했는지, 그 결과 어떻게 중국을 인식했는지를 면밀히 추적, 분석해보는 것이다. 우리의 중국인식의 계보에 대한 이러한 추적은 과거 우리에게 중국은 무엇이었는지를 해명함과 동시에, 오늘날 우리의 중국인식을 비판적으로 되돌아볼 수 있는 기회가 될 것이라 생각한다.

왜 냉전인가

　동북공정 이후 한국사회에서 확산, 강화되고 있는 중국에 대한 부정적 인식과 경계 심리는 어디서 기인할까? 비판적 중국연구에 입각하여 중국을 사고하고자 하는 또 다른 시도 또한 어디서 기인할까? 이러한 인식과 시도들은 한중수교 이후 한국인의 체험이나 양국관계의 직접적인 산물로 보는 것만으로 적절할까? 한국인의 중국관심과 인식은 오랜 역사를 가진다. 거침을 무릅쓰고 이를 단순화하면 전통, 근대, 현대 등으로 구분할 수 있다. 중국(대륙)과의 관계가 역사적으로 오래된 만큼 중국에 대한 한국인의 관심과 해석 또한 장구했다고 할 수 있다.

그러나 중국에 대한 한국인의 체계적인 해석과 이해는 근대시기에 들어서 이루어졌다고 해야 할 것이다. 근대시기에 들어와서야 비로소 중국에 대한 상대화가 가능했기 때문이었다. 그 이전까지만 해도 중국은 사대의 대상으로 문화적 측면에서 동일시의 대상으로 간주되어온 경향이 강했다. 비록 명말청초 변동기에 소중화를 표방하여 청을 상대화하려는 자세를 보였지만, 그것은 중국문화의 계승자로서 우월의식을 표출한 것이었다는 점에서 실상 중국을 상대화하려는 시도와는 거리가 있었다.

중국을 상대화할 수 있었던 것은 문명론의 대전환이 일어난 서세동점西勢東漸의 근대시기에 들어서였다. 서구적 근대사회에 편입되는 과정에서 사회진화론 등 근대서구사상을 수용함으로써 자신과 세계를 새로이 인식했고 이 과정에서 중국을 상대화할 수 있었다. 상대화의 시작은 "열등한 존재"로서 중국을 인식하는 방향으로 귀결되었다.[13] 적자생존과 우승열패라는 사회진화론의 주요 논리는 중국을 근대화에 뒤처진 존재로 간주하도록 하여 전통시대와는 상반된 중국인식을 형성시켰다. 이러한 인식은 일본을 근대화에 성공적인 사례로 그리고 근대화의 모델로 간주하는 등 새로운 일본인식의 출현을 동반한 것이었다.

중국과 일본에 대한 인식의 변화는 기존 중국 중심에서 일본 중심으로 재편된 동아시아 국제질서를 반영했고, 이에 따라 일본은 한국(인)에게 근대화에 성공적인 사례로 나아가서는 근대화의 모델로까지 간주되었다. 이러한 변화는, 한국인의 주변인식, 특히 중국인식이 일본의 눈을 통해 이루어졌음을 뜻한다. 비록 일제 강점기 한국인의 중국인식이 모두 일본의 중국, 아시아에 대한 인식, 즉 일본 오리엔탈리즘의 영향으로 환원되지는 않지만[14], 그럼에도 그 주류적 관심과 인식은 그 자장 아래 있었다고 보는 것이 타당하다.

근대시기 한국인의 주변인식이 일본 오리엔탈리즘의 자장에 있었다는 점은 근대에 들어 한국인이 중국을 상대화할 수 있었지만 그러한 상대화는 한국인의 독자적인 관점과 인식과는 거리가 있는 것이었음을 의미한다. 한국인이 일본 오리엔탈리즘의 영향에서 벗어나 독자적으로 중국을 사고하고 이해하며 인식할 수 있기 위해서는 일제 식민지배로부터의 해방을 기다려야 했다. 특히 한국인이 체계적으로 중국을 이해하고 그에 따른 독자적인 관점을 만들어낸 것은 한국전쟁 이후에나 가능했다.

해방 직후 중국에 대한 관심은 대부분 동시대적 또는 시사적 차원에 머무는 수준이었던 반면[15], 한국전쟁 이후 각 대학이 복구되고 각종 연구기관과 학회가 조직되면서 중국에 대한 관심과 연구가 본격화될 수 있었다. 그리하여 중국사학계의 경우, 해방 이후 1950년대 중반까지 근대적 동양사학의 정초기定礎期였다면 1960년대는 그 성장기였고 1970년대는 발전기였다고 평가한다.[16] 요컨대 본격적인 중국에 대한 관심과 연구, 그리고 인식은 한국전쟁 이후, 즉 냉전이라는 시대와 밀접히 연관된다.

한국인의 중국관심과 인식의 해명에서 냉전기에 주목하는 또 다른 이유는 냉전기의 중국인식은 전통시대 이래의 한국인의 그것을 응축하고 있기 때문이다. 중국인식은 역사적 경험과 인식체계를 바탕으로 누층적으로 형성된 복합체라는 성격을 갖는다. 예컨대 근대시기 중국인식의 형성에 전통기의 중화주의가 변용되어 영향을 미쳤으며, 근대 시기의 사회진화론적 세계관은 현대의 대표적인 냉전담론인 근대화론과 결합되어 냉전기 중국인식의 형성에 영향을 미쳤다. 한국인의 중국인식은 이전 시기의 인식의 특징적 양상이 변형되어 지속되는 가운데 새로운 요소와 경험이 가미되고 결합되는 방식으로 형성되어 왔던 것이다. 이렇게 보면, 냉전기 중국인식에는 냉전적 요소뿐만 아니라 전통기 이래의 중국인식의 특징적 양상까지 응축된 것으로 이해할 수 있다. 따라서 냉전기에 주목함으로써 역사상 한국인의 중국관심과 인식의 전형적 양상을 해명하는 효과를 기대할 수 있다.

냉전기에 주목하는 세 번째 이유는, 모두에서 말했듯이 냉전으로부터 벗어날 수 있는 기회를 맞고 있는 현 상황과 관련이 있다. 오늘날 세계는 탈냉전의 시기에 들어선 지 오래지만 그것은 유럽의 상황일 뿐이다. 동아시아의 냉전체제는 1970년대 이후 현저히 약화된 것은 분명하다. 동아시아 냉전의 기본 축을 이룬 중국과 미국은 핑퐁외교를 계기로 수교에 이르렀고 미중수교에 앞서 중국은 일본과도 수교를 했다. 특히 중국은 내부적으로 문화대혁명을 수습하며 개혁개방정책을 정력적으로 추구하면서 급속히 탈이데올로기화해갔다. 게다가 한국도 중국과 수교를 함으로써 더 이상 과거의 적대적 이데올로기 대립에 얽매어 있지 않다.

그럼에도, 동아시아는 냉전구도에서 자유롭지 못하다. 동아시아 국제관계에서 보면 휴전선을 경계로 한국과 북한이, 타이완 해협을 두고 중국과 타이완이 여전히 대치하고 있으며, 한국과 오키나와에서는 여전히 미군과의 합동훈련이 지속되고 있다. 이러한 냉전구도의 지속은 유럽 상황과는 다른 동아시아의 특수성이며[17], 이러한 특수성은 미래지향적 동아시아를 사고할 때 반드시 고려해야 할 사안이다.

지속되고 있는 동아시아의 냉전구도는 다양한 방식으로 한국인의 일상과 사고를 제약하고 구속한다. 한국인의 중국인식의 경우에도 예외는 아니다. 따라서 북미간 핵협상이 진행되면서 남북관계, 동아시아 냉전구도에 커다란 변화가 예견되는 상황에서 냉전을 배경으로 형성된 한국인의 중국인식에 대한 비판적 검토는 의미있는 시도라 할 수 있다. 남북문제의 해소, 동아시아 평화체제 구축 과정에서 중국의 역할에 대한 우리의 기대는, 냉전기에 형성된 그리하여 지금까지 영향력을 미치고 있는 중국인식에 대한 비판적 검토에서 시작해야 할 일이다.

냉전시기 한국인의 중국인식에 주목하는 마지막 이유는 우리 학계의 관련 연구가 아직까지 충분치 않다는 점에 있다. 한국인의 중국인식 문제는 근대학문으로 역사학이 한국인에 의해 본격적으로 수행된 이후 중요하게 다루어진 주제 중 하나였다. 연구는 대부분 조공-책봉체제를 중심으로 한 전통시대에 집중하여 왔다.[18] 근대시기의 주제들이 본격적으로 탐구된 것은 최근 들어서였다. 구체적으로 한말/대한제국기에 초점을 맞춘 연구에서는 한국인의 근대적 중국인식이 표출된 계기와 내용이 탐색되었고[19], 일제강점기를 다룬 연구에서는 주로 독립운동가의 중국인식이 다루어졌다.[20] 이러한 성과와 비교할 때 냉전기 연구는 부족하다. 냉전초기의 중국공산당의 한국인식이나 중국국민당의 한국정책에 대한 연구가 진행되고 있는 정도이다.[21] 1950년대부터 1970년대에 이르는 한국인의 중국인식을 해명하는 이 작업을 통해 한중관계에 관련한 우리 학계의 연구가 보완될 수 있기를 기대한다.

어떻게 연구할 것인가

아래와 같은 방법에 따라 연구를 진행하고자 한다.

첫째, 검토 대상 시기를 1950년대, 1960년대, 1970년대로 설정한다. 냉전기 자체를 모두 포괄하기 위해서는 소련이 해체된 시점까지 다루어야 하며, 소련 해체 뒤에도 여전히 냉전구도가 지속되고 있는 동아시아적 특수성까지 고려하자면 1970년대 이후도 분석대상에 포함해야 하지만, 1970년대까지로 시기를 한정하고자 한다. 그것은 동아시아에서의 냉전질서가 1970년대에 들어 질적으로 변동되기 시작한 점에 주목한 때문이다. 동아시아 냉전질서의 기본 축은 미국과 중국의 대결 구도인데 이 구도가 질적인 변화를 보인 계기는 미중화해였고, 이는 당시 지식인에 의해 "탈냉전의 시작이자, 새로운 화해의 시대의 시작"으로 적극적으로 평가될 만큼[22] 동아시아 냉전질서의 변화에서 갖는 의미는 컸다. 1970년대로 분석 시기를 한정함으로써 중국인식의 냉전성을 선명하게 드러낼 수 있을 것으로 기대한다.

둘째, 냉전기 중국인식이 다층적이었음에 주목한다. 냉전질서는 고정되지 않고 변동되었듯이 중국인식 또한 고정적이지 않았다. 전형적인 냉전성 중국인식─나는 이를 "반공 냉전형 중공인식"이라고 부른다─의 등장과 유통뿐만 아니라 그것과는 다른 유형의 중국인식의 표출과 그 유통에도 주목한다. 이른바 "아래로부터의 데탕트"[23]라고 할 수 있는 이러한 중국인식의 출현에 주목함으로써, 한국사회 내부에서 반공 냉전 이념에 비판적이었던 지적활동을 드러내고 이를 통해 냉전기 중국인식이 단일하지 않았음을 제시하고자 한다.

셋째, 분석대상으로 삼은 중국을 중화인민공화국에만 한정하지 않고 중화민국까지 포괄한다. 냉전기 한국인에게 중국은 하나가 아니었다. "중공"으로 불린 중화인민공화국과 "자유중국"으로 불린 중화민국으로 분열되었다. 중화인민공화국의 약진과 그들이 내건 "하나의 중국"정책에 대한 국제사회의 수용 등이 맞물려 1970년대부터 우리사회에서 점차 중공이 중국으로 불렸고 오늘날에는 중화인민공화국을 중국으로 중화민국을 대만으로 부르는 것이 일반적이지만, 그럼에도 분석대상에 중화민국을 포함할 때 냉전시기 한국인의 중국인식의 내용과 그 특징은 온전히 드러날 것이다.

넷째, 지식인들의 중국연구와 그것의 사회적 유통과 확산이라는 관점에서 냉전기 중국인식을 해명한다. 중국인식은 중국에 대한 전문적인 지식이 생성, 축적되고 그것이 사회적으로 유통, 확산되고 거기에 개인적, 집단적 경험이 더해지면서 형성되는 양상을 보인다. 이러한 점에서 보면 냉전기 당대 중국의 이해와 직결된 근현대 중국에 대한 연구자의 연구결과, 이러한 연구결과가 사회적으로 유통된 통로로 기능한 매체분석, 그리고 냉전기 당대 중국에 대한 대중매체의 보도 등에 대한 분석이 요구된다 하겠다.

이와 관련하여 아래의 세 부분에 초점을 맞추어 분석을 진행하고자 한다. 첫째, 냉전기 근현대 중국사 연구를 대표하는 연구자를 선정하여 그들의 근현대 중국사에 대한 관점과 연구성과를 비교 분석한다. 둘째, 상기 연구자를 포함한 각 분야 지식인들의 냉전기 당대 중국에 대한 관점과 이해를 추적하고 그것의 사회적 유통을 해명하기 위해 당시 중요 지식인들의 매체, 가령, 『사상계』, 『신동아』, 『세대』, 『정경연구』 등에 실린 중국 논설을 분석한다. 셋째, 일반 대중들의 중국인식을 드러내기 위해 주요 대중일간지의 중국 관련 기사를 분석한다. 『조선일보』, 『동아일보』, 『경향신문』, 『한국일보』, 『매일경제』 등을 분석대상으로 삼는다.

이상과 같은 문제의식과 방법으로 아래와 같은 순서로 논의를 진행하고자 한다. 제1부에서는 중공과 자유중국이라는 호칭으로 상징되듯이 냉전시기 한국인의 중국인식은 이데올로기적으로 분열되어 있었음을 해명한다. 지식인들의 주요 매체와 일간지에 대한 분석을 통해 중화인민공화국에 대한 주류적 인식, 즉 반공 냉전형 중공인식이 어떻게 표출되고 유통되었는지를 추적하는 한편, 자유중국으로 호칭된 중화민국에 대한 한국인의 시선이 어떻게 표출되고 있었는지를 추적한다. 여기서 분열된 중국인식의 내용과 그 특징을 드러내는 데 그치지 않을 예정이다. 냉전구도의 변화에 따라 주류적 인식과는 다른 중국인식이 출현하거나, 주류적 인식이 어떻게 변화했는지 드러냄으로써 냉전시기 한국인의 중국인식이 다층적이었음을 보이고자 한다.

제2부에서는 한국을 대표하는 세 명의 중국근현대사 연구자를 선정하고 이들은 왜 근현대 중국에 관심을 가졌으며 어떤 연구활동을 진행했는지 그리고 그 결과 어떻게 근현대 중국사를 (재)구성했는지를 분석한다. 분석과정에서 각 연구자는 어떤 유형의 중국인식을 만들어냈는지 주목한다. 이러한 작업을 통해 해당 시기 근현대 중국사 연구가 가진 냉전적 성격을 해명함과 동시에 제1부에서 드러낸 냉전시기 한국인의 중국인식은 어떤 학문적 논리에 의해 지지되고 뒷받침된 것이었는지를 살핀다.

이상과 같은 방법과 절차에 따른 분석을 통해 냉전시기 한국인의 중국인식의 내용과 그 특징을 해명하고, 그것이 오늘날 한국인의 중국인식과 어떤 관련성이 있는지 드러내고자 한다. 이를 통해 한국인의 중국인식의 계보를 드러내고 오늘날 중국인식을 비판적으로 되돌아볼 수 있기를 기대한다.

제1부

분열된 중국 : "중공"과 "자유중국"

제1장

"반공 냉전형 중공인식"의 전개와 동요

Ⅰ. 들어가며

세계 2차 대전 이후 미국과 소련에 의해 주도된 냉전질서가 동아시아에서 본격화된 것은 1950년대에 들어서였다. 한국전쟁을 계기로 남북한은 물론이려니와 미국과 중국 사이에 다양한 차원에 걸친 대결, 대립구도가 본격화되었기 때문이었다. "반공"과 "반미"로 상징된 첨예한 이데올로기 대립을 동반한 냉전질서는, 한국과 북한 그리고 중화인민공화국 등과 같은 동아시아 신생국의 건설 과정은 물론 일본의 전후 성장에도 영향을 미쳤다.

미국이라는 제국에 의존하여 이른바 "냉전형 국민국가" 수립을 지향했던 한국은 반공 냉전 이념에 압도되지 않을 수 없었다.[1] 반공 냉전 이념은 한국인의 자기정체성은 물론 주변인식에 심대한 영향을 미쳤으며, 이 글에서 검토의 대상으로 삼은 중국인식에도 영향을 미쳤다. 반공 냉전 이념이 한국인의 중국인식에 지대한 영향을 미쳤다고 하더라도 냉전기 한국인의 중국인식을 균질적인 것으로 이해할 수는 없다. 동아시아의 냉전질서는 시기에 따라 동요되고 균열되는 양상을 보였기 때문이었다. 냉전기 한국인의 중국인식을 보다 다층적으로 이해하기 위해서는 냉전구도의 변화상을 시야에 넣을 필요가 있다.

이러한 문제의식에서 1950~1960년대의 대표적인 월간 종합 잡지에 실린 중국 관계 논설의 내용을 검토함으로써 1950년대부터 1970년대에 이르기까지 한국 지식인의 시기별 중국인식의 추이와 그 내용을 추적하고자 한다. 이를 위해 『사상계』, 『신동아』, 『세대』, 『정경연구』 등에 주목한다. 『사상계』는 "반공주의, 자유주의, 민족주의"에 입각하여 "민족의 근대화"의 실현을 추구한, 1950년대와 1960년대 중반에 걸쳐 지식인사회에 큰 영향력을 행사했던 대표적인 월간지였다.[2] 1963년 6월 창간된 『세대』와 1964년 9월 복간된 『신동아』는 1960년대의 종합지 시장을 주도한 대표적인 월간지였으며[3], 1965년 1월에 창간된 『정경연구』는 국내외 정치·경제·사회 및 국제관계를 다룬 사회과학 분야의 대표적인 평론지였다.

이들 잡지에는 당시 각 신문사의 외신부 기자뿐만 아니라 국제정치를 중심으로 역사, 경제 등 각 분야 중국전문가의 논설이 상당량 실려 있으며, 논설의 내용은 같은 시기 일간지의 간단한 기사에 비해 심층적이고 체계적이며 전문적이었다. 따라서 이들 잡지에 실린 중국 관계 논설은 냉전기에 본격화된 지식인의 중국 관심과 인식을 드러내는 데 유용한 분석 대상이라 할 수 있다.

II. "반공 냉전형 중공인식"

이미 여러 연구에서 분석되었듯이 『사상계』는 1950년대와 1960년대 중반에 걸쳐 지식인사회에 큰 영향력을 행사했던 월간지였다. 『사상계』에 한국인의 중국 관계 논설이 본격적으로 등장한 것은 1955년을 지나면서부터였다. 그 이전까지는 외국인의 체험담이나 논설의 번역문이 주종을 이루었다. 몇 가지 예를 들면, 류소당의 「중공권내의 지식인」, 마아크 데니안의 「중공의 종교정책」, 어어네스트 A. 그로스의 「중공승인반대의 논거」, CHANG KUO-SIN의 「소위 중공의 지적 자유」 등이었다.[4] 이들 논설에 비쳐진 중국은 "불법, 테러, 강권적 전체주의, 배외주의 정권"으로 국제사회에서 반드시 "고립, 봉쇄되어야 할 대상"이었다.

1955년을 경계로 『사상계』에 한국인의 논설이 등장하기 시작한 데에는 타이완대학臺灣大學에서 4년간의 유학을 마치고 고려대학교에 복직한 역사학자 김준엽과 관련이 깊다. 그는 1955년에 『사상계』 편집위원으로 참여했으며, 1959년 10월부터 1961년 1월까지 3대 편집주간을 맡았다. 이 시기는 4·19혁명을 전후한 때로 『사상계』의 전성기에 해당했다. 편집위원이었던 김준엽은 「중국국민정부는 이렇게 하여 몰락하였다」(상)·(하), 「중공국가체제의 성립」 그리고 「중공의 인민지배기구」(상)·(하) 등을 차례로 발표했고, 1958년에는 사상계사에서 단행본 『중국공산당사』를 간행했다.

김준엽은 『중국공산당사』 서문에서 "괴물" 중국공산당이 "인류의 평화를 위협할 만큼 성장한" 이유와 배경을 해명하는 것이 자신의 저술 동기라고 밝혔다.[5] 중국공산당을 "괴물"에 비유하고 "인류 평화의 위협세력"으로 간주한 데서 그리고 자신의 저서가 "(한국인의) 대공투쟁에 반드시 도움이 될 것으로 믿는다."고 바란 데서, 당시 그는 반공주의에 입각해 중국을 관찰, 분석하고 있었음을 알 수 있다. 그에 따르면, 중국공산당은 민족주의적이거나 민주주의적 성향을 띤 독자적인 정치세력이 아니라, 소련의 "노예"로서 프롤레타리아트 독재실현을 추구했던 "기만적인 정치세력"이었다. 중화인민공화국은 공산당 독재사회, 특히 마오쩌둥毛澤東(1893~1976)의 개인독재사회였으며, 그 출현은 아시아는 물론 세계 평화를 위협하는 공산세력의 등장이자 "자유 진영에 대한 일대 경종"이었다.[6]

반공주의에 입각한 그의 중국 이해는 1950년대 『사상계』 지식인들 사이에 공유되었던 이른바 "문화적 민족주의"라는 이념의 반영물이기도 했다. 문화적 민족주의란 "서양을 따라 가야 할 모델로 설정하고 근대적 지식 엘리트가 주체가 되어 교육과 계몽이라는 수단을 통해 민족의 문화, 사회, 경제적 자강을 달성하려는 이념"으로 이해된다.[7] 한말 애국계몽운동과 1920년대 안창호(1878~1938) 등의 문화적 민족주의자 등을 사상적 계보로 한 이념에 입각하여, 『사상계』 지식인들은 미국적 자유민주주의를 국가이념의 모델로 설정하고 교육과 계몽을 통해 민족의 근대화를 실현하고자 했다.

반공주의적 성향에다가 문화적 민족주의에 입각해 있었던 그에게 중국공산당 또는 그 독재정권은 "경계와 적대 그리고 투쟁의 대상"이었다. 그의 중국인식은 그가 편집위원과 편집주간으로 재직했던 1955년부터 1961년까지 『사상계』의 중국 관계에 관련한 각종 논설에도 투영되었다. 1955년부터 1961년까지 『사상계』에 게재된 중국 관계 논설은 번역문과 비교적 짧은 시사성 글이 주종을 이루었다. 가령, 칼 A. 비트포겔의 「중공의 강제노동」, C. M. 장의 「중공의 현실」, W. 라데진스키의 「중공의 농촌과 농민」 등 번역문과 홍승면의 「중공의 대對자유진영 외교정책」 등의 논설이 있었으며, 그 밖에 대부분 「움직이는 세계」라는 제목의 시사 단편류 글들이었다.

비트포겔은 중공은 각종 국책 사업에 형사범을 강제 노역시키고 있다며 이는 "일종의 현대판 노예제도"에 해당한다고 비판했으며[8],

W. 라데진스키는 중공 초기 토지개혁으로 일시 농민들의 생산의욕을 증대시켰으나 급속하고 과도한 집단화 정책 때문에 생산량은 저하되고 마침내는 정체되었다고 비판하고 중공은 결국 농민들로부터 충성심을 획득하는 데 실패할 것이라 주장했다.[9] 홍승면은 중공의 자유진영에 대한 외교정책의 기조는 대중공 군사포위망을 약화시키기 위해 미국을 국제사회로부터 고립화하려는, 즉 반미노선에 있다고 주장했다. 미국과 동맹국간을 이간질하거나 원교근공遠交近攻이라는 전통적 외교술을 활용하여 아시아·아프리카 블록을 구축하는 것이 그 구체적인 정책이라며 중공은 국제문제를 처리하는 데 소련에 비해 "더 전투적이고 공격적이며 비타협적"이라고 강조했다.[10]

비트포겔이 강제노동문제, 라데진스키가 농업집단화 문제 그리고 홍승면이 대외정책 등을 다루었다면, C. M. 장은 좀 더 폭 넓은 문제를 다루었다. 중국공산주의와 전통의 상관성, 마오쩌둥 사상의 독창성, 중화인민공화국과 소련의 관련성, 중화인민공화국의 "평화공존" 외교노선의 본질 등이 그것이었다.[11] 그는 중화인민공화국의 전체주의는 중국의 문화적 전통, 특히 유교와 아무런 관련이 없으며 오히려 중화인민공화국에서는 유교를 비롯한 중국의 문화적 전통이 철저히 파괴되고 있다고 주장했다. 그리고 마오쩌둥 사상의 독창성으로 일컬어진 농민동원전략은 전통적인 집권방식이고, 농민혁명사상은 레닌의 발명품에 불과하며, 신민주주의론 또한 1920~30년대 코민테른 문헌의 "상식"에 속하는 것으로 마오쩌둥의 독창성과는 어떠한 관련도 없다고 강조했다. 또 많은 서양의 관찰자들이 중공을 소련과 대등한 동료국가로 간주하지만 사실은 소련의 지도를 받는 위성국에 불과하다고 역설했다. 중화인민공화국이 내건 "중립주의" 또는 "평화공존" 주장은 공산주의의 최종적 승리를 위한 전술에 불과한 것이며 따라서 자유세계,

특히 미국은 중공과 교역관계를 정상화하거나 그들의 유엔가입을 허가하는 등 타협적인 자세를 취해서는 "아시아 전체의 정복을 지향하는 중공의 진군을 막을 수 없을 것"이라고 경고하기도 했다.

『사상계』의 논설들로 중국은, 농민을 동원하여 권력을 쟁취한 "전체주의국가", 정치적 독립성이 없는 "소련의 위성국", 중국의 문화적 전통과는 그 어떤 관련성도 없을 뿐만 아니라 오히려 파괴까지 서슴지 않는 "반문명적 국가", 농업집단화를 통해 농민의 생산의욕을 억누를 뿐만 아니라 현대판 노예제도까지 실시하는 "독재국가", 평화공존과 중립주의를 내세워 반미를 통해 세계 공산주의화를 달성하려는 전투적이고 공격적이며 위협적인 "팽창주의 국가" 등으로 규정되고 형상화되었다. 이러한 반공 냉전 이념에 입각한 중국관은 「움직이는 세계」라는 칼럼을 통해서 좀 더 직접적으로 표출되었다. "한창 공부할 나이에 각종 노동과 정부정책에 동원되어 혹사당하고 있는 중학생"[12], "곡식을 먹는다는 이유로 소총, 고무총, 돌팔매 등으로 모조리 죽임을 당하고 있는 참새"[13], "마치 개미떼처럼 말없이 죽도록 일만하고 있는 6억 인구"[14], "강제적인 인민공사화로 완전히 파괴된 가정생활"[15] 등의 내용은 중공을 "괴상망측"하고 "광증狂症"에 사로잡힌 비정상적인 정치집단으로 형상화시키기에 충분했다.

III. "중공"과 "중국" 사이에서

『사상계』를 통해 표출되고 형성된 이른바 반공 냉전형 중공인식은 1960년대에 들어서도 그다지 큰 변화를 보이지 않았다. 오히려 위협세력이자 경계의 대상으로 중국을 보는 시선이 강화되는 양상까지 보였다. 그럼에도 지식인 일각에서는 반공 냉전형 중공인식과 거리를 두거나 그것에 비판적인 입장을 제기하기도 했다. 반공 냉전형 중공인식과는 다른 중국에 대한 시선이 도출될 가능성을 보였던 것인데, 이러한 양상은 중소논쟁과 미국발 "신중국관", 그리고 문화대혁명(이하, 문혁)을 관찰하거나 평가하는 가운데서 나타났다.

중소논쟁은, 1956년 소련공산당 20차 대회에서 흐루쇼프Nikita Sergeevich Khrushchyov(1894~1971)가 이른바 사회주의에로의 평화적 이행과 평화공존론을 주장하면서 미국과의 투쟁이라는 소련의 공식 이데올로기를 비판하고 나서면서 시작되었다. 이후 소련과 중국은 대미정책과 세계 공산주의 혁명운동, 나아가서는 국경문제를 둘러싸고도 대립하고 갈등했다. 양국 사이에 전개된 논쟁과 갈등은 소련의 중국에 대한 군사적 기술적 지원이 전면적으로 중단되면서 한층 격화되었다.

중소논쟁은 냉전체제의 변용과 종결에 큰 영향을 끼친 계기였다.[16] 냉전의 한 축인 공산권 내의 대립과 다극화를 초래했기 때문이었다. 게다가 미중화해의 가능성까지 충분히 예견할 수 있는 중요한 사안이기도 했다. 그러나 당시 지식인들은 중소논쟁이 가진 그와 같은 의미를 간파하지 못한 듯하다. 냉전이념으로 중국을 보는 관점에서 벗어날 필요가 있다는 주장을 제기하는 정도에 그쳤다.

가령, 중소논쟁을 계기로 이제는 국제관계를 "이데올로기가 아니라 국익과 실리 차원에서 볼 필요가 있다"고 강조하거나[17], 전후 20년 동안 한국사회는 이데올로기 속에 파묻혀 살아왔음을 반성해야 하며 이제 새로운 "드라이한 리얼리즘"에 입각한 정치풍토를 만들어 나가야 한다고 제안하고 나선 것이었다.[18] 한 걸음 더 나아가 이제는 중공이 아닌 중국이라는 호칭을 사용해야 한다는 주장까지 제기되었다.[19] 냉전이념을 반영한 중공이라는 호칭 대신, 국제관계의 한 주체로서

의미를 갖는 중국이라는 호칭을 사용해야 한다는 문제제기였다. 이러한 주장들은 그간 한국사회를 압도해왔던 반공 냉전적 중공인식이 동요 내지는 균열을 보이기 시작했음을 뜻한다.

그럼에도 당시 지식인들은 중소논쟁이 중소 대결 혹은 분열로 나아갈 것이라고까지는 전망하지 못했다. 비록 양국이 논쟁을 벌이고 있지만 이는 "동일한 공산체제를 가진 양국 사이의 근소한 이념논쟁에 불과한 것"으로 언젠가는 타협할 것이라고 보는 것이 일반적이었다.[20] 이는, 대체로 당시 지식인들에게 중소 양국은 동일한 공산체제로 간주되고 있었음을 시사한다. 중소논쟁이 갖는 심각성이 인식되기 시작한 것은 1969년 3월 우수리강의 다만스키 섬에서 양국 군대가 충돌하면서부터였다.

게다가 중소논쟁이 공산권 내의 대립과 다극화를 가져올 것이라고 예측했던 지식인이라 하더라도, 소련과 이념 분쟁을 벌이고 있던 중국은 오히려 이전보다 더 경계해야 할 대상으로 간주할 필요가 있다고 역설하기도 했다. 소련의 원조 중단 이후 급속한 경제건설로 자립화를 추구하는 한편 대외적으로도 독자노선을 걷고 있는데, 이러한 자립화와 독자노선은 "더욱 더 위험하다"는 이해였다.[21] 즉 경제적 자립화의 성공적 추진을 위해 대내적 결속력을 강화할 요량으로 다양한 정치사상 교육을 강화하는 한편 대외적으로 이전보다 더욱 강경한 독자노선까지 추구함으로써 안으로는 마오쩌둥 지배 체제를 공고히 하면서 밖으로는 자기세력권을 극대화하는, 즉 강대한 "대중화제국"을 건설하려는 "공격적이고 호전적인 팽창정책"을 취할 가능성이 농후하다는 진단이었다. 국제공산주의운동의 또 다른 중심으로 부상하고 더욱이 "대량살육의 무서운 핵 이빨을 가진 진짜 공룡"으로 변모하고 있기 때문에 더욱 "증오하고 경계해야"할 대상이라는 주장이었다.

반공 냉전형 중공인식이 한국사회를 압도했던 것은, 미국의 대중정책 내지는 중국인식의 영향 때문이기도 했다. 미국은 중공을 "비합법적 과도적 존재"이자 "침략적 팽창주의적이며 소련의 지배 아래 있는 세계 공산주의의 일부"로 간주했으며 이러한 중국을 "군사적으로 봉쇄하고 외교적, 정치적으로 고립시킬 뿐만 아니라 경제 기타 수단을 동원하여 그 영향력을 약화시키고 종국에는 파멸시키는 정책"을 견지해왔다.[22] 이러한 미국의 대중 봉쇄정책은 중소논쟁과 대립을 계기로 소련보다 중공이 더 호전적이라는 판단 아래 더욱 강화되는 양상까지 보였다.

　그런데 흥미로운 사실은, 1960년대 중반부터 미국사회 내부에서 기존의 대중정책을 대신할 새로운 정책이 채택될 필요가 있다는 논의가 본격적으로 제기되기 시작했다는 점이다. 새로운 대중정책은 1966년 3월 8일부터 30일에 걸쳐 미상원 외교위원회 청문회에서 제기되었다. 여기서 논의된 대중정책과 인식은 곧장 한국에 소개되었다.[23] 사실 청문회에서 새로운 중국정책만이 제기된 것은 아니었다. 정부의 기존 정책 방향을 옹호하는 보수적인 정치인과 관료, 학자들도 참여하여 "계속적인 봉쇄와 고립화 정책의 추진"을 역설하기도 했다. 그러나 대세는 기존 정부의 대중정책의 수정을 강력히 권고하는 것이었다.

　청문회 증인으로 참여하여 새로운 대중정책의 필요성을 피력한 중국전문가는 도크 바네트(콜럼비아대학), 존 K. 페어뱅크(하버드대학), 한스 J. 모겐소(시카고대학), 로버트 A. 스칼라피노(캘리포니아대학) 등 교수였다. 학자마다 차이는 있지만 공통적으로 주장한 내용을 요약하면 아래와 같았다. 첫째, 중공의 호전적인 언동은 실제 침략할 의도를 드러낸 것이라기보다는 욕구불만에 따른 것이다. 둘째, 중공은 향후 10년 내지 20년 동안 군사적으로 "종이호랑이"에 불과할 것이며 경제적으로도 "대약진"에 따르는 후퇴로부터 회복되기 어려울 것이다. 셋째, 현재 팽창주의적이지만 행동은 신중하며 통설과는 달리 그 수뇌부는 핵전쟁의 위험을 숙지하고 있고 미국의 핵공격을 초래하지 않도록 노력하고 있다. 넷째, 중공은 혁명을 수출할 수 없으며, 린뱌오林彪 (1907~1971)조차 베트남 민족해방전선을 지지할지 주저하고 있으며 북베트남에 장기투쟁을 권고하고 있다. 다섯째, 중공의 외교정책의 기조는 마오쩌둥 생존 기간 중 큰 전환을 기대할 수는 없지만 권력상층부에 제3세대가 진입하면 유연하게 변화될 가능성이 있다. 여섯째, 미국은 중공이 거부해온 유엔가입, 외교승인, 금수완화, 접촉확대 등을 권고하는 고립없는 봉쇄정책을 채택할 필요가 있다.

요컨대 청문회 참가자들은, 기존 미국의 대중정책을 중공지도부의 의지를 정확히 읽지도 못한 채 그 능력을 과대평가한 데 입각한 것이었다고 비판하고, 중국의 외교정책은 마오쩌둥 사후 유연하게 전환될 가능성이 있다고 전망했다. 이러한 전망에 근거하여 "감정에 치우친" 기존 인식에서 벗어나 "이성적, 현실적으로" 바라보아야 한다고 주장했다. 중화인민공화국을 대륙의 실제적인 지배정권으로 인정하는 "두 개의 중국론"에 입각하여 다양한 차원에서 타협과 협조, 그리고 교류를 진행하는 고립없는 봉쇄정책을 추구해야 한다고 역설했다. 이른바 도미노이론에 입각한 기존 대중정책을 비판하고 온건하며 타협적이고 현실적인 대중정책을 모색할 필요가 있음을 주장한 것이었다.

이상과 같은 대중정책과 중국관은 "미국인 일반의 중공관을 적시敵視로부터 정시正視로 돌려놓게 된 계기였다."고 평가[24]될 정도로 기존 미국사회에 던진 충격은 컸지만, 반공 냉전형 중공인식에 압도된 한국사회에 미친 충격은 더욱 컸다. 그 충격의 강도는 미국의 새로운 대중정책에 대해 비판적인 반응을 보인 데서 충분히 짐작할 수 있다. "중공에 문호를 개방함으로서 그 호전성과 침략성을 감소시킬 수 있다고 보는 나라들(특히 미국ㅣ인용자)의 시각"은 "결국 어리석은 일이라 하지 않을 수 없다."고 원색적으로 비판하고, "호전적이고 침략적인 중공을 규탄하고 견제함에 추호의 이완弛緩이 있어서는 안 될 것"이라며 경계의 눈초리를 거두지 않았다.[25]

그럼에도 일각에서는 기존 반공 냉전형 중공인식을 재고할 필요가 있다는 목소리가 조심스럽게 제기되고 있었음에 주목할 필요가 있다. 바네트 교수가 제안한 "두 개의 중국론"이 미국의 공식적인 대중정책으로 채택될 것으로 충분히 예견된다며 이에 "대비해야 할 필요가 있다."고 힘주어 강조한 논설에서 그와 같은 입장 변화를 감지할 수 있다. 이 논자는 기존 "이념적 편향"에서 벗어나 한국 독자적인 입장에서 "(두 개의 중국론의 문제를) 진지하게 연구하고 또한 우리의 마음의 자세를 준비할 필요가 있다."고 주장했다.[26] 독자적인 연구의 필요성과 자세 준비를 강조한 것은, 기존의 이념적으로 편향된 중국인식, 즉 반공 냉전형 중공인식에서 이제는 벗어날 필요가 있다는 문제제기였던 것으로 이해된다.

이러한 분위기 속에서 반공 냉전형 중공인식에 정면으로 도전하는 주장이 등장했다. 중국역사학자 민두기가 "공산중국"을 "일종의 근대화라 평가해야 한다."고 주장하고 나선 것이었다.[27] 그는 "공산중국"에 대한 이해가 단순한 정치학적 또는 정치사적 관찰에 치우쳐 있는 현실이 "염려스럽다."고 지적하고 역사적 관점에 입각하여 공산화과정을 이해하는 좀 더 긴 호흡의 시각이 필요하다고 주장했다. 그의 주장에 따르면, 5·4운동 이후 중국사회에서 이른바 "자유주의적 관심"이 대두되었지만 이를 적극 발전시켜야 할 중국국민당이 제 역할과 기능을 수행하지 못해 결국 "사회주의적 관심"을 계승한 중국공산당의 공산화에 길을 내 주었다. 게다가 중국국민당은 농민문제, 농촌문제를 해결하려는 적극성도 발휘하지 못했다. 반면 중국공산당은 국가적 독립과 공업화를 지향하는 성과를 거두었으며 이후 토지개혁과 신혼인법 등을 통해 "농민의 자기표현욕구와 에네르기"를 계발할 수 있었다.

이와 같은 시각은 기존 반공 냉전형 중공인식과는 사뭇 다른 것이었다. 반공 냉전형 중공인식에 따르면, 중국의 공산화는 "소련의 음모, 일본의 중국 침략, 그리고 미국의 대중정책"의 산물일 뿐 결코 민족주의적이지도 그리고 민주주의적이지도 않았다. 게다가 공산화는 근대화 달성과는 아무런 관련도 없었다. 그러나 민두기는 "중국의 공산화는 근대화의 또 다른 길"이며, 중화인민공화국의 건설은 "(중국적) 근대화를 추구해 가는 과정"으로 이해되었던 것이다.

1960년대 중반에 민두기 식의 발상이 제기될 수 있었던 이유와 배경은 어디서 찾아야 할까. 첫째, 앞선 논의의 연장선상에 보면, 이는 냉전질서의 변동과 관련되어 이해할 수 있을 것으로 보인다. 1950년대 중반을 넘어서면서 기존 냉전질서는 변동되기 시작했다. 소련의 흐루쇼프의 스탈린Iosif Vissarionovich Stalin(1879~1953) 비판 이후 중소논쟁이 전개됨으로써 공산권 내의 대립과 다극화가 전개되었으며 이 과정에서 냉전이념과 긴장, 대립해 가고 있는 내셔널리즘의 문제가 지식인사회에 적극적으로 사고되기 시작했다. 또 다른 한편으로는 1960년대 중반 미국사회 내부에서 새로운 중국정책과 중국관이 본격적으로 제기되는 등 기존의 봉쇄정책에서 벗어난 온건하고 타협적이며 현실적인 대중정책이 모색되고 있었다.

둘째, 좀 더 직접적으로는 민두기로 대변된 지식인들의 냉전 경험과 관련해서도 이해되어야 마땅하다. 이 점과 관련해서 근대화론에 대한 그의 관점에 주목할 필요가 있다. 널리 알려져 있듯이 근대화론은 미소 냉전 대립의 확산에 직면하여 미국에서 만들어낸, "계급혁명 없이도 역사는 단계적으로 발전할 수 있다."는 사회발전논리였다.[28] 근대화론은 미국의 대한문화정책에 따라 미공보원을 비롯하여 여러 사립재단의 다양한 교육, 연구사업을 통해 한국에 본격적으로 유입되었으며, 이후 근대화 개념 정의를 비롯하여 한국 방향 설정과 방법 등을 둘러싸고 주요 논쟁거리로 부상했다.

근대화를 "정치적, 사회적 민주체제의 수립과 경제적 공업화의 달성"으로 파악하고 이해한 점에서는 대동소이했지만, 근대화 과정에서 "전통"의 문제를 어떻게 설정할 것인지 하는 문제를 둘러싸고는 의견이 갈렸다. 반공 냉전형 중공인식을 만들어낸 지식인의 경우 근대화 과정에서 전통은 부정되고 극복되어야 할 대상이었으며 근대화 과정을 서구화로 이해하려는 경향이 강했다. "후진적인 전통 중국 사회"가 공업화를 달성하고 서구적 가치를 수용해 가는 과정이 근대화였으며, 중화인민공화국이 수립됨으로써 그러한 근대화로부터 중국은 일탈하고 말았다고 파악한 것이었다.

반면 민두기는 근대화를 전통과의 유기적인 관련성 속에서 파악하고자 했다. 전통에서 근대국가 수립의 논리와 그것을 추진해갈 주체를 찾고자 했다. 그에게 근대화란 전통과의 단절이 아니라, 전통의 근대적 면모과정이었다.[29]

1960년대 중국인식의 양상을 살피는 데 문혁 또한 중요한 사건으로 간주할 필요가 있다. 문혁은 기존의 반공 냉전형 중공인식을 한층 강화시킨 계기였을 뿐만 아니라 그것과 다른 유형의 중국인식을 출현시킨 또 다른 계기로 작용했기 때문이었다. 이 글에서 분석 대상으로 삼은 월간지에서는 애초 문혁을 사상문화운동의 일환으로 보도했지만[30], 펑전彭眞(1902~1997)이 베이징北京시장에서 해임된 소식이 전해지면서 문혁의 본질은 권력투쟁에 있다고 기사화하기 시작했다. 그의 해임은 마오쩌둥 후계 문제를 둘러싼 권력투쟁의 시작이며[31], 사상문화운동의 본질은 권력투쟁에 있으며 공산주의 사회의 특징인 1인 독재가 달성될 때까지 지속적인 숙청은 불가피하다는 내용의 논설들이 등장한 것이었다.[32] 문혁을 다룬 대부분의 논설들은 이러한 권력투쟁설에 입각해 있었다.

흥미로운 점은, 이들 논설들이 공통적으로 이 권력투쟁을 "비정상적", "비현실적", "비합리적"인 것으로 강조하고 있었다는 사실이었다. 마오쩌둥·린뱌오 독재체제를 구축하기 위한 권력투쟁으로 진행되고 있는 문혁은 "어느 전제적 지배자나 독재정권도 감히 하지 못한 완전히 인간의 상궤常軌에서 벗어난 당돌하고 엉뚱한 시도"라는 주장이었는데, "상궤를 벗어난 비정상적이고 비합리적인 방식"이란 바로 홍위병운동을 가리키는 것이었다.[33] 15~16세부터 20세를 전후한 청소년들로 구성된 홍위병은 "어린 이리떼처럼" 길거리를 몰려다니며 "청조 말 광신적인 의화단 사건을 방불케 하는" 맹목적 배외운동을 전개하는 한편 "개인의 자유는 물론 전통 문화까지 모조리 말살하는 횡포한 난동"까지 벌이고 있다는 것이었다. 마오쩌둥과 린뱌오가 자신의 반대파의 기반을 일거에 철저히 제거하기 위해 "광적이리만치 부정적이고 파괴적인"의 홍위병운동을 적극 동원하고 있다는 관찰과 분석이었다.

권력투쟁에 홍위병이 동원됨으로써 국내적으로 각종 유혈투쟁이 격화되고 정국은 혼란에 빠져 내란 상태에 이르렀으며, 국제적으로는 서구자본주의국가는 물론 소련과 동구 사회주의국가들로부터도 "미치광이 국가"로 비난받기에 이르렀다고 이해되었다.[34] 내란으로 치달으면서 외교적으로는 고립무원의 처지에까지 놓인 중국은 위협의

대상이었다. 무정부상태에 빠져 홍위병의 맹목적 배외운동을 제지하
지 못할 것이며 그에 따라 이성에 의해 통제되지 않은 홍위병의 저돌적
인 외교적 모험이 충분히 예견될 수 있다는 판단 때문이었다. 더욱이
문혁이 진행되는 가운데서도 핵실험을 강행하고 있는 중국은 가히
위협적이지 않을 수 없었다.[35] 중국의 석유공업의 발전상을 분석한
논자의 경우에도 군사적인 면에서 석유공업이 가지는 의미와 잠재력
에 "예리한 주의를 기울일 필요가 있다."며 경계심을 늦추지 않았다.[36]

이상과 같은 문혁 관련 논설들은 "비정상적, 비합리적 권력투쟁"을
일삼는 중공, "혼란되고 파국으로 치닫는" 중공, 그리고 "저돌적이고
호전적이며 위협적인" 중공이라는 이미지를 형성시키기에 충분했다.
이러한 이미지는 부정적이고 위협적인 중국인식을 재생산시키면서
기존 반공 냉전형 중공인식을 더욱 강화시켰다.

Ⅳ. 미중화해와 "이상화된 중국인식"의 표출

1960년대 말~1970년대 국제 문제를 다룬 대부분의 논자들은, 1970
년대의 국제질서는 기존의 "미소 양극체제"에서 "다원적 국제질서",
"다극체제", "다극적 균형체제", "미-일-중공 삼각체제"로 변화되고 있
다고 진단했다. 이러한 국제질서의 변동을 가져온 핵심적인 요인은
미중 양국의 국내외적 여건의 변화에 따른 화해의 추구에 있었다.
미국은 베트남전쟁에서의 실패에 따른 아시아태평양지역에서의 지위
의 급격히 감소와 국내 반전론의 확산[37], 그리고 국제사회에서의 중국
의 부상 등으로 기존 봉쇄정책을 재고하지 않을 수 없었으며, 중국은
문혁 종결 후 저우언라이周恩來(1898~1976)의 온건한 대외정책이 부활되

는 가운데 미소 양국과의 양면전을 피하기 위한 조치로 미국과의 화해가 추구되고 있었던 사정이 작용한 결과라는 것이었다.[38] 중국의 부상과 미중화해로 기존 동아시아 질서는 큰 변화를 맞게 되어 기존 냉전체제의 두 축이었던 미국과 소련에 중국과 일본이 가세된, "미-일-중공 삼각체제" 또는 "다극체제"가 형성될 것으로 전망되었다.

논자들은 이러한 새로운 동아시아 질서의 구축에 대해, "전후 시대가 종말을 고하고 새 시대에 진입했으며 … (이는) 냉전구조가 아닌 긴장완화 구조이며 상호견제에 의한 세력균형의 구조가 형성되었다."[39]고 평가하거나, "미소 양극화와 이념적 분립에 근거한 냉전시대는 종언을 고했으며 이제 새로운 화해의 시대가 도래했다."는 등[40] 의미를 부여했다. 바야흐로 화해와 긴장완화 그리고 세력균형에 의한 새로운 시대, 즉 전후 냉전체제의 종결과 탈냉전시대가 왔다는 판단이었다.

1970년대 탈냉전시대의 도래를 촉발시킨 미중화해는 한국사회에서 충분히 예견된 사안은 아니었던 듯하다. 전격적으로 이루어진 미중화해에 지식인들은 당혹스러운 반응을 보였다. 특히, 국익을 위해 이데올로기적으로 적대했던 국가와 화해를 추구하며 새로운 국제질서를 만들어 가고 있는 "냉정한" 강대국의 모습에 적잖이 당혹해했다. "세계정치 속에서 영원한 적도 영원한 벗도 없다."[41]거나, "열강정치의 비정의 원리가 작동하는 세계"[42]라는 언급에서 당시 지식인들이 느꼈을 당혹감을 짐작할 수 있다. 적대국 중공과 화해하고 탈냉전시대를 열어가는 미국에 불편한 심기를 드러내기도 했다. 닉슨 대통령의 중국방문 이후 미국 내에서 확산되고 있는 중국 친화적 인식에 영향을 받아 "중공은 평화주의자라거나 비팽창주의적이라는 오해가 생길 우려가 있다."며 "우리는 미국인의 주장을 맹목적으로 덮어놓고 따라갈 수만은 없다."고 주장하거나[43], 닉슨 대통령의 중국방문을 계기로 미국

내에서 불고 있는 중국 붐과 일본의 친중공적 접근을 "놀라운 일"이라며 이들은 "진흙구렁을 가까이 하는 것 같은 불안감"을 우리에게 준다며[44], 불편한 속내를 감추지 않았다.

그럼에도 미중화해와 그에 동반한 탈냉전적 국제환경의 조성은 과거 반공 냉전형 중공인식과는 다른 중국 관심과 인식을 본격적으로 표출시키기에 충분했다. 먼저 1960년대부터 반공 냉전형 중공인식과 거리를 유지해온 지식인의 논설이 지속되었다. 가령 민두기의 경우 중국 공산주의운동은 중국의 전통을 파괴하거나 관련이 없는 것이 아니라, 매우 깊은 관련성이 있다고 역설했으며[45], 합동통신사 외신부장이었던 리영희는, 중공을 대신하여 중화인민공화국이라는 용어를 사용하고 중국을 국제관계의 한 주체로 인정해야 하며, 중국의 외교정책의 특징으로 일컫는 고립주의는 미국의 대중 포위, 고립정책에 따른 결과일 뿐 중국 스스로 고립주의를 자처한 적이 없으며 오히려 미국의 고립정책에 대해 중국은 낙관주의에 입각하여 대응하고 있다는 분석을 내놓기도 했다.[46]

1960년대부터 활동한 지식인 이외에도, 1970년대에 들어 새로운 시각을 제시한 지식인들이 등장했다. 이들의 주장을 요약하면 아래와 같다. 첫째, 중공을 근대화의 한 유형으로 파악할 필요가 있다. 가령, 중공을 근대화의 한 유형으로 보고 객관적으로 분석하는 일은 "퍽 중요"하며[47], "중공 성장기를 기존 정치적 편견에서 탈피하여 객관적으로 그 내면적 발전과정에 주목할 필요가 있다."며 "중국 민족주의는 반제국주의와 반봉건주의를 통한 근대화의 실현에 있었으며 중국공산당의 권력장악은 근대화 과제 실현의 한 유형이었다."[48]

둘째, 중화민국을 더 이상 "자유중국"으로 부를 수 없다. 반공 냉전형 중공인식에서는 중화민국을 자유중국이라 부르며 중화인민공화국과 대비시켰던 것은 주지의 사실이다. 말하자면 자유민주주의를 수호하는 중화민국을 중국을 대표하는 정통성을 가진 국가로 간주해 왔다. 그런데 중화인민공화국을 중국의 실제적 지배자로 승인하지 않을 수 없는 상황에서 더 이상 그렇게 부를 수는 없었던 것이었다. "이제 자유중국이라는 국호 대신 대만 또는 대만적인 국가 또는 중국의 자치지역으로 변할 것"이라 예견한 논설이 등장한 이유는 바로 여기에 있었다.[49] 중화민국을 자유중국이 아닌 타이완으로 불러야 하는 현실이 다가오고 있음을 시사하는 대목이다.

이상의 주장 이외, 1970년대 이전에는 다루어지거나 발표되지 않았던 다양한 논설이 등장했다. 예컨대 중소논쟁은 "단순한 지도자 또는 파벌의 문제가 아니라, 중소 간 판이한 사회제도, 가치체제, 마르크스 혁명의 의미, 공산주의 자체의 의미에 대한 완전히 판이한 이해에 따른 결과"라는 분석[50], "마오쩌둥과 린뱌오 등 문혁지도자들의 대외정책은 결코 호전적이지 않았을 뿐더러 베트남전쟁에 개입하려 하지 않았다."는 주장[51], "문혁은 사상혁명을 중시한 마오쩌둥이 인류가 일찍이 보지 못한 일대실험을 하고 있는 것"이라는 주장[52], "중공이 한국전쟁에 개입한 것은 국가의 운명을 걸고 남한을 적화시키려고 한 것이 아니라, 미국으로 하여금 만주로 전쟁을 확대하지 못하도록 하는 데 있었다."는 지적[53] 등이 대표적이었다.

게다가 마오쩌둥은 "중공의 분열과 끊임없는 정치항쟁, 그리고 혼란이라는 유산을 남긴 지도자"였지만 "농민혁명을 이끈 혁명가이자 20세기 위대한 도덕가, 반골정신의 소유자, 효율적이고 결백한 정부를 창출하고 중국을 세계대국으로 도약시킨 자"이기도 했다는 논설이 번역 소개되기도 했다.[54] 반공 냉전형 중공인식이 압도했던 때는 보기 어려웠던 이상과 같은 논설들이 1970년을 넘어서면서 월간지에 우후

죽순 등장하기 시작했던 것은, 달라진 동아시아 국제관계, 특히 냉전체제의 이완에 따라 중국을 보는 새로운 시선과 관심들이 본격적으로 표출되기 시작했음을 의미한다.

새로운 중국인식 가운데 반공 냉전형 중공인식과 가장 대조적이었던 것은 리영희의 중국인식이 아닐까 싶다. 문혁에 대한 한국사회의 주류적 시선과는 달리 그는 문혁을 "인간혁명"의 시도로 평가했다.[55] "철저한 평등, 우애, 동지애, 자기희생, 전체에의 봉사, 극단적인 절약 등으로 특징지어지는 도덕주의적이고 윤리적인 인간형"을 창조하기 위한 인류 역사상 보기 드문 시도라는 것이었다. 그의 문혁이해에 따르면, "비정상적인 권력투쟁"을 일삼으며 "파국으로 치닫는 호전적이며 위협적인" 중공이라는 이미지는 없다. 오히려 인류의 제3의 대안이라거나 또는 한국사회의 개혁모델이라는 이미지가 선명히 부각되었다. 그가 이해하고 그려낸 이러한 문혁상은 문혁의 전체상과는 거리가 있었다. 자본주의와 소련 사회주의를 넘어선 새로운 대안사회를 모색한다는 명분이 내걸렸지만, 문혁 진행 과정에서 그 이상과 목표는 굴절되고 변질되었으며 급기야는 파국으로 치닫고만 현실을 그의 문혁이해에서 찾아보기 힘들다. 후일 그 자신도 고백했듯이, 이러한 이해는 "단편적이었을 뿐만 아니라 지나치리만치 이상화"[56]된 측면이 있었음을 부인하기 어렵다.

그럼에도 그의 문혁이해가 주목되는 것은, 탈냉전의 흐름 속에서 1950년대 이후 한국사회를 압도했던 반공 냉전형 중공인식과는 다른 유형의 중국인식이 출현했다는 점에 있다. 여기서는 이상화된 중국인식이 출현했다는 점만을 지적하고, 그러한 중국인식이 왜 표출되었는지, 이러한 중국인식의 출현이 갖는 의미는 무엇인지 등에 대한 보다 자세한 분석은 제6장에서 진행하고자 한다.

Ⅴ. 나가며

냉전기 한국지식인들의 중국인식을 추적하기 위해 『사상계』, 『신동아』, 『세대』, 『정경연구』 등에 게재된 중국 관계 논설의 내용을 검토했다. 국제정치, 역사, 경제 등 다양한 분야에 걸친 연구자와 각 신문사의 외신부 기자들은 이들 월간지에 다양한 내용의 중국 관계 논설들을 쏟아냄으로써 관련 지식들을 생산해내고 그것을 사회에 유통, 확산시켰다.

한국인들의 냉전기 중국인식의 전형, 즉 반공 냉전형 중공인식이 형성된 데에는 한국전쟁과 그 이후 미국이 주도한 냉전체제가 중요한 배경으로 작용했다. 반공 냉전형 중공인식은 1950년대 중반부터 1960년대 중반에 걸쳐 한국지식인사회의 중요 공론장으로 기능했던 『사상계』의 중국 관계 논설에 잘 드러나 있다. 각종 번역문과 논설들을 통해 『사상계』는 중국을 "전체주의, 소련의 위성국, 반전통적 반문명, 1인 독재, 호전적 팽창주의" 등 공산국가로 규정했다. 이러한 중국인식은 주류 담론으로 자리잡았으며, 문혁이 발생하면서 한층 더 강화되었던 것으로 이해된다. 문혁이 발생하자 한국의 일간지를 비롯한 각종 대중매체에서는 "비정상적 권력투쟁"으로 문혁을 앞 다투어 보도했다.

반공 냉전형 중공인식이 한국사회의 주류 담론이었다 하더라도 일각에서 이에 대한 거리두기와 비판적 접근이 제기되었다는 점을 간과할 수 없다. 중소논쟁이 전개되고 미국발 신중국관이 소개되면서, 국제관계를 보는 데 있어 "이념의 속박으로 벗어날 필요가 있다."거나 중국 연구에 있어 "이념적 편향에서 벗어나 독자적으로 진행할 필요가 있다."는 등 주장이 제기되었다. 한 걸음 더 나아가서는 중공을 대신하여 중국이라는 호칭을 사용해야 한다거나 공산중국의 수립은 근대화의 일환으로 보아야 한다는 관점도 제시되기도 했다.

　1970년대에는 미중화해에 따른 동아시아 냉전구도의 변동과 동반되어 이른바 탈냉전적 중국 관심과 인식들이 좀 더 활발해져갔다. 중국공산당의 권력 장악을 근대화의 과정으로 보아야한다는 관점이 확산되었으며, 중화민국을 더 이상 자유중국으로 부를 수 없다는 주장도 제기되었다. 그리고 중소분쟁에 대한 새로운 관점이 제기되기도 했고 마오쩌둥에 대한 재평가가 이루어지기도 했다.

　이러한 분위기 속에서 문혁을 "인간혁명"으로 보는 새로운 중국인식이 표출되었다. 여기에서 중국은 "경계와 적대, 그리고 투쟁의 대상"이 아니라, "제3의 인류문명을 창조해 가는 존재"였다.

제2장

문화대혁명과 "반공 냉전형 중공인식"

Ⅰ. 들어가며

문혁이 발생하자 대부분의 일간지는 하루도 빠짐없이 이를 주요기사로 다루면서 큰 관심을 보였다. 게다가 중국전문가들은 각종 기고문과 좌담회, 논문 등을 통해 그 원인과 경과과정, 의미 등에 대해 본격적으로 탐색하기도 했다. 말하자면 문혁은 한국전쟁이후 한국인의 중국에 대한 관심을 집중적으로 드러낸 사건이었다. 당시 일간지가 문혁을 집중적으로 기사화하고 중국전문가들은 연구를 통해 학술적 논리를 제공함으로써 반공 냉전형 중공인식은 확대 재생산되고 공고해졌다. 그러나 문혁의 의미는 여기에 한정되지 않았다. 문혁은 반공 냉전형 중공인식과는 유형을 달리한 또 다른 중국인식을 표출시킨 계기이기도 했기 때문이었다. 요컨대 문혁은 반공 냉전형 중공인식을 강화시켰지만 동시에 그것에 균열을 가한 사건이자 계기였다.

이상과 같은 문혁의 의미를 해명하기 위해 먼저 대표적인 일간지에서 문혁을 어떻게 다루고 보도했는지를 검토한다. 주된 검토 대상은 『조선일보』, 『동아일보』, 『경향신문』, 『한국일보』 등이다. 그 다음으로 중국전문가의 문혁이해와 연구의 내용을 검토한다. 이러한 검토를 통해 문혁이 한국의 중국인식의 형성과 전개, 그리고 분기에 어떤 의미를 갖는지 해명하고자 한다.

II. 대중 언론매체의 문화대혁명 보도와 관점

1. "비정상적 권력투쟁"

중국의 정통적 해석에 따르면 문혁은 1966년 5월 16일 「중국공산당 중앙위원회 통지中國共産黨中央委員會通知」(이하, 「5·16통지」)가 중국공산당 정치국 확대회의에서 통과된 후 본격적으로 시작된 것으로 이해된다. 「5·16통지」를 계기로 문혁을 이끌어갈 중앙문혁소조가 결성되었으며 문혁이 정치적인 것으로 전환, 확대되었고, 공격 대상으로 "당, 정부, 군대와 각종 문화계에 잠입한 부르주아지계급의 대표인물, 즉 자본주의 길을 걷는 세력"이 지목되었다.[1]

일간지들은 본격적인 문혁이 개시되기에 앞서 전개되고 있었던 정풍운동整風運動에 주목하고 있었다. 정풍운동은 대약진운동의 실패, 마오쩌둥의 정치일선으로부터의 후퇴, 조정정책에 대한 마오의 비판 등을 배경으로 전개되었다. 정풍운동의 일환으로 전개된 사회주의교육운동이 농촌지역에서 도시지역으로 확대되는 가운데 문예방면에서도 정풍운동이 전개되었다. 1965년 11월, 야오원위안姚文元(1931~2005)이 베이징 부시장 우한吳晗(1909~1969)의 「해서파관海瑞罷官」의 내용을 문제삼았고, 1966년을 넘어서면서 이른바 삼가촌三家村 비판으로 문예정풍운동이 확산되었다.

정풍운동의 귀추에 주목하고 있던 일간지들은 1966년 4월 중순 궈모뤄郭沫若(1892~1978)가 자아비판을 하고 1966년 6월 3일 베이징시장 펑전이 실각되자, 문예정풍운동은 "고위 권력층 내부의 권력투쟁으로 확산되고 있다."고 보도하기 시작했다.[2] 말하자면 펑전 실각 이전에는 "반수정주의 투쟁"의 일환으로 "정치 우선"의 마오쩌둥 사상이 출현했다고 지적하거나 마오쩌둥의 신격화의 움직임이 일어나고 있다는 논조로 정풍운동을 보도하다가,[3] 펑전 실각 후에는 정풍운동의 본질은 "마오의 후계 문제를 둘러싼 권력투쟁"[4]이며 "마오쩌둥 1인 독재체제를 수립하기 위한 권력투쟁"이라는 분석을 본격적으로 내놓기 시작한 것이었다. 이후 문혁 전개에 대한 보도나 분석 대부분은 이와 같은 권력투쟁을 반복적으로 강조하는 방식으로 이루어졌다. 문혁 기사와 함께 "숙청"이라는 용어가 빈번히 사용된 것은 바로 이러한 기사의 성격을 잘 보여준다.

흥미로운 점은 문혁이 가진 권력투쟁적 성격을 강조하면서 동시에 핵실험을 비난하고 나선 사실이다. 1966년 5월 9일 서북 내륙지방에서 제3차 핵실험을 강행했다는 소식을 전하면서, 이는 "힘에 굶주린 중공 지도자들이 중공 인민들의 희생 위에서 힘을 통한 세계정복의 야욕을 채우기 위한 광적인 처사"[5]일 뿐만 아니라 평화에의 도전으로, "경계심을 드높이지 않으면 안 되는"[6] 사안이라 역설했다. 요컨대 문혁은 치열한 당내 권력투쟁에다가 세계평화의 위협세력으로 등장한 중공이라는 이미지가 덧씌워져 보도되었던 것이다.

권력투쟁의 양상은 일간지의 주된 관심사였다. 국가주석 류사오치劉少奇(1898~1969)는 물론 류사오치파 정치세력이 어떻게 비판되고 숙청되었는지, 그리고 국방상 린뱌오는 어떤 과정을 통해 부상했고 마침내 마오의 후계자로 지명되었는지 각종 외신을 통해 보도했으며 이를

바탕으로 한 사설을 단속적으로 발표했다.[7]

주목할 점은, 이러한 일련의 권력투쟁의 과정을 보도하고 분석한 기사와 논설들이 취하고 있는 관점이었다. 기사와 논설들은 권력투쟁을 벌이고 있는 지도부의 "비정상성"을 노골적으로 강조했다. 비정상적인 권력투쟁이라는 시각은 권력투쟁의 중심에 놓여 있던 마오 개인과 홍위병에 대한 보도에서 가장 잘 드러났다. 가령, 마오가 류사오치를 상대로 벌이는 권력투쟁을 "병석의 히스테리"로 설명한다든지[8], 마오를 "사양斜陽의 운명을 걸고 마지막으로 필사적인 권력수호의 발악을 하고 있는 자"로 규정하고 그가 내건 정책을 "카리스마적 교조주의"로 몰아 부친다든지[9], 혹은 문혁사상을 "마오쩌둥 사상의 변질이자 좌파적 일탈"[10]로 보도했던 것이다. 심지어는 마오가 "심한 노인성 치매증에 걸려 심한 망령을 부리고 있는 듯하다."는 인신공격성 기사까지 내보냈다.[11] 마오 자신의 기존 사상과도 다를 뿐만 아니라 교조적 사상에 입각하여 류사오치를 상대로 한 권력 재탈환을 위해 사활을 걸고 "발악"하고 있는 "병적인" 마오의 이미지를 부각시킨 것이었다.

비정상적 권력투쟁이라는 시선은 홍위병 관련 보도에서 더욱 선명하게 드러났다. 류사오치 등 이른바 "수정주의자", "자본주의의 길을 걷는 당 관료"에 대한 비판과 투쟁, 그리고 그들로부터의 권력탈취는 정상적인 당조직이 아닌 "마오쩌둥 직계 폭력조직" 홍위병[12]을 통해 전개했다는 점에서도 비정상적이지만, 더더욱 그 과정이 "폭력적, 비이성적, 반문명적"이었다는 점에서 문제적이었다. "철부지 어린이들로 구성된 홍위병을 앞세워 전국을 피의 아수라장으로 만들었다."거나[13], "붉은 완장을 두르고 『마오쩌둥 어록』을 손에 든 10대 홍위병"들이 몰려다니며 지식인을 "부르주아지 분자"로 지목하여 공개 비판하고, "반전통"을 명분으로 각종 서적과 예술품을 미친 듯이 불태우고 파괴하고, 모든 외국문화를 배격하는 등 "만행"을 서슴지 않았다고 보도했다.[14] 이 과정에서 홍위병에 반감을 가진 사람들과 충돌하여 부상자와 사망자가 발생했으며, 심지어 홍위병끼리 집단적 폭력상태까지 빈발했다고 보도되었다.[15] "풀어놓은 사자들의 저돌"[16]로 표현할 만큼 홍위병의 행동은 비난거리였다. 문혁은 단순한 당내 권력투쟁이 아니라 "반문명적, 비이성적, 배외적 난동과 광란 그리고 폭력"을 동반한 비정상적인 권력투쟁이었던 것이다.

2. "내란", "호전" 그리고 "홍위병 외교"

홍위병을 동원하여 "극소수 인간들이 벌이는 피비린내 나는 권력투쟁"[17]을 벌이는 중국은 국내적으로 "무정부상태", 나아가서는 "내란"으로까지 치닫고 있다고 보도되었다. 폭력사태로까지 번진 홍위병 시위를 통제하려는 조치가 취해지고[18] 나아서는 1966년 9월 15일 홍위병이 해산되기에까지 이르렀지만[19], 국내 상황은 좀처럼 안정을 되찾지 못했다. 1967년을 넘어서면서 베이징을 비롯하여 난징南京과 상하이上海, 광저우廣州, 우한武漢 등지에서 이른바 친마오파親毛派와 반마오파反毛派 사이에 유혈충돌이 끊이지 않았으며, 여기에 당 지도부나 군대까지 연계됨으로써 지도부 내의 "내분"은 "내란"이라 불릴 만큼 심각해졌다.[20] 군부도 분열 위기에 놓였고[21], 홍위병과 노동자 사이에 알력이 발생했을 뿐만 아니라 지역주의까지 발흥했다.[22] 내란으로까지 치닫고만 문혁은 "문투文鬪"에서 "무투武鬪"로 진입한 것으로 설명되었다.[23]

일간지에서 경쟁적으로 기사화한 "내란" 운운 보도는 분명 과장된 것이었다. 문혁에 대한 대부분의 정보는 "누구나 베이징 거리에 붙일 수 있는 벽신문"의 내용에 의존한 것으로 신뢰성이 떨어지며 내전이라

할 만한 전국단위의 폭동은 아직까지 확인되지 않았으며[24], 따라서 홍위병끼리 유혈사태가 벌어지고 있다는 보도는 "현실을 반영하지 않은 과장된 것"이라는 보도도 있었거니와[25], "마오쩌둥 세력은 류샤오치와 덩샤오핑鄧小平(1904~1997) 세력에 비해 훨씬 우세하며 마오에 반대한 세력은 조직화되어 있지도 않다."며 "현 중공 상황은 일부 외신이나 밖에서 알려진 바대로 심각한 수준은 아니"라는 한국 외부무의 입장도 있었기 때문이다.[26]

그러나 이러한 종류의 기사는 "내란" 보도에 의해 곧장 파묻히고 말았다. 오히려 내란 정국은 시간이 갈수록 혼미해져 갔음이 강조되었다. 위기에 몰린 류샤오치가 베이징을 탈출하여 허베이성河北省 스자좡石家莊에서 홍색국가권력수호군紅色國家權力守護軍을 조직, 마오와 린뱌오를 대상으로 전면적인 공격을 준비하고 있다는 보도[27], 친마오세력과 반마오세력 사이의 유혈충돌은 만저우滿洲, 신장성新疆省, 네이멍구內蒙古에서, 심지어는 티베트와 하이난섬海南島까지 확대되고 있다는 보도[28], 그리하여 린뱌오는 이러한 현 상황을 "내란"으로 규정짓고 반마오파에 대한 공격 개시를 명령했다는 보도 등에서[29], 당시 정국에 대해 일간지가 취하고 있던 태도를 어렵지 않게 확인할 수 있다.

내란이라 할 만큼 심각한 상태로 치닫고 있던 전국적 규모의 권력투쟁은 과연 수습될 수 있을 것으로 전망했을까? 전망은 비관적이었다. 혼란된 정국이 수습되기 위해서는 친마오파와 반마오파 사이에 대타협이 이루어져야 하는데 과거 "스탈린파와 트로츠키파가 타협하지 못했던" 소련의 선례에 비추어 볼 때, 타협은커녕 "어느 한 파가 완전히 거꾸러지기 이전에는" 불가능해 보인다고 보았다. 설사 내란이 수습된다 하더라도 그 미래는 "파국"으로 치달을 가능성이 농후하다고 예견하기도 했다.[30] 상하이에서 코뮌이 발족되고 베이징에서 조차 자치정부가 생겨나 이미 중앙집권적 정부가 사라져버려 수습 이후 정국이 안정을 되찾고 경제를 회복시킬 가능성은 무망하다는 관측이었다.

일간지들이 "파국"을 전망한 또 다른 이유는 국제사회로부터의 고립 때문이었다. 문혁이 진행되는 과정에서 더욱 치열해진 중소갈등에다 "호전적인 홍위병 외교"로 빚어진 서구와 아시아 각국과의 외교적 갈등과 대립은 중국의 국제적 지위를 떨어뜨렸을 뿐만 아니라 국제사회로부터 "고립"까지 시켰다. 소련은 문혁을 계기로 중공비판의 수위를 한층 높였는데, 홍위병의 다양한 방식의 반소행동을 지목하여 중국을 "배외적 민족주의국가", "쇼비니즘 국가"로 비난했다.[31] 베이징 주재 소련대사관에 대한 홍위병의 반복된 위협적 시위에 주중대사를 소환하는 단교 직전의 조치까지 취했다.[32]

동구 사회주의 국가도 문혁에 비판적이었다. 동독은 "소부르좌적 국수주의, 모험주의, 대국주의 및 민족차별주의가 뒤범벅된 미친 짓"이라고 비난했으며, 헝가리는 홍위병운동을 "만행"이라고 혹평하기도 했다.[33] 문혁을 비판하고 나선 것은 소련과 동구 사회주의 국가만이 아니었다. 중국과 "혈맹관계"에 있었던 북한도 홍위병이 김일성을 "마르크스 레닌주의의 배신자" 또는 "흐루쇼프의 충견"이라 비난한 데 대해 "허위선전을 즉각 중지하고 이러한 비우호적인 행동이 초래할지 모를 모든 결과에 대해 중공이 책임져야 할 것"이라고 경고하고 나섰다.[34] 게다가 그간 우호적이었던 일본공산당도 "마오쩌둥과 그 추종자들은 극좌 기회주의 반혁명집단"이며 문혁은 "반사회주의적"이라고 비난했고[35] 1967년 7월에 이르러서는 마침내 단교까지 선언하기에 이르렀다.[36] 인도네시아와의 관계도 위기에 처했다. 비동맹독립노선을 견지하던 인도네시아가 화교들을 공산당원으로 몰아 대량 학살한 후 양국관계가 경색되다가 1967년 10월 말 양측 대사관을 폐쇄하는

데까지 이르렀던 것이다.[37]

사회주의 국가로부터의 비난, 비동맹노선 국가와의 갈등보다도 일간지가 더 크고 의미 있게 다룬 것은 홍위병의 영국대사관 습격, 방화 사건이었다. 서방 국가 가운데 일찍이 중국을 승인하고 외교관계를 맺었던 영국의 베이징주재 대사관에 대한 홍위병의 공격과 방화 사건에 대한 보도와 이에 대한 보복조치로 영국이 단교할 것이라는 소식을 제1면 기사로 크게 전했다.[38] 영국대사관 방화사건이 벌어지자 대중 언론매체는 외교를 본격적으로 문제 삼고 비판하기 시작했다. "국제적 관례를 어기는 몰상식하고 야만적인 행위"라거나 "국제사회에서 생활할 자격을 방기한" 행위라는 것이었다.[39] 이러한 홍위병의 맹목적 배외 운동을 제지할 능력이 없는 정권을 "무정부상태"에 빠져 있다고 진단했으며, 홍위병의 맹목적 배외운동에 영향 받은 외교를 "편협하고 독선적이며 자기중심적인 혁명외교", 즉 "홍위병외교"로 규정했다. 홍위병외교는 "이성에 의해 통제되어 있지 않아 사태의 추이에 따라서는 저돌적인 모험도 감행할 생리를 지니고 있다는 점에서 위험하고 따라서 경계되어야" 했다.

내란 국면은 군대를 동원하여 홍위병의 행동을 통제, 억압하고 각지의 자치정부를 군·정·당 3대표로 구성된 이른바 혁명위원회로 대체하며, 류사오치의 실각을 공식화하는 절차를 통해 수습 국면으로 접어들었다. 유혈사태까지 동반한 그간의 "권력투쟁"을 종결짓고 "무정부상태"를 수습, 정국 안정을 꾀하는 행보에 대해 대중 언론매체는 주목했지만, 그럼에도 문혁을 통해 형성된 일간지의 부정적인 이미지는 쉽게 사라지지 않았다. 3년간에 걸친 권력투쟁을 총결산하는 의의를 지닌다고 본 중국공산당 제9차 전국대표대회(9전 대회)에 대한 일간지의 아래와 같은 평가와 전망은 그와 같은 사정을 잘 보여준다.

9전대회의 가장 뚜렷한 성과로 뽑은 마오쩌둥·린뱌오체제를 "호전적",[40] "말기적"[41] 체제로 평가한 후, 이 체제는 마오쩌둥 사상의 강화, 마오쩌둥의 신격화를 통해 반제국주의, 반소련 노선을 더욱 선명히 제시하고 "자력갱생"의 노선을 강화해 나아갈 것으로 전망했다. 그러나 이러한 노선은 "극한적인 강경노선이자 교조적 실천"이며 "후진국 경제근대화의 일반원칙을 무시한 무모하고 모순투성이의 구호"에 불과할 뿐이라고 맹비난했다.

이렇듯 일간지는 문혁 보도를 통해 비정상적 권력투쟁에 몰두하는 중공이라는 이미지와 아울러 "비이성적, 폭력적, 반문명적, 비이성적, 호전적이고 팽창주의적 중공"이란 이미지를 반복적으로 부각시킴으로써, 기존의 "침략자", "적성국"으로부터 형성된 반공 냉전형 중공인식을 더욱 강화시켰다.

III. 학계의 문화대혁명 이해와 시각

1. "권력투쟁", "문화혁명", "인간혁명"

문혁 개시가 공식화된 지 1여년이 지난 후 중국전문가들은 문혁을 연구 대상으로 주목하기 시작했다. 먼저 역사학자 길현익은 홍위병운동에 주목했다.[42] 문혁에서 그가 주목한 것은 전례를 찾기 어려울 만큼 대규모로 진행되고 있는 "고위급 인사의 숙청과 급격한 승진"이었다. 말하자면 공산당 지도부 내에서 일어나고 있는 권력투쟁이 그의 관심사였다. 그는 이러한 권력투쟁의 양상과 그 성격을 규명하기 위해 홍위병운동에 주목했다. 그에 따르면 첫째, 문혁은 75세에 달한 고령의 마오쩌둥이 홍위병운동을 통해 류사오치와 덩샤오핑을 규탄, 숙청하려는 권력투쟁이었으며, 둘째 이 홍위병운동은 중국의 위대한 문화적 전통을 파괴하고 전 세계 모든 국가들을 적대시하며 지도부내 현실적이고 온건한 정치세력을 적으로 몰아가고 있는 "비현실적이며 비합리적인 모험"이었다. 요컨대 그에게 문혁은 비현실적 비합리적인 홍위병운동을 동원한 전례에 없던 당내 권력투쟁이었다.

권력투쟁이란 관점은 역사학자이자 중국공산당 문제 전문가였던 김준엽에게서도 견지되었다. 그런데 대중 언론매체의 문혁 보도와 비교할 때 그의 논지는 좀 달랐다. 문혁이 시작된 시기를 올려 잡은 것이었다. 앞서도 보았듯이 대부분의 일간지들이 문혁 문제를 다루기 시작한 것은 우한의 「해서파관」에 대한 야오원위안의 비판 이후였으며, 특히 1966년 중반을 넘어서였다. 말하자면 공산당 지도부에 의해 문혁이 공식적으로 제기되고 권력투쟁적 양상이 본격적으로 드러나기 시작한 이후였다. 일간지에서 문혁을 권력투쟁으로 주목하여 보도했던 것은 이러한 보도 시점과도 관련이 있었다.

김준엽은 일간지에서 보도된 권력투쟁적 성격이 짙은 문혁을 "문혁후기"에 해당한다고 보았다.[43] 그는 문혁 전기를 1957년부터 1965년 10월까지로, 그 이후를 후기로 구분했다. 그는 문혁을 하부구조의 변화에 따라 상부구조를 변화시키고자 하는 시도로 파악하고, 그 전기를 제1차 5개년 계획의 완성에 따라 상부구조, 즉 사상의식을 변화시키고자 했던 시도로, 후기를 대약진운동의 실패에 따른 조정정책의 결과 자본주의의 부활 조짐에 대한 대응으로 마오쩌둥 사상의 확립을 시도한 것으로 이해했다. 전기와 후기 문혁에서 공통된 것은 사상개조운동이었지만, 전기와 달리 후기의 경우에는 당 관료 및 군부 내 친소, 수정주의자들을 비판과 타도의 대상으로 간주했다는 점에서 달랐다.

그에게 문혁은 전기의 문화운동에서 후기의 정치투쟁, 즉 권력투쟁으로 발전한 것이었다. 요컨대 일간지와는 달리 경제성장에 따른 즉 하부구조의 변동에 따라 상부구조와 사상을 개조하려 한 시도라는 좀 더 거시적인 관점에서 문혁을 파악했다. 1966년 10월 양호민과의 대담에서, 문혁의 목적은 "마오쩌둥의 권력체제의 재확립에 있다."고 한 양호민의 주장에 대해, 문혁은 "문화혁명이 주이고 권력투쟁은 부차적이다."는 시각을 제시한 것[44]은 이러한 문혁이해 때문이었다.

사상개조를 목적으로 한 문화혁명에서 권력투쟁으로 발전해간 전체 과정을 문혁으로 파악하는 관점을 견지했지만, 문혁이 권력투쟁으로 변화된 이후 문혁을 "클라이맥스에 도달한 것"으로 파악하거나, 이후 "중공 내 숙청과 권력투쟁은 더욱 격화될 것"으로 전망했던 점에서 미루어볼 때[45], 그의 문혁이해는 결국 권력투쟁으로 기울 가능성이 컸다. 이 같은 점을 증명이라도 하듯, 후일 이른바 린뱌오비판 공자비판운동[批林批孔運動]을 다룬 글에서[46] 그는 자신의 관점은, 문혁을 "마오 사후 후계권을 획득하기 위한 권력투쟁의 한 유형"으로 파악하는 관점과 가깝다고 밝히고, 다만 그 시작점을 1957년부터 보아야 한다고 주장했다. 그리하여 문혁 전기에는 류사오치와 왕래가 잦았던 인물들이 숙청되었고 그 후기에는 홍위병에 의해 류사오치가 숙청되었고, 이후 린뱌오에 의해 홍위병이 제압되고 최종적으로 그까지 숙청되었다고 주장했다. 이렇게 보면, 그에게 문혁이란 1957년부터 시작된 마오쩌둥의 권력후계를 둘러싸고 전개된 치열한 권력투쟁의 과정이었다. 린뱌오비판 공자비판운동도 그에게는 린뱌오는 물론 저우언라이까지 비판의 대상으로 삼고 장칭[江靑(1914~1991)]을 중심으로 한 4인방이 후계자 반열에 오르려 시도한 권력투쟁, 즉 "제2차 문혁"으로 이해되었다.

김준엽은 결국 권력투쟁 쪽으로 기울고 말았지만, 문혁을 문화혁명에서 권력투쟁으로 발전해간 전 과정으로 파악한 초기의 관점은 눈여겨볼 필요가 있다. 일간지에서 문혁을 지도부의 권력투쟁으로 그려내고 있었던 것과는 달리 사상개조를 목적으로 한 문화혁명에서 권력투쟁으로 발전해간 역동적인 과정으로 이해할 수 있는 단서를 제시해주었기 때문이었다. 문혁에 내재한 문화혁명적 성격은 문혁을 또 다른 관점에서 이해하고 구성할 수 있는 중요한 단서였다.

사상개조와 문화혁명적 성격에 주목하여 문혁을 이해하려 한 연구는 정치학자 김영준에 의해 시도되었다.[47] 그는 문혁을 마오쩌둥의 연속혁명론에 입각한 "반우파투쟁의 확장 강화"이며 "지식인층 중심의 의식혁명이 대중의 인간혁명화로 발전된 것"으로 파악하고자 했다. 문혁이란, 대약진운동의 전개와 아울러 강조되기 시작한 의식혁명이 대중적 차원으로 확대된 것으로, 마오쩌둥 사상에 입각한 "혁명적이고 실천적인 사회주의 인간형"을 창출하고자 한 시도였다는 것이다. 홍위병으로 대표된 혁명화된 대중들은 실권파와 구 사회 세력 타도운동을 전개했고 그 가운데서도 특히 권력의 상층부, 즉 류사오치, 덩샤오핑을 비판, 공격했다. 그러나 홍위병이 실권파는 물론 노동자, 농민으로부터 저항을 받았을 뿐만 아니라 자신들끼리도 충돌하면서 혼란에 빠졌고, 그에 따라 문혁의 애초의 목표 즉 "혁명적 인간의 창출"이라는 목표는 권력투쟁으로 변질되고 말았다고 분석했다. 말하자면 권력투쟁은 "문혁의 목적과 수단이 도치되고 운동과 사상이 괴리된 상황에서 빚어진 결과적인 현상"이라는 것이었다.

비록 권력투쟁으로 변질되고 말았다고 보았지만, 애초 문혁은 사상혁명이자 인간혁명, 즉 "마오쩌둥 사상의 절대화 또는 그것을 위한 노동자·농민·병사 등 대중의 인간혁명"을 목표했다고 이해한 점에서, 그의 문혁에 대한 시선은, 일간지의 문혁시선, 그리고 권력투쟁적 관점에 선 기존 연구와는 일정한 거리가 있었다. 이러한 거리는 스탈린과 마오쩌둥을 비교한 대목에서도 잘 드러난다. 그는, 스탈린은 정적 제거를 위해 대규모 숙청을 감행했지만 마오쩌둥은 소수를 제외하고는 정적을 사상개조를 통한 단결의 대상으로 간주했다거나, 사회발전의 동력으로 스탈린이 경제적 요인의 역할을 강조했던 반면 마오쩌둥은 인간 의지에 대한 신뢰를 바탕으로 정치적으로 각성된 인간의 형성과 그 역할을 중시했다고 보았다. 이러한 그의 이해는 중국을 바라보는 당시 한국사회의 통념에서 빗겨 선 것이었다. 당시 일간지나 권력투쟁적 관점에 선 지식인들은 소련과 동일한 공산주의국가로 간주하거나 심지어는 소련의 위성국 혹은 "충실한 노예"로 규정하고 있었다.[48]

권력투쟁으로서의 문혁관이 압도하고 있었던 한국사회에서 비추어 볼 때, 문혁의 애초 지향에 주목한 김영준의 연구가 지닌 의의는 결코 작지 않다. 문혁을 사상혁명과 권력투쟁이 복합적으로 얽힌 복잡한 사건으로 이해할 수 있는 안목을 제시해 주었기 때문이었다.

권력투쟁설과 사상혁명 또는 인간혁명설과는 다른 각도에서 문혁에 접근하려 한 시도도 제기되었다. 사회학자 김준길은, 기존의 문혁 연구는 주로 권력투쟁 또는 숙청투쟁으로 다루어왔으며, 최근에는 "중국 사회구조를 근본적으로 변혁시키려는 거대한 역사적 실험"으로 간주하는 경향이 늘고 있다고 소개한 후, 이러한 연구들은 대부분 피상적 관찰에 불과한 것으로 문혁은 단순한 정치적 권력투쟁도 더더욱 인간혁명을 시도한 "공허한 형이상학적 의미"를 지닌 것도 아니라고 비판했다. 그리고 문혁은 정치 경제 사회구조의 변화와 그 해결책으로서의 대중운동으로 보아야 한다고 주장했다.[49] 말하자면 문혁은 사회구조와 대중운동과의 상관성에 대한 추적을 통해 분석되어야 한다는 것이었다. 그의 관심사는 정치 경제 구조의 문제점은 무엇인지, 그리고 이 모순을 해결하기 위해 대중운동은 어떻게 전개되었는지 하는 점이었다. 그 자신의 고백처럼 자료의 제약 때문에 충분한 분석이 이루어지지는 않았지만, 그럼에도 사회구조의 변동과 관련지어 대중운동적 차원에서 문혁에 접근해야 할 필요성을 제기했다는 점에서 의미를 찾을 수 있을 것이다.

2. 학계의 문혁이해의 분기

일간지의 문혁에 대한 관심은 1969년 4월 이후 현저히 줄어들었지만, 학계에서는 오히려 활발해졌다. 문혁의 성격을 둘러싼 연구가 1970년대에 들어서 본격화되었기 때문이었다. 본격적인 연구가 이루어지면서 문혁 성격을 둘러싼 관점의 분기, 즉 권력투쟁설과 인간혁명설의 분기는 더욱 분명해져 갔다. "한국사회에서 출간된 최초 체계적인 문혁연구 단행본"[50]이 1975년 정치학자 김하룡에 의해 간행되었다. 그의 연구는 기존 권력투쟁에 입각해 있는 문혁 연구들을 계승하고 있었다. 첫째 그는 문혁을 1966년부터 1968년까지 진행된 사건으로 파악했다.[51] 이른바 "문혁 3년설"에 입각한 문혁이해인 셈인데, 이러한 이해는 문혁을 권력투쟁으로 파악하는 시각과 상통한다. 앞서도 확인했듯이 일간지의 문혁이해도 3년설에 입각했다.

둘째, 그는 문혁을 마오쩌둥이 주도한 일대 숙청운동이라 보았다. 즉 "일방적으로 류사오치, 덩샤오핑 등을 중핵으로 하는 당관료, 행정관료들에게 가한 일대 숙청 선풍"[52]으로 보았다. 이러한 관점은 그의 문혁이해의 특징을 잘 보여준다. 즉 "일대 숙청 선풍"이라는 표현에서 그가 문혁을 권력투쟁으로 보고 있음을 알 수 있으며, "일방적으로"라는 표현에서는 그가 문혁을 마오쩌둥 주도 아래 전개된 숙청운동으로 이해하고 있음을 알려준다. 문혁 추진과 관련된 중요한 결정은 마오의 주재 아래 내려진 것으로 문혁은 마오의 주도 아래 진행되고 수습된 것으로 이해했던 것인데, 이는 사실 일간지의 보도와 차이가 있는 것이었다. 앞서 보았듯이 일간지에서는 "당권파"를 포함한 이른바 반마오 세력의 힘은 마오에 저항하고 도전할 만큼 컸고 따라서 그러한 도전으로 정국은 "내란"으로 치달을만큼 혼란에 빠졌다고 보도했다. 그러나 김하룡은 반마오 세력의 힘은 사실 무력했으며 따라서 문혁 기간 내내 마오의 권위와 위치는 불변했다고 보았다. 따라서 문혁은, 그의 이해에 따르면, 마오가 류사오치와 덩샤오핑 등의 제거를 목표로 한 일방적인 권력투쟁이었다.

셋째, 그는 문혁을 "비정상적 사건"으로 이해했다. "문혁 자체는 서방국가뿐만 아니라 소련을 포함하고 동구 제국의 관계 전문가까지도 크게 놀라게 할 만큼 공산주의체제의 상궤에서 많이 벗어난 이변적이며 복잡한 성격을 띠고 있다."[53]고 한 언급에서, 그는 권력투쟁의 "비정상성"을 강조한 것으로 이해된다. 그에게 문혁은, 자본주의와 사회주의 그 어디에서도 찾아볼 수 없는 비정상적인 것이었다. 정신개조 운동의 우위성을 강조한 것도 이례적이었지만 그러한 정치개조운동이 "교묘하게 권력투쟁"과 관련되었고, 더욱이 권력투쟁이 홍위병 등을 동원한, 즉 대중운동의 방식으로 전개되었다는 점에서 비정상적이었다.

김하룡의 연구는 권력투쟁적 관점에 선 연구자에게 적지 않은 영향을 끼친 듯하다. 앞서 본 역사학자 길현익은, 문혁을 다룬 또 다른 글에서 김하룡의 저서에 의존하여, 문혁을 "정치노선과 권력투쟁이 얽힌 급진파와 온건파의 투쟁"이었다고 주장했다.[54]

권력투쟁은 비단 중국만의 정치적 특성이 아닌 공산주의 국가, 즉 전체주의 국가의 정치적 특성이라는 주장이 정치학자 최명에 의해 제시되었다. 그는 마오는 류사오치와 그를 중심으로 한 반마오 세력의 숙청을 첫 번째 목적으로 삼아, 1966년부터 1968년까지 약 2여 년간 권력투쟁을 전개했고 마침내 류사오치를 공식적으로 출당시켰을 뿐만 아니라 "자본주의 길을 가던 모든 분자"까지 숙청하고 당을 재건했다고 보았다.[55] 마오는 숙청을 위해 "비당적 요소"를 적극 활용했는데, 가령 군부세력과 연대하고 홍위병을 동원했던 것이 대표적이었다. 문혁을 다루는 시기나 관점이 전형적인 권력투쟁적 관점에 입각해 있음을 어렵지 않게 확인할 수 있다.

　그의 권력투쟁설은 전체주의 정치체제의 특성으로 설명하고 있다는 점에서 특징적이었다. 마오와 류사오치 사이에 전개된 권력투쟁의 양상은 전제주의 정치체제에서 공통적 특징이라는 점이다. 그는 "정치적 숙청"과 "계승의 정치"의 상관성에 주목한다. 지도체제에 대한 효율적인 제거 또는 당 지도권을 유지하기 위한 최종적인 무기로 전체주의 정치체제는 "정치적 숙청"을 사용하고 있는데, 이는 류사오치에 대한 숙청에서도 동일하게 나타난다고 설명했다. 그리고 "계승의 정치"에도 영향을 받고 있다고 강조한다.

　"계승의 정치"란 "최고지도자와 후계자로 지명된 제2인자 사이에 불화가 발생하면 권력의 분열과 그에 따른 투쟁은 필연적으로 나타난다."는 것으로, "지도자계승에 대한 합리적 내지 합법적 절차가 없는 전체주의 사회에서 공통적으로 나타나는 취약한 현상"이라고 설명했다.[56] 말하자면 문혁에서 마오가 류사오치를 정치적으로 숙청한 것은, 1956년 이후 중국공산당의 후계자로 부상한 류사오치와 점차 권위를 잃어갔던 마오 사이의 사회주의혁명을 둘러싼 이념과 정책상의 대립과 갈등 양상이 타협의 여지가 없을 만큼 첨예해져 간 때문이라는 설명이었다.

비록 최명은 마오쩌둥과 류사오치 사이의 이념적 대립, 사회주의 건설 방식을 둘러싼 노선의 대립과 갈등이라는 점을 부각시켰지만, 문혁의 본질은, 양자의 권력투쟁에 있었으며, 이러한 후계구도를 둘러싼 첨예화된 권력투쟁을 지도자계승에 대한 합리적 내지 합법적 절차가 취약한 일당독재의 전체주의 국가의 공통점으로 간주하고 논리화했다는 점에서 그 역시 권력투쟁설에 입각하여 문혁을 이해하고 있었음을 어렵지 않게 알 수 있다.

한국인의 문혁이해는 권력투쟁설로만 설명되지 않는다. 권력투쟁으로서의 문혁과 대조적인 관점에 입각한 연구도 탐구되고 제시되었다. 가장 대표적인 사례는 리영희였다. 그는 문혁을 인간혁명의 시도로 주목했다. 1970년대 한양대학교에서 교편을 잡으면서 그는 자신의 문혁연구를 본격적으로 발표하기 시작했다.[57] 그는 문혁을 자본주의와 사회주의 등 두 사회가 만들어내는 데 실패한 "도덕주의적이고 윤리적인 새로운 인간형을 만들기 위한 시도이자 대실험"으로 간주했다. 소련은 비록 "자본주의적 인간형"을 극복하고 새로운 인간형을 형성할 물질적 조건을 창출했지만 성공하지 못했고, 결국 "무감각, 소극적 순응, 자기방어를 위한 이기주의, 실의의 인간형"을 만들고 말았다고 비판했다.

그의 시각에서 보면, 문혁은 단순한 권력투쟁일 수만은 없었다. 마오쩌둥에 의해 비판과 타도의 대상으로 지목된 류사오치와 덩샤오핑은 "자본주의 길을 걷는 세력이자 특권화되고 관료화된 당 기구"를 상징했으며, 이들에 대한 투쟁은 인간과 정신주의의 회복이자 소련에서 미해결인 채로 남아 있는 이른바 상부구조 문제의 해결을 위한 시도였다. 말하자면 문혁은 새로운 사회주의 인간형의 창출과 새로운 사회주의사회를 건설하기 위한 실천이었다.

그의 문혁이해에서는 당지도부내의 치열한 권력투쟁은 물론이고 홍위병의 광폭한 반문명적 파괴행위, 그리고 내전을 방불케 하는 파벌 간 유혈투쟁의 양상은 보이지 않았다. 권력투쟁에 입각한 문혁이해가 "비이성적, 비합리적, 반문명적, 폭력적, 유혈적" 등으로 수식되는 "비정상적 전제국가이자 독재국가"로서의 이미지를 만들어냈다면, 리영희의 그것은 기존 자본주의와 사회주의를 극복할 수 있는 제3의 대안적 모델로서의 이미지를 형성했다고 할 수 있다. 게다가 권력투쟁으로서 문혁이해에 입각한 논자들이 중국을 예외 없이 "팽창적, 위협적 존재"로서 따라서 "경계의 대상"으로 부각시켰지만, 리영희는 "자족적인 존재"로서 따라서 대국주의나 팽창주의로 나아갈 가능성이 없는 국가로 간주하기도 했다. 권력투쟁론자들이 중화주의를 팽창주의의 근거로 보았지만 리영희는 그것을 "자족적 민족성의 근거"로 해석했다.[58]

학계의 주류적인 문혁이해가 권력투쟁설에 입각해 있었던 당시, 왜 리영희는 인간혁명으로 문혁을 이상화하고 제3의 대안으로까지 주목했을까? 이와 관련하여 리영희 개인의 사상과 냉전체험, 그리고 1970년대 한국 지식인의 지적 지형 등에 주목할 필요가 있다. 이에 대한 자세한 분석은 제6장에서 진행한다.

Ⅳ. 나가며

대부분의 일간지들이 앞 다투어 주요 기사화할 만큼 문혁은 한국사회에서 큰 관심사였다. 게다가 문혁은 전문가들의 중국연구를 본격화시키기도 했다. 일간지와 전문가들의 문혁관심은 냉전기 한국인의 중국인식을 형성하는 데 중요한 역할을 했다. 일간지는 문혁을 "비정상적 권력투쟁"으로 파악하고 "비이성적, 반문명적, 호전적, 팽창적 중공", "혼란과 내전 그리고 파국으로 치닫고 있는 불안한 중공"이라는 이미지를 만들어 냈다. 전문가의 주류적 시선도 이러한 보도 태도와 시각과 크게 다르지 않았다. 일간지와 마찬가지로 주로 권력투쟁설에 입각하여 문혁을 이해하고 있었다. 비록 문혁의 시작점을 1957년으로 설정하거나 문혁을 사상문화혁명에서 권력투쟁으로 "전환", "변질"된 것으로 파악하거나 또는 인간혁명 내지는 사회구조의 변화로 보려는 관점도 제시되기는 했지만 권력투쟁의 관점이 우세했다.

1969년 4월에 개최된 9전대회 이후 일간지의 문혁에 대한 관심은 현저히 줄었으나, 문혁연구는 오히려 1970년대에 들어 본격화되었다. 문혁이 학문대상이 되면서 문혁, 나아가서는 중국을 보는 전문가들의 시선의 분기 또한 명료해지기도 했다. 기존 권력투쟁론적 시각의 문혁론이 학문적으로 체계화되어 문혁은 이른바 "3년설"에 입각한 "마오가 주도한 비정상적 일대 숙청운동"이자 전체주의 국가의 정치체제의 특성을 반영한 사건으로 규정되었다. 이러한 연구를 통해 중국은 "비정상적 권력투쟁을 특징으로 하는 전제주의 국가이자 독재국가"로 간주되었다.

문혁은 한국사회에 반공 냉전형 중공인식을 재생산, 강화시킨 계기에 그치지 않았다. 비록 비주류적이긴 했으나, 문혁이 기존 자본주의와 사회주의의 문제들을 극복하려는 실험으로 이해됨으로써 당시 주류적인 중국인식과는 다른 유형의 인식이 표출되는 계기이자 배경이기도 했다.

제3장

"자유중국"에서 타이완으로

Ⅰ. 들어가며

1992년 한국은 중화민국과 단교했다. 단교와 함께 한국인에게 기존 "자유중국"은 타이완으로, "중공"은 중국으로 불렸다. 중화인민공화국(이하, 중국)과의 국교수립으로 한국인의 관심은 중국으로 급속하게 이동했으며, 상대적으로 타이완에 대한 관심도는 격감했다. 단교 이후 타이완은 한국인에게 잊혀졌고 중국하면 으레 중화인민공화국과 등치시켜 사고하는 것이 한국인 일반의 국제 감각이 되었다.

그러나 최근 한국사회에서 타이완에 대한 관심이 증대되고 있다. 학계에서는 타이완연구가 본격화되고 있을 뿐만 아니라[1], 타이완 학자들과의 각종 크고 작은 학술교류가 활발히 이루어지고 있다. 학계와 사회 일각에서는 "양안관계의 번영과 동아시아의 평화발전"의 모색이라는 차원에서 타이완에 주목하기도 한다.[2] 한국사회의 타이완에 대한 이러한 관심의 증대는, 타이완사회에서 이루어진 일련의 변화에서 기인하는 바 컸다. 2000년 정권교체로 상징된 일련의 정치적 민주화 진척, 이와 동반된 이른바 "본토화本土化"의 대두 그리고 양안관계의 개선 등은 한국인의 시선을 타이완으로 이끌기에 충분했다.

이 글에서는 한국인의 타이완인식을 추적해보고자 한다. 한국인은 타이완을 어떤 시선으로 보았으며 어떻게 이해하고 있었는지를 파악해 보고자 하는 것인데, 이는 한국인에게 타이완은 무엇이었는가를 되돌아보고자 하는 시도와 통한다. 이 글에서는 한국인의 타이완인식을 해명한 연구가 현재 일제 강점기에 한정되어 있는 점을 고려하여[3], 한국이 타이완과 국교를 수립한 이후부터 단교에 이르렀던 시기까지에 초점을 맞추고자 한다.

이 시기는 한국-타이완관계에서 보면 냉전기에 해당한다. 동아시아의 냉전구도는 미-중대결로 특징지어진다. 미일동맹을 기축으로 그 아래에 한국과 타이완이 위치한 자유주의진영과, 이른바 혈맹관계로 맺어진 중국과 북한의 사회주의진영이 대치했다. 냉전구도는 1970년 대에 들어 시작된 미중화해 무드에 의해 동요되기 시작하였고, 시차를 두고 진행된 일본과 미국의 중국수교와 타이완단교 등으로 중대한 변화를 맞았다. 1992년 "북방외교"를 내건 한국까지 이러한 변화에 가세하면서 동아시아 지역은 이른바 탈냉전의 시대로 접어들었다.

냉전기 한국인의 타이완인식을 추적하는 데 유용한 방안 중 하나는, 대중일간지의 타이완 관계 기사를 분석하는 것이다. 일간지는 한국인의 타이완인식이 표출되는 출구이자 그것을 사회에 유통시키는 매체이기 때문에 한국인의 타이완인식을 일정하게 반영할 뿐만 아니라 그것을 형성케 하는 데 중요한 역할을 수행했다. 이 글에서는 『조선일보』, 『동아일보』, 『경향신문』, 『매일경제』, 『한겨레신문』 등의 타이완 관계 사설과 기사들을 검토한다.[4] 이러한 검토를 통해 동아시아 냉전 구도의 변동에 연동되어 형성되고 표출된 한국인의 타이완인식의 추이가 드러나길 기대한다.

II. 일본문화에 압도된 반공우방

동아시아에서 냉전이 본격적으로 구축된 것은 한국전쟁을 거치면서 부터였으며, 한국과 타이완은 미국이 주도한 반공진영의 최전선에 위치했다. 타이완은 한국인에게 같은 분단국가로서 동아시아의 반공진영의 일원이라는 인식이 지배적이었다. 반공우방이라는 인식에 기초한 양국관계는 1992년 8월 양국이 단교를 선언할 때까지 기본적으로 유지되었다. 특히 1950년대에 간행된 대부분의 일간지들은 "침략적인 중공"과 대치하면서 "본토수복本土收復"을 준비하고 있는 타이완을 집중적으로 기사화했다. 본토수복을 위해 나날이 충실해져가고 있는 "국부군國府軍"의 모습을 전하며 중국을 대상으로 한 대규모 군사작전과 전투를 치를 수 있는 상태가 완료되었음을 보도하거나[5], 미국의 원조를 기다리며 착실하게 무기생산에 힘을 기울이면서 준비하고 있는 타이완을 보도했다.[6] 미국의 미온적인 타이완정책을 비판하며 좀 더 강경한 대중정책을 주문하거나 국부군의 해·공군을 강화시킬 필요가 있음을 촉구하는 기사를 내보낸 것[7]은 같은 반공국가로서 연대와 유대의식을 반영한 것이었다.

그럼에도 같은 반공국가로서 기대에 미치지 못한다며 타이완에 대한 섭섭한 심정을 표출하기도 했다. 중국군이 한국전쟁에 개입하였을 때 국부군이 대륙 남부지역을 공격할 것을 기대하였지만 그러지 않았다는 것이었다.[8] 이러한 섭섭함을 과거 중국공산당과의 내전에서 중국국민당이 패배하여 타이완으로 패주한 것과 관련지어 "(장제스는) 너무나 무력하고 타방 의존他方依存인 데에 놀라고 또한 탄식하는 바"라고 노골적으로 드러내기도 했다.[9] 장제스蔣介石(1887~1975)는 공산당과의 내전에서 "요행"과 "기적"만을 바라는 자세로 일관하였기 때문에 패했다는 비판이었다.

흥미로운 사실은 당시 한국 언론에서 타이완은 단순히 반공우방이라는 정치, 군사적 관점에서만 다루어지지 않았다는 점이다. 타이완사회의 또 다른 일면에도 주목했던 것인데, 그것은 타이완사회에 "일본풍"이 널리 퍼져 있었다는 점이었다. 타이완은 "상점에서뿐만 아니라 가정에서도 일본말을 쓰고 일본글을 좋아하며, 일본노래를 마음대로 부를 수 있는 괴이한 곳"이며, 이는 타이완인이 "50년 왜치倭治로 완전히 일본화했기 때문"이라고 보았다.[10] 일본문화에 압도된 타이완사회의 분위기는 양국의 군사적 유대를 강화하기 위해 타이완을 방문한 육군 참모총장 일행에 의해서 "(타이완사회의) 기이한 한 가지"로 지목될 정도였다.[11]

반공우방으로서의 연대와 유대의식을 가지면서도 동시에 타이완사회의 일본풍에 대해 비판적 입장을 견지하고 있었다는 것은 한국인의 타이완을 보는 시선이 단일하지 않았음을 의미한다. 말하자면, 국공내전에서 패주하여 타이완으로 건너와 대륙수복을 외치는 이른바 "외성인外省人"과는 "반공" 이데올로기라는 면에서는 연대감을 가졌지만, 일본에 의해 50년간 식민지배를 받아야 했던 타이완사회, 즉 "본성인本省人"의 문화에 대해서는 "괴이하고 기이하다."며 강한 이질감을 드러내고 있었던 것이다. 당시 한국인들이 타이완과 문화적 유대감을 가진 것은 대륙 중국의 역사와 문화를 매개로 한 것이었다는 점을 상기하면, 결국 당시 한국인이 타이완에 대해 가진 연대와 유대의식은 정치이념적으로는 반공, 문화적으로는 중국문화에 기초한 것이었음을 알수 있다. 당시 한국인들은 "외성인"을 통해 타이완을 보았으며, 그들의 정치이념과 중국문화와 강한 유대감을 느끼고 있었던 것이다. 한국인의 이러한 타이완인식은 1980년대 중반까지 변화없이 지속되었다.

III. 농업근대화의 모델

일간지의 기사를 검토할 때 한국인의 타이완인식이 기존보다 풍부하게 표출된 것은 1956년 말과 1957년 말에 있었던 민간차원의 교류이후였던 것으로 파악된다. 특히 1957년 12월 3일부터 16일까지 한국의 문인들로 구성된 문화친선방문단은 한국사회에 보다 풍부한 타이완에 대한 정보를 전달했다. 문인들이 쓴 타이완 방문기는 일간지에 기사화된 다른 글에 비해 더욱 구체적이고 풍부했으며, 따라서 이들의 방문기는 한국인의 타이완에 대한 관심을 기존 정치군사적 차원에서 사회문화적 차원으로 전환시키기도 했다.『동아일보』에는 농민문학의 선구자로 평가되는 이무영,『경향신문』에는 경향신문 기자이자 수필가 전숙희, 그리고『조선일보』에는 언론인이자 소설가 송지영이 각기 자신의 타이완방문의 경험을 투고했다.

"야자수와 푸른 가로수로 인한 이국적인 풍경, 깨끗하게 정돈된 도시의 모습, 자전거로 붐비는 거리, 도시와 농촌 모두 안정된 생활, 검소하고 수수한 생활태도" 등과 같이 타이완을 방문하는 방문객이라면 누구나 관찰할 수 있는 풍경 이외에 문인들의 방문기에서 주목되는 것을 추리면 다음과 같았다. 첫째, 타이완의 문인들은 도색문화 즉 "황색문학黄色文學" 제거운동에 정부와 함께 힘을 기울이고 있으며[12], 둘째, 타이완대학의 도서관은 풍부한 장서를 갖추고 있었을 뿐만 아니라 각종 교육 시설까지 구비했고 검소한 차림의 남녀 학생들은 독서와 공부에 몰두하고 있다.[13] 그리고 셋째, 대부분 학비를 국가로부터 지원받고 공부하는 대학생들은 졸업 이후 100% 취업하고 있다.[14] 그러나 이들의 관심과 시선을 크게 끈 것은 농촌과 농민문제였다.

특히 이무영은 자신의 관심사를 반영이라도 하듯이 농촌과 농민에 큰 관심을 보였다. 벽돌로 지어진 농가, 농촌 구석구석까지 뻗어있는 포장도로, 생활이 안정되었을 뿐만 아니라 라디오 등을 갖추고 문화생활까지 영위하고 있는 농민, 농민방송국을 운영하고 있는 타이완 등을 직접 목격하고 타이완 농촌이 완전히 탈바꿈했다며 "자꾸만 구라파 도시가 연상된다."[15]고 놀라워했다.

놀라움을 감추지 않은 것은 10여 년 만에 다시 타이완을 찾은 송지영도 마찬가지였다.[16] 10년 전만 하더라도 그에게 타이완은 "염열炎熱의 남국 풍광을 즐길 겨를도 없었던, 불안하고 착잡한 심정이 교차하는 염열의 남국"에 불과했지만, 다시 찾은 타이완은 "중국의 오랜 역사와 전통을 간직한 자유중국"이자 "근검과 절약으로 안정된 농촌경제를 이룩한 형제지방兄之邦"이었다. 흥미로운 사실은, 그가 괄목할 성장에 놀라워했던 타이완은 외성인의 타이완이었다는 점이었다. 그의 눈에 비친 타이완은 "중국의 전통과 문화, 역사를 체현한 주체"이자, "향수와 우울"에 젖은 소수 외성인이 주도하는 "반공"과 "독재항거의 기지"였기 때문이었다. 이러한 타이완인식은 타이완사회의 발전상에 놀라워했던 다른 문인들에게서도 공통적으로 나타나는 것이었다.

물론 외성인을 매개로 한 타이완인식과는 다른 인식이 표출되기도 했다. 예컨대, 이른바 "2·28사건"에 대한 설명을 통해 본성인과 외성인 사이에 존재하는 갈등구조에 주목하면서[17] 본성인에 대한 차별을 철폐하고 좀 더 민주적인 방향으로 나아가야 한다고 주문하기도 했다.[18] 타이완인들의 일본어 사용을 "외색성"이라고 더 이상 비난하지 않고 일본어 사용이나 일본풍의 문화가 존속되고 있는 양상을 "하나의 타이완의 전통"으로 이해하려는 시선도 등장하기도 했다.[19] 그러나 이러한 시선과 인식은 소수였으며, 주류는 외성인이 매개된 타이완인식이었다.

타이완이 거둔 성취에 대한 한국인들의 찬탄과 놀라움은, 타이완을 "농업근대화의 모델"로까지 인식하도록 이끌었다. 타이완이 일군 공업화도 관찰자의 눈길을 끌기에 족했지만, 정작 많은 한국인들의 시선을 끈 것은 농업근대화였다.[20] 성공적인 토지개혁, 농산물의 상품화, 정부의 육성의지, 영농기술의 방법의 적극적인 도입 등이 농업근대화의 요인으로 지목되었다. 농업근대화를 달성한 타이완의 농촌은 "초가 없는 가옥, 90%에 달하는 전화율, 그리고 라디오와 건축, 텔레비전 등을 갖추었고, 이는 한국의 농촌과는 완전히 딴판"이었다고 평가되었다.

농업과 공업의 균형발전을 이룬 타이완은, 관찰자에 의해 "개발도상국의 경제개발의 모델케이스"이자[21], 한국에서 "논의와 연구의 대상으로 삼기에 충분한 가치를 지닌 국가"로 적극 평가되었다.[22] 관찰자들이 타이완 근대화의 성공 요인으로 강조한 것은 무엇이었을까. 그들은 자연적인 조건을 비롯하여 경제적인 요건 또는 정치적 리더십 등 다양한 조건을 열거했지만, 특히 주목되는 것은 『경향신문』이 타이완 사회의 "정치부재" 현상을 경제성장과 연관 지어 보도한 대목이었다.[23] 기사에 따르면 타이완사회를 관찰하면서 놀라웠던 것은 "정치부재"인데, 이것이야말로 타이완이 놀라운 경제성장을 이룰 수 있었던 배경이었다는 것이었다. 말하자면 정치적 자유, 민주 등을 포기한 대가로 타이완은 급속한 경제성장을 이룩할 수 있었다는 논지였다.

Ⅳ. 자립과 자강 의지가 넘치는 강소국

닉슨 미국대통령의 중국 방문과 상하이 코뮤니케 발표, 유엔에서의 중국 대표권 인정 등에 따른 기존 동아시아 냉전구도의 변화는 타이완의 국제적 지위를 크게 약화시켰다. 유엔에서의 퇴출과 일본의 발빠른 중국수교에 이은 타이완단교에서 보듯이, 타이완은 국제사회로부터 점차 고립되어 갔다.

타이완의 이러한 처지에 한국 언론들은 동정적이었다. 상하이 코뮤니케는 "자유중국에 대한 미국의 배신행위"[24]라며 미국을 강하게 비판했고, 유엔에서 타이완이 퇴출된 직후 타이완은 "불안, 혼란, 패배주의 등에 휩싸일 것"[25]이라며 안타까운 심정을 감추지 않았다. 나아가 미국이나 일본의 타이완에 대한 태도 변화를 약소국의 운명은 아랑곳하지 않은 강대국의 "편의주의적 정책의 대표적인 예"로 지목했으며[26], 미중관계의 개선에 따른 "미국의 공백"으로 타이완은 물론 아시아 전체는 "긴장완화는커녕 갈등과 분쟁이 격화될 가능성이 커졌다."고 우려하기도 했다.[27] 1970년대 말 막상 미중수교가 이루어진 것을 보고는 "충격을 금하기 어렵다."거나 "새삼 국제정치사회의 비정함에도 경악을 억제할 길이 없다."[28]는 심경을 표출하기도 했다. 한국인에게, 동아시아 반공 냉전의 최전선에 위치하여 근대화를 함께 추구해 나아가는 동류 국가로 인식되었던 타이완은 이제 약소국으로서 동병상련하는 대상으로 인식된 것이었다.

미중화해와 뒤이은 미중수교를 계기로 타이완과는 동병상련의 위치에 있다는 유대감이 한국인 사이에 확산되고 있었지만, 실제 타이완이 보여준 모습은 예상 밖이었다. 타이완을 직접 찾은 한 신문사 주필은 "의외의 안정된 활기"에 놀라워했다.[29] 이른바 "처변불경處變不驚"하는 자세를 견지하며 새로운 방향의 국내외 정책을 적극적으로 모색하고 있었다는 것이었다. 그의 관찰에 따르면 타이완은 국내적으로는 "자강노선"을 분명히 하고 대외적으로는 "호혜적인 경제외교" 쪽으로 선회하기 시작했다.

이후 한국 언론들은 "자강과 자립"을 지향한 타이완 경제의 성취와 그 특징에 집중적인 관심을 보이며 보도하기 시작했다. 가령, 『매일경제』는 "풍요로 치닫는 자유중국"이라는 기획 연재를 통해, "영농의 기계화", "기술개발", "산학협동" 등 세 분야에 걸친 경제성장 동력을 소개하면서 타이완은 "만난萬難을 극복하면서 공업입국의 기반을 구축하여 자립의 길을 다져가고 있다."고 소개했다.[30] 『동아일보』는 "민생 우선의 타이완경제"라는 기획 연재물을 통해 타이완 경제가 지닌 "풍요와 발전상"을 다양한 측면에서 분석하여 전달하고자 했다. "풍부한 의식주, 안정된 물가, 균등한 소득분배, 실리주의" 등으로 특징지어진 타이완 경제는 바로 쑨원孫文(1866~1925)의 삼민주의에 입각한 "민생 위주"의 경제 방향에 근거한다고 분석했다.[31] 이러한 타이완에 대한 관심은 『조선일보』에서도 표명되었다. "고립속의 번영, 자유중국"이라는 제목의 특파원 취재기사나, "시련의 번영 속의 쌍십절"이라는 제목의 사설은 대표적인 사례에 해당했다.[32] 말하자면 타이완은 비록 미국으로부터 "버림받고" 국제사회에서 고립되는 등 일찍이 보지 못한 시련을 겪고 있었지만 "동요 없이" "풍요와 발전을 구가하며" 이른바 "자립과 자강"에 힘쓰고 있는 작지만 강한 나라로 한국 언론에 의해 묘사되고 있었던 것이다.

주목할 것은 당시 타이완 경제의 저력으로 지목된 여러 사안들은 당시 한국이 교훈으로 수용해야 할 것으로 적극적으로 평가되고 있었다는 점이다. 가령, 공업화 과정에서 농촌경제를 희생시키지 않는다든지[33], 안정을 희생삼아 성장을 추구하지 않고 안정과 성장을 동시에 달성하는 정책을 추진한다든지[34], 그리고 적자나 부실경영을 면치 못하는 우리와 달리 국영기업을 건실하게 운영한다든지[35] 하는 등은 타이완 경제의 저력이자 우리에게 주는 교훈이라는 것이었다. 여러 고난에도 불구하고 성공적으로 자립과 자강을 이루어 내고 있는 타이완의 저력과 성취는 국제시장에서 타이완과 경쟁국의 위치에 있는 우리가 교훈으로 삼아야 할 사안이라는 것이었다.

1970년대 이후 타이완의 경제성장과 방식에 대해 한국 언론들이 보인 관심과 그로부터 얻고자 했던 교훈들은 1980년대에 들어 세계적 불황 내지는 그에 연동된 한국 경제의 추락과 관련되어 다시 표출되었다. 대표적인 사례는 1980년 이른바 제2차 오일쇼크 이후 나타난 "타이완형 경제개발"에 대한 관심이었다. 1980년 이른바 제2차 오일쇼크에 따른 세계적 차원의 불황에서 한국 경제가 마이너스 성장으로 비틀거리고 있을 때 타이완은 성장을 계속하며 수출실적이나 1인당 국민소득에서 한국을 앞지르고 있었다. 당시 한국은 석유화학, 제철 등 석유 및 천연자원의 소비가 큰 중공업 위주의 경제성장 정책을 펼쳤던 시기라 오일쇼크의 여파는 더욱 컸다.

타이완 경제의 경쟁력에 대한 언론의 관심과 분석은 대체로 대동소이했지만, 일간지별 또는 필자나 기자에 따라 강조점은 달랐다. 이를 간추려보면 다음과 같았다. "물가안정을 비롯하여 국민과 정부의 협동 정신의 발휘"[36], "중소기업 위주의 수출 정책을 비롯하여 중소기업 중심의 경제구조"[37], "농업 안정을 전제로 한 단계적 공업화 달성 정책"[38], "민생위주의 경제철학" 등[39]이 주목되었다. 이 가운데 언론에서 가장 관심을 집중한 것은 중소기업에 관련한 부분이었다.

언론이 타이완 경제의 가장 큰 특징이자 경쟁력으로 중소기업에 주목했다는 사실은 대기업 또는 재벌위주의 경제정책으로 일관한 한국 경제정책에 대한 반성과 비판을 의미하는 것이었다. 1984년 현재 대기업 수나 크기에 있어 타이완은 한국에 뒤지지만, 국가 전체의 수출액에서는 한국을 앞설 뿐만 아니라 한국보다 더 많은 무역 흑자까지 내고 있다는 것이었다. 이러한 보도는, 대기업에 정부지원을 집중하여 수출제일주의와 고도성장을 추구한 한국형 경제개발은 이제 효율면에서 한계에 봉착했으며, 대기업 형성에 제동을 걸면서 중소기업을 기반으로 "민생 위주의 안정정책"과 "균부均富의 사회 형성"에 주력한 타이완형 경제개발이 효력을 발휘했다는 주장인 것이었다.[40]

흥미로운 사실은 타이완 경제 예찬론을 경계하는 기사도 등장하고 있었다는 점이다. 타이완형 경제론이 가지는 장점은 있지만 그러한 장점만을 일방적으로 소개하고 이를 타산지석으로 삼자고 하는 주장은, 타이완이 맞닥뜨리고 있는 고민과 곤경에 대해 무관심한 것일 뿐만 아니라, 심지어는 타이완의 사례를 아전인수하는 것이라는 비판이었다.[41] 이러한 비판은 타이완이 직면한 현실을 올바로 전달하지 못할 뿐만 아니라 그럼으로써 타이완에 대한 왜곡된 인식을 형성할 우려가 있음을 경계한 것으로 읽힌다. 실제 타이완은 중소기업 위주의 경제구조로 인해 "규모의 경제"를 누릴 수 없을 뿐만 아니라 경제전반에 걸친 "자유화와 국제화"가 어렵고, 그리고 국민의 높은 저축률은 투자로 이어지지 않아 내자동원内資動員이 어렵다는 고민과 곤경에 맞닥뜨리고 있었다.[42] 게다가 타이완이 거둔 경제적 성취는 다른 분야의 희생, 특히 "빵만으로 살 수 없다."는 목소리를 억누르고 이루어진 것이기도 했다.[43] 이러한 타이완이 직면한 현실과 상황까지 시야에 넣을 때 타이완형 경제개발이 가지는 특징은 물론 그 의의까지 균형 있게 이해할 수 있다는 논지였다.

Ⅴ. 민주화 도정에 들어선 타이완

1960년대 이후 경제영역에 초점이 맞추어진 타이완 담론이 정치영역으로 선회하기 시작한 것은 1980년대 후반이었다. 계엄 해제 후 정치적 민주화가 본격적으로 시작하면서 타이완에 대한 한국 언론의 관심이 정치영역으로 신속히 이동한 때문이었다. 국민당정부가 계엄을 해제한 것은 1987년 7월 15일이었는데, 이는 계엄이 실시된 지 38년 만이었다. 계엄 해제 이후 타이완사회에서 불기 시작한 이른바 민주화 바람은 한국 일간지들의 경쟁적인 취재와 보도의 대상이 되었다.

일간지들은 민주화 바람을 두 분야에서 다루었다. 첫째 국민당을 비롯한 민진당 등 정당이 주도한 정치적 민주화, 둘째 양안관계의 개선이었다. 정치적 민주화의 경우, 국민당이 추진한 당내 인적 쇄신과 제도개선, 이에 대한 민진당의 비판과 약진 등이 집중적으로 보도되었으며, 양안관계 개선의 경우에는 국민당정부가 추진한 대륙과의 인적, 물적 교류의 양상 등이 다루어졌다. 일련의 정치개혁을 추진해가며 양안관계까지 개선해 나아가는 등 민주화 도정에 들어선 타이완사회의 역동적인 모습이 일간지를 통해 생생하게 한국사회에 전달되었다.

한국인들은 타이완의 민주화 바람을 어떤 시선으로 바라보았을까. 일간지에서 민주화 과정을 어떤 시각에서 다루었는지 주목해보자. 먼저, 가장 눈에 띄는 것은 국민당이 민주화를 주도하고 있다는 관점이었다. 타이완의 민주화를 장징궈蔣經國(1910~1988) 총통의 계엄 해제에 이은 리덩후이李登輝(1923~) 총통의 정치제도 개혁으로 보고 이를 "헌정 복귀를 지향한 위로부터의 점진적 개혁"으로 보도한 데서 잘 드러난다. 그러면서도 국민당이 일련의 민주화 조치를 추진하지 않을 수 없었던 국내적 배경에 주목했다. 1947년 2·28사건까지 거슬러 올라가는 반정부 민주화운동의 경험을 중시한 것이었다.[44] 말하자면 반정부 민주화운동의 이면에는 권력을 독점해온 외성인과 민주화와 자유화를 주장해온 본성인 사이의 이른바 "성적省籍 갈등과 대립"이 자리하고 있다는 점을 주시할 필요가 있음을 강조한 것이었다. 타이완의 독립과 본토화를 지향한 민진당의 결성과 그 활동에 일간지들이 예의주시했던 것은 바로 이와 같은 시각을 잘 보여준다. 일간지가 견지한 이러한 태도와 시각은, 타이완사회 내부의 "성적 갈등"이 본격적으로 한국인의 시야에 들어오기 시작하였음을 뜻한다. 외성인을 매개로 형성된 한국인의 기존 타이완인식에 균열 내지는 변화가 생겨나기 시작했음을 의미한다.

둘째, 민간 차원의 물적, 인적 교류를 시작으로 양안관계 개선을 주도해 가면서 기존 중국과의 적대적 관계까지 청산해 가는 국민당의 유연한 대중정책을 높게 평가했다. 일간지에서 국민당의 양안관계 개선을 높게 평가한 것은, 적대적 대립에서 벗어나지 못하고 있는 한반도의 남북관계를 되돌아보고 양안관계로부터 남북관계를 개선할 수 있는 실마리를 찾아보고자 하는 바람과 기대 때문이었다. 양안 간 인적, 물적 교류를 보도하면서 이산가족과 서신왕래를 비롯한 문화 학술교류가 남북 간에도 이루어지길 기대하거나[45], 남북관계 개선을 위해 국가보안법을 폐지할 필요가 있다는 요지의 주장을 덧붙인 데서도 잘 드러난다.[46] 양안문제를 풀어가는 타이완과 중국을 빗대어 북한이 좀 더 개방과 개혁의 길로 적극 나서 줄 것을 주문하기도 했으며[47], 남북이 공히 "대승적 민족주의를 견지하며 화해의 길로 나설 필요가 있음"을 역설하기도 했다.[48] 양안관계 개선에 적극 나서고 있는 타이완의 노력을 "우리 겨레는 타산지석으로 삼아야 할 것"이라고 한 주장에서 볼 수 있듯이[49], 양안관계를 개선해 가는 타이완의 행보는 한국인에게 남북관계를 되돌아보게 한 계기로 작용했고, 동시에 민족문제까지 유연하게 풀어가는 타이완이라는 이미지를 형성시켜 나아갔다.

셋째, 양안관계의 개선을 주도해 가는 타이완은 부러움의 대상으로 만 비쳐지지 않았다. 경쟁의 대상이라는 타이완인식도 동시에 표출되고 있었다. 이러한 인식은, 타이완이 적극적으로 양안관계 개선에 나서는 이유는 표면적으로는 "인도적 측면"을 강조하지만 본질적으로 는 "경제적 공존"을 추구하기 위해서라는 판단에 근거했다. 국민당이 양안관계의 개선에 적극적으로 나서고 있는 것은, "지난 30년간 쌓아올린 경제적 부"를 중국의 거대한 노동력과 결합시킴으로써 궁극적으로 는 "대중국 경제권"을 형성하기 위해서라는 것이다.[50] 이러한 관점에서 볼 때, 양안개선을 주도해 가는 타이완은 향후 세계무역시장을 놓고 한국이 치열하게 경쟁해야만 하는 대상이기도 하다는 것이다.

VI. 나가며

단교 이전까지 한국인의 타이완에 대한 인식은 시기에 따라 다양하게 표출되었다. "반공우방"이자 "일본문화에 압도된 타이완사회"라는 인식이 1950년대에 표출되었다면, "농업근대화의 모델"이라는 인식은 1960년대에 표출되었으며, "약소국으로서 동병상련하는 대상"이자 "자립과 자강 의지가 넘치는 강소국"이라는 인식은 1970년대에 형성된 타이완인식이었다. 1980년대 후반부터 1992년 8월 단교할 때까지는 "양안관계 개선을 주도해가는 민주화 도정에 들어선 타이완"이라는 시선이 견지되는 가운데, 본격적으로 한국인 시야에 성적 갈등이 들어오면서 기존 외성인 위주의 타이완인식에서 벗어나기 시작했다. 한편 양안관계를 주도해 가는 타이완을 보면서 타산지석으로 삼을 대상이 라는 인식과 아울러 향후 세계수출시장에서 잠재적 경쟁자라는 시선 도 조심스럽게 표출되기도 했다.

이러한 타이완인식의 추이는 기본적으로 동아시아 냉전질서의 구축 과 균열이라는 국제관계의 변동, 그리고 그에 연동된 양국관계를 일정 하게 반영한 것이었다. 냉전질서가 구축되면서 분단국이자 반공국가 로서의 유대감이 강조된 1950~60년대에는 "반공 우방"과 "근대화 모 델"이라는 인식이, 냉전질서가 균열되기 시작한 1970년대에는 "약소국 으로서의 동병상련의 대상"이자 "자립과 자강 의지가 넘치는 강소국" 이라는 인식이 표출되었던 것이다. 동아시아 국가들이 탈냉전의 흐름 을 본격적으로 타기 시작한 1980년대부터는 "양안관계 개선을 주도해 가는 민주국가"라는 인식이 유통되기도 했다.

이상과 같은 인식의 흐름에서 주목되는 것은 한국인의 타이완사회 에 대한 이해와 인식이 1980년대 후반기를 넘어서면서 심화되어 갔다 는 점이다. 이른바 외성인을 매개로 타이완을 관찰하고 이해하던 데서 성적 갈등을 시야에 넣음으로써 타이완사회를 보다 다층적이고 역동 적인 시각으로 인식할 수 있게 되었던 것이다. 물론 여기에는 탈냉전이 라는 국제관계의 변동이 작용했지만 양국 사회에서 전개된 민주화운 동도 중요한 배경으로 작용했다고 보아야 할 것이다. 일간지에서는 명료하게 표출되지는 않았지만, 1980년대 후반 양국민은 공히 민주화 시대를 맞이했으며 그에 따라 과거 권위주의시대 국가 차원의 반공우 방이라는 유대감에 견줄 만큼 혹은 그 이상으로 민주화를 매개로 한 사회영역의 연대의식을 형성했을 것으로 보이기 때문이다. 이러한 연대의식으로 한국인은 외성인에 의해 가려졌던 타이완사회의 내면을 들여다볼 수 있는 시야를 갖게 되었던 것으로 보인다.

주목되는 또 다른 하나는, 한국인들에게 타이완은 주로 경제영역에 집중되어 인식되어온 경향이 강했다는 점이다. 1960년대부터 1980년 대에 이르기까지 타이완은 근대화의 모델 또는 중소기업형 경제모델 등으로 인식되어 왔다. 이는 한국인에게 타이완은 어떤 관심의 대상이 었는지를 시사한다. 비록 반공우방으로서의 연대감은 강조했지만, 그러한 연대감을 현실화할 수 있는 관계를 구축하지 못한 상태에서 타이완에 대한 관심은 경제영역에 집중되었던 것이다. 한국인은 타이 완이 이룩한 경제적 성취에 관심을 가졌고 그러한 성취가 가능했던 산업질서와 생산체제의 특성에 주목했다.

경제적 영역에 집중된 한국인의 타이완인식과 관련하여, 흥미로운 것은 타이완을 경제개발의 참조 틀로 바라보던 데서 양안관계의 개선 에 따라 비록 명료하지는 않지만 잠재적 경쟁자로 보는 인식이 표출되 기 시작했다는 점이다. 양안관계의 개선이 결국 대중국 경제권 형성으 로 귀결될 것이라는 전망 속에서 표출된 인식이었다.

제2부

중국을 보는 세 가지 시선

중국사 연구는 한국전쟁을 거친 이후인 1950년대 중반부터 활발해졌으며 중국근현대사 연구는 1960년대에 접어들면서 본격화되었다.[1] 각 대학에서 발간한 논문지에 논문이 게재되었고 연구기관 및 학회가 창설되어 그 학회지를 통해 중국관련 각종 연구논문이 본격적으로 발표되기 시작했던 것이다. "근대적 동양사학의 성장기"[2]라고 지칭될 만큼 1960년대는 중국근현대사를 비롯한 중국사 전체가 이전에 비해 질적, 양적으로 큰 성장세를 보인 시기였다.

　근대적인 중국사 연구가 시작되고 활발해진 시기, 즉 1950년대 중반과 1960년대는 냉전이념이 압도하던 시기였다. 동시에 일제의 강점으로 유예된 근대국민국가의 형성과 발전을 위해 노력이 한창 경주된 시기이기도 했다. 냉전은 중국근현대연구자들의 문제의식과 분석대상 그리고 연구경향에 상당한 영향을 미쳤다. 반공과 냉전이념이 압도한 현실에서 한국(인)에게 "한국전쟁에 개입한 침략국"이자 "적성국"이었던 중국의 현실과 밀접히 연관된 근현대사에 학문적인 관심을 가진다는 것은 "어느 정도 지적 용기까지 필요한 것"이기도 했거니와[3], 막상 연구를 진행한 경우에도 대개 철저한 반공논리에 입각하거나 그렇지 않으면 중국 현실과 일정한 거리를 두고 "철저한 고증과 실증"에 입각하지 않을 수 없었다.[4] 게다가 분석대상의 경우에도 당시 지식인사회에서 주요 담론으로 부상한 근대화문제와 관련된 주제들이 선호되기도 했다.[5] 이렇듯 초창기 및 발전기에 해당하는 한국의 중국근현대사 연구에서 보이는 제반 특성은 냉전이라는 시대성과 불가분의 관계에 있었던 것이다.

그런데 동일한 냉전체제 아래서 근현대 중국을 연구의 대상으로 삼았다 하더라도 개별 연구자의 역사관이나 현실인식에 따라서는 연구대상을 바라보는 문제의식과 그에 따른 연구결과가 상이했다는 점에 주목할 필요가 있다. 냉전논리가 압도한 시기였지만, 개별연구자의 냉전 경험은 결코 동일하지 않았던 것이다. 사회 각 영역에 냉전이 투영되고 전개되는 양상이 달랐듯이 사회 내 다양한 집단과 개인이 경험한 냉전 또한 동일하지 않았던 것인데, 냉전의 총체적 양상은 냉전에 참여한 다양한 집단과 개인의 경험을 종합적으로 고찰할 때 비로소 온전히 드러난다.[6]

이상과 같은 문제의식에서 김준엽(1920~2011), 민두기(1932~2000), 리영희(1929~2010) 등 연구자에 주목하고 이들의 연구활동을 비교 검토하고자 한다. 고려대학교 교수였던 김준엽은 아세아문제연구소(이하 아연)를 창립하여 동아시아학의 기틀을 다지고 그것을 심화시킴으로써 연구소를 "세계적 수준"으로 성장시켰다. 아울러 그는 중국공산주의운동과 중화인민공화국의 역사에 관심을 집중하고 그 연구를 개척했다.[7] 서울대학교 교수였던 민두기는 중국사의 내적 발전 논리에 입각하여 근대사를 체계적으로 구성하는 데 성공함으로써 한국의 중국근대사 연구를 세계적 수준으로 끌어올렸다.[8] 한편으로는 실증주의라는 방법과 객관주의라는 태도를 근대사 연구에 견지한 대표적인 연구자로 그만의 "독특한 중국사 담론"과 "(근대사) 연구의 표준모델"까지 만들어내기도 했다.[9] 김준엽과 민두기는 교육에도 힘을 기울여 많은 후학을 양성하기도 했다. 저널리스트이자 한양대학교 교수였던 리영희는 반공 냉전 이념이 압도하고 있었던 상황에서 중국혁명운동사에 관심을 둔 독특한 연구자였다. 그의 연구와 시각은 한국의 정치상황에 비판적이었던 지식인들과 대학생들에게 적지 않은 영향을 미쳤다. 그는 중국연구를 한국의 현실 변혁의 실천적 지향과 결합시킨, 즉 "비판적 중국사 연구"를 시작한 연구자로 평가된다.[10]

학계 안팎에서의 상이한 위치와 역할, 그리고 연구결과에서 볼 때, 이들 세 명의 연구자는 냉전을 배경으로 서로 다른 유형의 중국근현대사 연구를 수행했다. 이들이 중국에 관심을 가진 이유는 무엇이었을까, 어떤 연구를 어떻게 수행하였을까 그리고 그들이 구성한 중국근대사상은 어떤 것이었을까. 결국 이들은 중국을 어떻게 보았던 것일까.

제4장

반공주의자의 중국 : 근대화의 일탈

Ⅰ. 들어가며

"학병 탈출 제1호", "독립운동가", "학원의 민주화를 위해 군사정권에
맞선 대학 총장", "총리직을 고사한 선비이자 학자", "해외(특히 중국)
내 한국학 진흥의 주역", "한국공산주의운동사의 개척자" 등 헤아리기
힘들만큼 다양한 수식어에서 볼 수 있듯이, 김준엽을 근현대 중국사
연구자로 한정하여 보는 것은 분명 온당치 않다. 이 글에서는 근현대
중국사 연구자로서 김준엽에 주목하여 그의 연구 활동을 추적하고자
한다. 그는 중국사 연구의 초창기에 해당하는 냉전 초기 중국근현대사
연구, 특히 정치학 등 사회과학자들에 의해 주도되다시피 한 중국공산
당사 및 중화인민공화국사를 역사연구의 대상으로 삼은 연구자였다.
게다가 그는 한국에서 근현대 중국을 비롯한 아시아지역 연구를 본격
적으로 전개할 수 있는 연구기반과 토대를 마련하는 데 기여했다.
1957년에 창립된 고려대학교 아연을 20년 만에 "세계 10대 연구소"로
성장시켰으며, 1955년 문학·역사·철학분야의 중진교수 21명을 창립
회원으로 중국학회를 정식으로 조직하여 한국의 중국학 발전의 토대

를 구축하기도 했다.[2]

이 글에서는 이상과 같은 근현대 중국사연구자로서 김준엽에 주목하여 그의 연구 활동과 성과를 개인의 체험 및 냉전과 관련지어 분석한다. 과연 그는 중국을 어떻게 보았을까. 이를 해명하기 위해 그가 중국근현대사에 관심을 가진 이유는 무엇인지 어떻게 중국근현대사를 해석했는지 그리고 어떻게 중국근현대사를 구성했는지를 추적하고자 한다.

II. 독립운동가에서 역사학자로

그가 중국에 관심을 가진 것은 신의주고보新義州高普 시절이었다. 자신에게 "민족정신과 함께 반골기질을 형성"하게 해준 이 학교에 다니며 그는 일요일이면 셋째 형과 함께 압록강을 건너 안동安東으로 건너가곤 했다. 안동의 구시가지, 즉 중국인거리를 찾아다닌 것은 그에게 큰 즐거움이었다. 당시 중국이나 중국인에 대해 갖게 된 호기심과 흥미는 후일 게이오대학慶應大學에서 동양사를 선택하게 된 배경 중 하나가 되었다. 그가 대학에서 동양사를 선택한 또 다른 이유는, 당시 동양사는 중국사 위주였지만 "조선", "만주사"도 배울 수 있었기 때문이었다.[3] 당시 동양사는 그에게 한국사를 공부할 수 있는 일종의 우회로였다.

동양사 가운데서도 가장 큰 관심을 둔 것은 "최근세"였다. 동아시아 3국 가운데 일본만이 근대화에 성공하고 한국과 중국은 왜 식민지, 반식민지로 전락하고 말았는가라는 3국의 근대화 과정에 대한 호기심 때문이었다.[4] 이는 단순히 지적인 호기심의 발로만은 아니었다. "(일본의) 침략행위에 치를 떨면서"도 "우리 조상들의 못난 모습에 화가 치밀었다."는 회고에서 엿볼 수 있듯이, 동아시아 3국의 근대화의 비교연구는 중국사례를 타산지석으로 삼고자 하는 의지는 물론 반일 민족의식과 조국의 광복과 근대화에 대한 강한 열망을 반영한 것이기도 했다.

"동양 최근세사"에 대한 그의 관심은 본격적인 연구로 이어지질 못했다. 일제에 의해 학병으로 입대해야 했기 때문이었다. 입대 후 그는 중국전선에 배치되자마자 탈출을 감행했고, 4시간 만에 국민군 유격대를 만났다. "학병 탈출 제1호"였다. 이후 중국국민군 유격대의 일원으로 항일전쟁에 참여했고, 다시 한국의 독립운동을 위해 린촨臨泉, 충칭重慶, 시안西安 등지를 찾았다. 이 과정에서 "동지" 장준하(1918~1975)를 만났다. 린촨에서는 광복군 훈련반에서 군사훈련을 받았고 충칭에서는 김구(1876~1949) 등 임시정부 인사들과 함께 활동했으며 광복 직전 시안에서는 광복군 제2지대에 속해 미 전략사무국(O.S.S.)의 특수훈련을 받으면서 이범석(1900~1972) 장군의 부관으로 활약하기도 했다.

김구를 비롯한 임시정부 요인들이 해방된 조국으로 귀국길에 오르려는 상황에서, 그는 "정계에 투신하였다가 벼슬길에 오를 것인가, 아니면 학자의 길을 택할 것인가"라는 갈림길에서 고민했다. 정치와 학문 중 무엇을 선택할지는 중국 체류 기간 내내 그의 머리에서 떠나지 않았던 문제였지만, 이제 어느 쪽이든 선택해야만 했다. "적성에도 맞고 게다가 꿈에 그리던 조국의 해방과 독립이라는 지상과제가 달성된 상황에서 조국에서 필요한 것은 비단 정치뿐만 아니라 경제, 문화, 군사에 걸친 제반 건설 사업도 필요하다."는 판단 아래 그는 중국전문가의 길을 걷기로 결심했다.[5]

충칭의 둥팡위원전문학교東方語文專門學校 한국어반韓國語班에서 전임

강사를 시작으로 본격적인 학자의 길을 밟기 시작했다. 국민정부의 난징 복귀에 따라 난징으로 자리를 옮긴 그는 둥팡위원전문학교에서 학생들을 가르치면서 국립중앙대학中央大學 대학원에 입학하여 궈팅이 郭廷以(1904~1972) 교수의 지도 아래 중국근대사를 전공하기 시작했다. 국공내전에서 국민정부가 패퇴하자 중국생활을 접고 1949년 1월 귀국했다. 1944년 2월 학병으로 중국에 발을 들여 놓은 지 만 5년 만의 귀국이었다. 귀국 후 고려대학교에서 교편을 잡았다.

정치가와 학자의 갈림길에서 결국 학자의 길을 선택한 것은, 적성을 고려한 것이었지만 일본 근대 계몽사상가 후쿠자와 유키치福澤諭吉(1835 ~1901)의 영향 때문이기도 하다는 것이 그의 설명이다. 자신이 "학문과 정치의 갈림길에서 학문의 길을 선택한 것은 아무래도 후쿠자와의 영향을 많이 받았기 때문일 것"[6]이라고 한 대담에서 볼 수 있듯이, 그의 학자 인생에서 후쿠자와가 차지하는 의미는 컸다. 특히 그가 영향을 받았다고 강조한 것은 후쿠자와의 "독립자존의 정신, 그리고 관의 유혹을 뿌리치고 학문과 언론활동에 전념하며 조국근대화에 기여한 모습, 그리고 그 자신이 유학한 바 있던 게이오대학의 리버럴한 학풍"이었다.[7]

III. 계몽과 역사학

비록 후쿠자와 사상이 지닌 제국주의적인 성향에 대해서는 비판적인 자세를 취했지만, 한국독립운동가와 함께 후쿠자와를 청년시절 인생 설계의 모델로 삼았을 만큼 그의 인생설계, 특히 학자, 지성인으로서 설계에서 후쿠자와가 가지는 의미는 컸다. 후쿠자와처럼 그 자신도 조국의 근대화를 위해 학문과 교육, 언론활동을 통해 헌신하는, 말하자면 "계몽적 지식인"이 되고자 했던 것이었다.

그가 본격적으로 계몽적 지식인으로 활동하기 시작한 것은 『사상계』 활동을 통해서였다.[8] 그가 『사상계』에 발을 들여놓았던 것은, 타이완대학에서 4년간의 연구 활동을 마치고 귀국하여 고려대학교에 복직한 직후였다. 1955년 편집위원으로 참여했고 1959년 10월부터 1961년 1월까지는 3대 편집주간까지 맡았다. 그가 편집주간을 맡았던 시기는 4·19전후로서 『사상계』의 전성기에 해당했다. "사상계를 들고 다녀야 대학생 행세를 하던 풍속"이 생겨날 정도로, 당시 『사상계』는 대학생을 포함한 지식인사회에 큰 영향력을 행사했다. 지식인사회의 대표적인 공론장으로 『사상계』가 기능할 수 있었던 것은 바로 이러한 영향력 때문이었다.[9]

『사상계』에 결집한 지식인들은 대부분 서북출신의 월남 지식인 혹은 기독교인이라는 공통점, 장준하와 개인적인 인맥관계로 얽혀 있었다는 특징을 보였다. 비록 김준엽은 기독교인은 아니었지만, 서북출신이었으며 앞서 본대로 장준하처럼 일본 군대를 탈출한 학병출신으로 독립운동을 함께 했었다. 흥미로운 점은, 이들 『사상계』 지식인들은 하나의 이념적 경향성을 강하게 띠고 있었다는 사실이다. "문화적 민족주의"가 그것으로, 이것은 "서양을 따라 가야 할 모델로 설정하고 근대적 지식 엘리트가 주체가 되어 교육과 계몽이라는 수단을 통해 민족의 문화, 사회, 경제적 자강을 달성하려는 이념"을 뜻한다.[10] 한말 애국계몽운동과 1920년대 안창호 등을 사상적 계보로 한 이 민족주의에 입각하여, 『사상계』 지식인들은 미국적 자유민주주의를 국가이념의 모델로 설정하고 교육과 계몽을 통해 민족의 근대화를 실현하고자 했다.

김준엽을 비롯한 『사상계』 지식인 그룹의 민족의 근대화라는 목표
는 1960년대에 들어 본격적으로 유입된 근대화론의 수용으로 냉전구
도와 맞물리기 시작했다. 널리 알려져 있듯이 근대화론은, 미국의
1950년대의 군사원조 중심의 제3세계 정책이 현상유지 이상의 정책이
되지 않는다는 비판에 직면하여 1960년대에 새로이 제안된 대외정책
의 일환이었다.[11] 케네디-로스토우 노선이라 불리는 이 노선의 기조는
후진국 또는 제3세계 지역에 장기적이고 계획적인 경제 개발 원조를
통해 공산주의 확산을 스스로 방어할 수 있는 자생력을 키우도록
하는 것이었다. 미·소간의 냉전 대립의 확산에 직면하여 미국에서
만들어낸 "계급혁명이 없이도 역사는 단계적으로 발전할 수 있다."는
논리였다.[12]

　근대화론은 다양한 방식으로 한국에 소개, 유입되었다. 가령 주한
미공보원을 비롯하여 아시아재단과 포드재단과 같은 사립재단 등의
다양한 활동과 각종 교육 및 연구 지원 사업을 통해 한국에 본격적으로
유입되었다.[13] 『사상계』 지식인들의 문화적 민족주의는, 세계적으로
확산되고 있었던 냉전구도와 맞물려 다양한 통로를 통해 한국에 유입
된 미국문화 및 근대화론과 결합됨으로써 자유민주주의와 반공주의를
지고지선의 가치와 이념으로 내건, 경제적 근대화를 달성하려는 실천
의지로 구체화되었다. 즉 반공과 자유민주주의에 입각한 경제발전주
의로 변용되었던 것이다.

　자유민주주의와 반공주의의 확립, 경제적 근대화의 달성이 계몽과
교육의 목표였다면, 김준엽에게 계몽과 교육은 어떻게 실천될 수 있었
을까? 청년시절 이미 계몽적 지식인이 되리라 다짐했고 해방이후
『사상계』를 통해 본격적인 사회활동을 시작한 그가 선택한 근대화에
참여하는 도구, 계몽의 수단은 무엇이었을까? 그것은 바로 역사연구였

다. 중국근현대역사, 특히 중국공산주의연구를 통해 그는 중국근대화 과정을 추적하고 그 연장선상에서 중화인민공화국 수립 과정을 해명하고자 했다. 중국역사에서 자유민주주의의 역사가 어떻게 시작되고 굴절되었는지도 해명해야 할 과제였다. 이러한 해명과 추적을 통해 그는 공산주의체제에 대한 자본주의체제의 우월성을 계몽함과 동시에 한국이 취해야 할 근대화 방안을 제시하고자 했다. 그에게 역사는 "경제적 근대화와 아울러 자유민주주의의 실현을 중심으로 한 근대화 과제"를 달성하기 위한 계몽의 수단 또는 도구라는 의미를 지녔다.

IV. 중국의 근대화

1. 전통과 근대화

고려대학교에서 교편을 잡은 후 그는 교육과 연구활동을 하면서 『사상계』를 비롯한 각종 언론활동에도 적극적이었다. 상당량에 달하는 저서와 논문을 쓰고 번역서를 간행하기도 했다. 그가 일생을 통해 이루어놓은 일련의 연구는 중국근대화, 공산권, 독립운동연구 등으로 분류할 수 있다. 이 가운데 공산권 연구에서 주목할 성취는 한국공산주의운동사일 것이다. 전5권으로 구성된 이 연구는 출간 당시 한국공산주의운동의 새로운 이정표를 세웠다고 평가받을 만큼 자료 면이나 분석 면에서 큰 의의를 지닌 역작이었다. 게다가 그 자신이 중국에서 경험한 독립운동을 되돌아보고 정리한 전5권의 회고록은 당시 한국인의 중국내 독립운동의 실상을 소상히 알려주는 귀한 자료로서의 성격을 갖는다. 따라서 그의 학문세계를 온전히 추적, 평가하려면 앞의 세 부류에 대한 전반적인 분석이 불가피하다. 그러나 그 스스로 자신의 주전공은 "중국최근세사이며 가장 중점을 둔 것은 중국의 근대화과정이었다."[14]고 밝힌 만큼 그의 학문세계에서 중국근현대사 연구가 차지하는 의미는 컸다.

그는 1958년에 단행본 『중국공산당사』를 사상계사에서 간행했다. 그는 서문에서 저술 동기를 간명하게 밝혔다.[15] 중국공산당이 중국 대륙을 통치하고 현재 인류의 평화에 위협을 줄 만큼 "커다란 괴물"로 성장한 이유는 무엇이며, 그리고 그러한 중국공산당의 정체는 무엇인가. 첫째 물음에 대해 그는 "국민당이 부패하여 중국의 인민이 정말로 중공을 지지했기 때문인가? 그들의 대륙제패와 소련의 음모, 일본군국주의자들의 중국침략 및 미국의 대화정책과는 어느 정도의 관련이 있을 것인가?"라는 의문을 제기했고, 두 번째 물음에 관련해서는 중국 공산당이 민족주의와 민주주의적인 노선을 걷고 있다는 "환상"을 품은 사람들이 아직도 있다면서 중국공산당을 과연 민족주의 또는 민주주의적인 성질을 지닌 정당으로 볼 수 있는지 물었다.

첫 번째 물음과 관련하여 그는 중국공산당은 소련의 영향 아래 창당되었다는 점, 공산당은 국민당과의 두 차례에 걸친 국공합작과 일본의 침략을 적극적으로 "이용, 활용"하면서 성장할 수 있었다는 점, 그리고 국공내전에서 공산당이 대륙을 차지할 수 있었던 것은 일본의 침략과 소련의 음모, 미국의 대중국정책의 착오 등에서 기인한다는 점 등을 강조했다. 주목되는 것은 공산당의 창당과 성장 그리고 국공내전에서의 승리 등 일련의 과정을 중국 내부가 아닌 외부에서 일관되게 관찰, 분석하고 있다는 점이었다. 러시아혁명에 환호하면서 마르크스주의에 접근하고 나아가서는 창당까지 이르게 된 과정에서 중국지식인이 보였던 다양한 고뇌와 선택에 대한 충분한 고려 없이,

창당을 소련의 압도적 영향력 하에 이루어진 피동적인 것이었다고 본 대목도 그러려니와, 국공내전에서 국공간의 세력관계가 역전되어 가는 드라마틱한 과정을 일본의 침략, 소련의 음모, 미국의 대중정책의 실패 등 외부적 요인만으로 일관되게 강조하는 데서 그의 외인론적 관점은 더욱 분명하게 드러난다.

두 번째 문제와 관련해서는 그는 중국공산당은 코민테른의 지령에 가장 충실한 노예로서 그 혁명목표는 프롤레타리아트 독재의 실현에 있다는 점을 강조했다. 혁명과정에서 공산당이 내건 항일민족통일전선, 신민주주의, 연합정부, 인민민주통일전선 등과 같은 구호는 프롤레타리아의 독재에 접근하기 위한 "트로이의 말"에 불과한 것이며, 그들의 목표 또한 서구식 민주주의에 가까운 연합정부의 수립에 있지도 않을뿐더러 대對소련 관계에 있어 티토에 가까운 민족주의적 노선을 밟고 있지도 않다고 했다. 따라서 그는 중국공산당이 중국인민의 지지를 받아 대륙을 제패한 것이 아닐뿐더러 전혀 민주주의 또는 민족주의적이지도 않다는 점을 강조하면서 이와 같은 중국공산당에 품었던 "환상들이 하루 빨리 사라지기를 바란다."고 충고했다.

주목할 것은 그가 중국공산당의 정체로 "민주주의적이지도 않을뿐더러 민족주의적이지도 않다."는 점을 힘주어 강조한 대목이다. 민족주의 내지는 민주주의적 성격 여부를 따진 것은, 중국공산당에 대해 "환상"을 품고 있는 사람들에게 단순히 각성을 촉구하기 위함만은 아닐 것이라는 판단 때문이다. 민족주의와 민주주의는 그가 근대 중국을 바라보는 역사인식, 즉 근대 중국인의 근대화 과제 수행에 대한 그의 시선과 평가, 좀 더 적극적으로 표현하면 자신의 민족주의자이자 자유민주주의자로서의 신념과 밀접하게 연관되었던 것으로 이해된다. 요컨대 식민과 독립운동의 경험으로부터 체득한 민족주의와 자유민주주의를 기반으로 수용한 근대화론에 입각하여 중국공산당과 중화인민공화국을 어떻게 평가할 것인가 하는 문제와 관련된 것으로 보이는 것이다. 그에게 중국공산당은 중국의 근대화를 담당할 세력이 아니었으며 따라서 중화인민공화국의 수립도 근대화 과제 달성과는 상당한 거리가 있었다. 그렇다면 그가 이해했던 중국의 근대화 과정은 과연 어떤 것이었을까? 먼저 중국근대의 역사 전개를 어떠한 관점에서 보았는지 살펴보자.

그에게 근대중국의 역사는 근대화 달성의 과정이었다. "아편전쟁부터 신해혁명에 이르기까지의 사실史實, 청조의 후반에 해당"하는 "중국 최근세사"의 전개를 이끈 동인은, "하나의 후진사회와 몇 개의 선진사회와의 대결관계", 바꾸어 말하자면 "중국의 저도低度 산업형 사회와 몇 개의 서양 고도高度 산업형 사회와의 대결관계"였으며, 중국최근세사는 "유구한 중국의 전통사회가 일진일퇴로 특히 완만한, 그러면서도 차차 가속도적加速度的으로 진전된 '근대화의 과정'"[16]이었다. 그런데 주목할 것은, 근대화가 어떤 방식으로 그리고 어떻게 달성될 수 있는가 하는 점이다. 이와 관련하여 근대화의 계기를 어디서 찾고 근대화의 목표를 어떻게 설정하고 있었는가에 주목할 필요가 있다.

먼저 그는 중국근대화의 계기를 외부에서 찾았다. 중국이 근대화할 수 있는 계기는 "내부의 경제발전에 따라 스스로 이루어진 것이 아니라", "선진 유럽 근대사회의 문화적인 영향을 받아서 이루어진 것"으로 보았다. 중국의 근대화는 "1842년 아편전쟁에서 영국에서 굴복한 것이 계기"가 되어 비로소 이루어진, 바꾸어 말하자면 "서구의 충격"에 대한 "반응"으로부터 시작되었다는 설명이다. 이러한 설명에서 보면 근대사회로 나아가는 중국의 내발성은 좀처럼 중시되지 않는다. 전통은 근대화의 장애물이자 극복의 대상이었으며, 전통 중국은 정체된 사회였다.

서구의 충격이 있기 이전의 중국사회, 즉 아편전쟁 이전의 청조—그의 표현에 따르면 "청조 전반기"—는 정체된 전통사회였다. 다양한 관료기구가 있었지만 모든 권력이 황제에 집중된 전제정체였으며, 사회경제적으로는 보수, 침체에서 벗어나지 못한 미개발사회였고, 사상 문화적으로는 서양의 신사조에 대항할만한 수준에 이르지 못할 정도로 낙후된 사회였다. 게다가 절대 권력은 부정부패했고 군대는 무능했으며 그래서 각지에서는 농민반란이 속출하고 있었다.[17] 말하자면 서구의 충격이 있기 이전, 중국사회는 내부적으로 근대사회로 나아갈 수 있는 가능성을 갖추지 못한, 정체된 사회였다.

그렇다면 왜 중국전통사회는 유럽사회와 같이 근대사회로 나아갈 수 없었던 것일까? 말하자면 왜 후진성을 면치 못했던 것일까? 흥미롭게도 그는 유목민족의 부단한 침략에서 그 이유를 찾았다.[18] "야만적이고 미개한" 유목민의 침략으로 형성된 "정복왕조 내지 정복국가"가 근대 직전까지 반복적으로 이어지면서 중국사회의 발전을 저해했다는 이해였다. 이들 "미개한 유목민족"이 반복적으로 농경 사회를 파괴, 약탈, 살육했으며, 선주先住 민족의 민족적 반항을 초래함으로써 사회적 불안을 조성했고, 구질서를 부활, 유지하거나 유목민족의 토지소유 제도를 강제함으로써 중국사회의 진전을 방해했다는 것이다. 반면 유럽의 경우에는 5세기 후반에 이루어진 게르만민족의 침략 이후에는 유목민족의 침략이 없었고 동아시아에서는 일본만이 유일하게 유목민족에 의한 정복국가가 나타나지 않았다고 설명한다.

유목민족의 문화를 농경민족과 대비시켜 과연 "야만, 미개한 것"으로 볼 수 있는지, 이른바 정복왕조를 중국문화를 파괴하고 그 발전을 가로막은 존재로 이해할 수 있는지 그리고 과연 근대 유럽과 일본의 탄생을 역사적으로 유목민족의 침략 여부로부터 파악할 수 있는지는 따져볼 사안이지만, 여기서 주목하고 싶은 것은 전통 중국의 후진성의 요인으로 지목한 정복왕조는 바로 "동양적 전제주의" 연구로 이름 높은, 칼 비트포겔Karl August Wittfogel(1896~1988)에게서 가져온 용어라는 점이다.

널리 알려져 있듯이 그는 칼 마르크스Karl Heinrich Marx(1818~1883)와 막스 베버Max Weber(1864~1920)의 "동양론"의 연장선상에서 "아시아의 정체성" 규명에 힘을 기울인 마르크스주의자였지만, 아시아적 생산양식론을 둘러싸고 소련 당국과 갈등하고 게다가 전체주의화된 소련 권력구조까지 목도하면서 이론적, 정치적으로 마르크스주의와 결별한 독일계 미국 사회학자이자 경제학자였다. 미소 냉전구도가 고착화되는 시점과 맞물려 그는 이른바 "수력사회론"에 입각하여 기존 자신의 연구를 "동양적 전제주의"로 개념화하고 소련과 중국을 동양적 전제주의에 뿌리를 둔 전체주의국가로 규정, 비판하여 학계에 커다란 논란을 불러일으켰다. 말하자면 비트포겔은 마르크스주의자에서 반공주의자로 전향한, 아시아사회의 정체성을 수력사회론에 입각하여 해명하고자 했던 미국의 대표적인 "동양학자"였다.

그런데 흥미로운 점은, 비트포겔과 김준엽은 반공주의 및 전통 중국 정체론을 공유하고 있었지만, 양자가 제시한 정체론의 근거는 달랐다는 사실이다. 비트포겔이 중국사회의 후진성이나 정체성의 논거로 삼았던 것은 수력사회론이었다.[19] 수력에 기반한 사회는 수력사회이고 수력사회는 총체적 권력을 바탕으로 동양적 절대주의 또는 동양적 전제국가를 형성하게 된다는 것이 핵심이었다. 이 수력사회가 황제체제 시기, 아니 극단적으로 말한다면 거의 2천년 동안 지속되었다는 것이었다. 또 한 가지 주목할 사실은 비트포겔은 전형적인 한족왕조야 말로 대표적인 수력사회의 유형이라고 지적한 점이다. "새로운 정복과 영토 확장에 따른 문화변용의 가능성이 있었음에도 기존 (수력) 사회와 문화, 권력 형태를 바꾸어 놓을 순 없었으며, 정체, 모방, 후퇴에 굴복했다."[20]는 지적은 그가 정복왕조와 수력사회와의 관계를 어떻게 보고 있는지 잘 설명해 준다. 굳이 따지자면 비트포겔에 있어 동양적 정체성을 의미하는 수력사회의 전형은 유목민족왕조, 즉 정복왕조가 아닌 한족왕조였던 것이다. 그런데 김준엽은 비트포겔에게서 정복왕조라는 개념을 차용하고 있었음에도 수력사회론이 아닌 정복왕조에서 전통 중국의 정체성과 후진성의 원인을 찾았던 것이다.

김준엽은 왜 정복왕조를 전통중국사회의 후진성의 원인으로 간주했을까? 비트포겔과 달리 정복왕조를 중국 문화의 파괴자이자 약탈자로 설정하는 것은 한족 중심의 중국사 이해이자 해석임에는 분명하다. 그가 중화인민공화국 수립을 전후하여 난징 국립중앙대학과 타이완대학에 유학하여 중국사를 연구했던 이력을 감안하면 이해되지 못할 바도 아니다. 그런데 한족중심주의에 입각하여 중국사를 이해했다는 점만으로 설명하는 것은 다소 소극적인 해명이라 하지 않을 수 없다. 오히려 그가 정복왕조를 강조한 것은 근대중국의 과제로 설정한 근대화 문제와 밀접히 연관된 것은 아니었을까. 이때 주목되는 것이 신해혁명에 대한 그의 평가이다. 그는 신해혁명을 중국근대화 과정의 하나의 분기점을 이룬 역사적 사건으로 평가했다.

서구의 충격을 받아 중국은 서서히 근대화의 길에 접어들었다. "서법西法"을 모방하기 시작한 양무운동으로부터 근대화의 노력은 이루어졌고 변법운동에 이르러서는 양무운동을 비판하여 "지엽적인 기술부면뿐만 아니라 정치의 근본방침부터 고쳐야 한다."는 자각도 생겼다.[21] 그럼에도 변법운동은 "서방문화를 간접적으로 감수感受한 것이기에 사상적으로 공허하여 구각을 탈피하지 못해" 근본적인 개혁에 이르지 못했다. 그러다가 "서방문화를 직접 접수한, 그리하여 공허하지 않고 실정에 부합하며 창조적인 사상을 소유한 쑨원"[22]에 의해 후진과 정체의 상징인 "만청왕조"가 타도되고 공화제에 입각한 중화민국이 수립되었던 것이다. 그에게 신해혁명은 근대화의 주요 지표인 "자유"와 "민주"의 과제가 본격적으로 제기된 계기이기도 했지만, 정복왕조인 청조가 타도된 역사적 사건이기도 했다. 말하자면 서구 문화를 직접적으로 수용하여 정체된 중국으로부터 탈피하기 시작한 중차대한 계기였던 것이다. 그에게 신해혁명이 현대사의 기점으로까지 높이 평가된 이유는 바로 여기에 있다.

그가 전통중국의 정체와 후진의 이유로 정복왕조를 지목한 이유는 바로 이러한 신해혁명에 대한 적극적인 평가와 관련된 것으로 보인다. 신해혁명의 타도대상인 청조는 정복왕조였으며, 청조는 후진과 정체의 전통중국을 상징했다. 이러한 관점에서 정복왕조를, 중국을 정복지배함으로써 전통중국을 낙후, 정체시킨 주된 요인으로 지목했던 것으로 이해된다.

비록 전통중국의 정체성에서 벗어나는 계기를 서구가 가져다주었고 전통중국이 근대화를 달성하기 위해서는 서구를 따라가야 했지만 서구는 단순히 근대화의 모델일 수만은 없었다. "미개한 유목민족의 침략 내지 통치로 정체된 아시아사회가, 서방제국주의의 식민지로 전락함으로써 아시아의 후진은 결정적이 되었다."[23]는 지적에서 볼 수 있듯이, 서구 자본주의열강 역시 아시아와 중국의 정체성을 가져온 침략자이기도 했기 때문이었다. 더욱이 서구는 아시아와 중국의 정체성을 "결정적"이게 한 침략자였다. 이렇게 보면 후진 아시아와 중국은 낙후되고 정체된 전통으로부터 해방되어야 함은 물론 서구 자본주의 열강의 식민지배로부터도 해방되어야 했다. 민족해방운동이 지향해야 할 두 목표였다.

그런데 주목할 점은 "서구의 지배로 아시아의 후진이 결정적이 되었다."고 본 점이다. 서구문화를 수용함으로써 극복되어야 할 아시아와 중국의 "후진"이 제국주의의 지배로 더욱 강화되고 결정적이 되었다고 보았으니, 서구의 지배로부터 벗어나야 할 민족해방운동의 실제적인 목표는 유목민족의 침략과 지배에서 기인 형성된 "후진"으로부터의 탈피에 두어져야 했음을 의미한다. 그에게 민족해방운동은 후진과 정체로부터 탈피와 해방이라는 서구화=근대화의 기획에 가두어질 수밖에 없었던 것이다. 민족해방운동이 반자본주의로 전화될 가능성은 그의 사고에서 배제되어 있었던 것이다. 따라서 그에게 민족해방운동이란, 제국주의의 지배로부터 정치적 자유와 민족의 독립을 추구하되, 제국주의의 지배로부터 강화되고 결정적이 된 전제주의와 부정과 불평등, 그리고 빈곤으로부터의 해방을 뜻했다.[24]

민족해방운동에 대한 이상과 같은 관점이 잘 드러나 있는 것이 5·4운동에 대한 그의 평가이다. 그는 신해혁명이 만주족 지배에 대한 투쟁이었다면 5·4운동은 일본을 비롯한 제국주의 열강의 침략에 대한 투쟁이었다고 평가했다. 두 사건은 민족의 자유와 국가의 주권을 찾으려 했다는 면에서는 유사했지만, 신해혁명과 비교할 때 5·4운동이 갖는 의의는 문화적인 면에서의 역할이라고 보았다. 신문화운동을 포함한 넓은 의미의 5·4운동이 갖는 의의를 설명한 것인데, 여기서 그가 강조한 것은 "자유와 민주"가 사회적으로 확산된 계기였다는 점이다.[25] 그에게는 이른바 신청년들에 의해 수용되고 실천된 아나키즘을 포함한 각종 사회주의사조는 중시되지 않았다. 물론 공산주의자들의 동향도 관심 밖이었다. 말하자면 중국의 봉건성에 대한 비판 의지, 일본의 침략에 대한 분노 그리고 서구 자본주의열강에 대한 실망 등을 경험하면서 신청년들 사이에 보인 다양한 사조의 수용과 그 실천 양상을 "자유와 민주"라는 범주로 단순화, 획일화했던 것이다. 특히 민족해방운동이 반자본주의로 전화될 수 있는 다양한 가능성에 대해서는 의미를 부여하지 않았다. 5·4운동의 지도자로 천두슈陳獨秀(1879~1942)가 아닌 후스胡適(1891~1962)를 드는 데 주저하지 않는 이유는 바로 여기에 있다. 후스를 그는 "자유와 민주의 건설을 목표로 하는 현대 중국의 사상가의 대표적인 인물"로 높게 평가했다.[26]

이후 중국의 근대화는 제국주의의 압력에 저항하면서 전통(의 유제)으로부터 해방하기 위해 정치, 경제, 사회문화적으로 자유와 민주를 실현하는 방식으로 이루어져야 할 것이었다. 5·4운동 이후의 역사는 그에게 "비록 허다한 우여곡절을 겪지만 자유 민권을 향하여 전진하는" 역사였다. 이 역사의 토대를 구축한 이가 쑨원이고 확산시킨 이는 후스였다. 그리고 난징국민정부와 타이완 중화민국의 수반인 장제스는 쑨원 학설의 충실한 신도였다.[27] 이러한 인물 평가는 그가 중국 근대화를 이끈 주역으로 누구에게 그리고 어떤 정치세력에 주목하고 있는지 충분히 짐작하게 한다. "민주주의와 민족주의, 그리고 자유와 민권"의 쟁취를 지향한 쑨원과 후스, 장제스였지, 결코 마오쩌둥은 될 수 없었다. 그에게 마오쩌둥은 "독특한 그 어떤 사상도 없으며, 설혹 있다면 그것은 전통적인 중국의 모든 문화를 파괴하는 사상 밖에는 새로운 것이 전혀 없는", "봉건의식과 스탈린주의와의 혼혈아에 불과한" 인물이었다.[28] 8년간의 기나긴 항일전쟁을 거친 후 국민당과 공산당의 경쟁 이른바 국공내전의 향배를 놓고 그가 문제 삼았던 것은 "국민정부가 어떻게 몰락했는가."하는 문제였다.[29] 즉 "근대화 완수의 역사적 사명을 가진 국민정부"가 몰락한 원인을 규명하고자 했던 것이다. 게다가 그 원인도 국민정부의 부패와 같이 내부가 아닌 외부 즉, 즉 "일본제국주의의 침략에서 초래된 경제 총붕괴, 소련의 중국공산당에 대한 적극적인 부식 활동扶植活動 그리고 미국의 잘못된 대중정책"에서 찾았다.

2. 일탈된 근대화

김준엽에게 중화인민공화국의 수립은 근대화의 달성과 거리가 먼, 근대화로부터 일탈된 것이었다. 중화인민공화국을 수립하는 데 결정적 역할을 한 중국공산당은 전혀 민주주의적이지 않을 뿐만 아니라 민족주의적이지도 않았기 때문이었다. 중화인민공화국도 표면상으로는 각 당 각파로서 이루어진 "연합정부"의 형식을 갖추고 있다고 선전하지만 그 본질은 중국공산당의 독재체제였다.[30] 그리고 비록 국가권력의 주도 아래 급속한 공업화가 진행되었지만 그것은 "인민대중에 대한 정치적 통제, 물질적 궁핍을 동반한 것"이었고, "노농대중의 헤아릴 수 없는 희생, 인간적 자유의 전면적 억압의 대가"였다.[31] 소련의 공업화 달성과 마찬가지로 결코 "진보적"일 수 없었다.[32] 그에게 근대화는 "곧 공업화가 아니며, 자유 민권, 생활향상, 사상의 자유 등의 척도와 아울러 따져보아야 할 사안"이었다.[33]

근대화로부터 일탈된 중화인민공화국을 바라보는 그의 시선은 어떠했을까? 그의 연구관심과 거기에 반영된 시선은 두 가지 정도로 압축된다. 첫째 시선은 치열한 권력투쟁을 일삼는 비정상적인 공산주의국가라는 것이었다. 이 점을 가장 잘 보여주는 사례는 문혁을 바라보는 그의 시선이다. 문혁이 진행되던 당시 한국의 일간지에서는 공통적으로 "유혈사태로까지 치닫고 있는 권력투쟁", "반문명적, 반인륜적 홍위병운동", "현대판 삼국지" 등과 같은 논조로 문혁을 선정적, 부정적으로

앞 다투어 보도했다.[34]

김준엽은 이러한 보도와 일정한 거리를 두었다. 문혁은 단순한 권력 투쟁이 아니라 사회주의 경제체제에 조응하여 상부구조를 변화시키려는, 즉 사상개조를 위한 노력이자 운동이었으며 후기에 접어들면서 권력투쟁으로 전화되었다고 보았다.[35] 문혁을 "문화혁명"과 "권력투쟁"으로 구분하고 전자에 "기본 포인트가 있고 후자는 부수적으로 생긴 것"[36]이라 강조했던 것은 바로 이와 같은 이해 때문이었다. 그런데 린뱌오비판 공자비판운동을 설명하는 때에 이르러서는 기존의 입장을 바꾸어 문혁의 본질은 "권력투쟁"에 있음을 분명히 했다.[37] 그리하여 1957년부터 시작된 문혁 전기에서는 류사오치 주변 인물들이 숙청되고 1965년부터 시작된 후기에서는 홍위병에 의해 류사오치가 숙청되었으며, 그 이후에는 린뱌오로 대표되는 군대가 홍위병을 제압하고 다시 린뱌오가 제거되는 치열한 권력투쟁이 전개되었다고 설명했다. 문혁의 본질을 권력투쟁에서 찾음으로써 근대화로부터 일탈된 중화인민공화국에 대한 부정적 이미지는 한층 강화될 터였다.

그의 중화인민공화국에 대한 또 다른 시선으로 주목되는 것은, 중국을 위협적인 존재이자 경계의 대상으로 본 점이다. 특히 이른바 핑퐁외교를 전후하여 미국과 화해무드를 만들어간 중국의 외교정책을 보면서, 이는 중국이 강대국으로 나아갈 속셈이 있는 것으로 진단했다. 이어서 강대국 중국은 두 가지 차원에서 위협적이라고 주장했다.[38] 첫째는 아시아를 대상으로 한 패권주의의 가능성이었다. 그 가능성의 근거로 그는 중국만이 가진 "힘"을 눈여겨볼 것을 강조했다. 비록 공업력은 일본에 비해 약하지만, 8억에 해당하는 인구와 방대한 국토, 그리고 군사력 이외의 방법으로 아시아 제국에 영향력을 행사할 수 있는 능력을 충분히 갖추고 있다는 것이었다. 또 다른 근거로 그는 마오쩌둥의 사상이나 전략전술과 국가이익을 추구하는 외교정책, 그리고 전통적인 국제관이나 세계관을 지목했다. 특히 강조한 대목은 중국의 전통적인 국제관이었다. 전통적인 국제관의 핵심은 중화주의, 곧 중국 중심사상이며, 이 전통은 현재에도 이어지고 있어 중국공산당 지도부는 "아시아 공산주의운동에 있어서도 마땅히 중공의 당수가 "천하의 공주共主"가 되어야 한다고 생각하고 있다."고 주장했다.

강대국 중국이 위협적인 두 번째 이유는 바로 한국에 대한 팽창의 가능성이 크기 때문이었다. 중국이 강대국의 지위를 확보하게 되면 반드시 한국에 그들의 세력을 팽창하려 할 것이라 확신했다. "6·25사변에서도 생생히 경험"한 바지만, "한, 당, 원, 명, 청─한족이든 북방민족이든 대륙을 제패하면 반드시 한반도로 그들의 세력을 팽창했던" 역사적 사례를 떠올려 볼 때도, 한국에 대한 중국의 위협과 압력은 충분히 예견된다는 주장이었다.

Ⅴ. 중국체험, 냉전 그리고 학문

이상과 같은 근현대중국론은 그의 중국체류는 물론 이후 이루어진 일련의 유학 경험 등과도 관련이 깊다. 앞서도 언급했듯이, 그는 만 5년 정도 중국에 체류한 적이 있었다. 일본군대에서 탈출한 후 중국에서 항일운동과 독립운동을 전개하면서, 20대 청춘의 절반을 중국에서 보냈다. 중국공산주의에 대한 지적인 호기심뿐만 아니라 공산당에 대한 시각 또한 이때 상당한 정도로 형성된 것으로 보인다. 이와 관련하여 아래와 같은 그의 경험이 주목된다.

첫째, 그가 일본군대를 탈출하여 찾아간 국민군 유격대에서 공산군에 대한 이해할 수 없는 소문을 들었다. 국공합작으로 일본군과 대치하고 있는 상황에서 자신이 속한 유격대로 공산군이 공격해 올 것이라는 소문을 들었던 것인데, 이는 일본이라는 공동의 적을 앞에 두고 "도저히 이해할 수 없는 일"이라며 이때부터 자신은 "공산주의나 공산주의자에 대한 관심을 갖게 되었다."고 했다.[39] 둘째, 자신이 속한 국민군 유격대가 공산군에 의해 공격을 받아 해산되는 일을 경험했다. 당시 유격대 사령관이 전사하는 등 큰 타격을 입었으며 그에 따라 그는 국공투쟁의 심각성을 깨달았을 뿐만 아니라 "국공합작의 정신을 저버린" 공산당의 행위에 분개까지 했다.[40] 셋째, 시안 광복군 제2지대에 속해 상관으로 모시면서 장준하와 함께 "인간적으로 가장 가깝게 지낸" 이범석 장군의 반공주의 성향에 큰 영향을 받았다.[41]

중국 체류기간 동안 형성되었을 것으로 파악되는 공산주의에 대해 개인적인 관심, 반공주의적 성향과 관련하여 주목되는 또 다른 사실은, 한국의 해방 직전 시안에서 독립군 활동의 일환으로 이루어진 미국의 전략사무국 특수공작훈련 경험이었다. 1940년 창설된 광복군은 미국의 참전에 따라 1941년 12월 대일선전포고를 하면서 당시 중국에 파견되어 있던 미국 전략사무국과 협약을 맺고 국내진공을 목표로 한 특수공작훈련을 실시했다. 시안 광복군 제2지대에 지원 입대한 그는 통신반에 속해 1944년 5월부터 7월까지 약 3개월 동안 특수훈련을 받았다.

전략사무국은 미국 합동참모본부 산하였지만 민간인들도 다수 참여하여 주로 방첩, 첩보, 적후 비밀공작 등을 전개하고 적국의 전쟁 수행능력 및 각종 정보를 분석하는 활동을 했다. 전략사무국은 미주 한인 또는 한인 포로와 중국 내 독립운동단체들을 이용해 한반도 침투 작전을 준비하는 등 한인들과의 접촉면이 다른 정보기관에 비해

넓었고 한국에 대해 상당한 분석력을 갖추고 있었다. 따라서 이들이 작성한 각종 보고서는 미군정에게 중요하게 활용되었으며, 그 경력자들은 미군정과 임시정부 요인 사이를 연결시키는 교량적 역할을 하기도 했다.[42] 전략사무국 경험은 김준엽에게 반공-친미적 성향을 강화시켜준 계기였을 뿐만 아니라, 미국 유학 경험이 없었음에도 특히 타이완대학 유학 후 미국과의 관계 속에서 다양한 사회, 문화적 활동을 왕성하게 할 수 있었던 배경으로도 작용했을 것으로 추측된다.

그의 학문은 물론 중국인식을 체계화할 수 있었던 또 다른 배경으로 몇 차례에 걸친 유학 경험에 주목할 필요가 있다. 그 자신이 "(중국과 미국 등지에서의 연구생활)은 자신의 학문형성에 극히 중요한 역할을 했다."[43]고 회고할 만큼, 유학은 그의 학문형성, 특히 공산주의연구에 큰 영향을 미쳤다. 앞서 본대로 그의 유학은 광복 이전 게이오대학과 둥팡위원전문학교 및 난징중앙대학부터 시작되었다. 둥팡위원전문학교 전임강사 시절 월급을 털어 공산주의이론 및 마오쩌둥 저작물을 수집한 바 있으며 중앙대학 유학시절에는 공산주의와 민주주의의 비교연구로까지 학문적 관심을 확장한 바 있다.[44] 그러나 본격적으로 공산주의이론을 포함한 중국공산당사 그리고 중국근현대사에 대한 연구는 고려대학교에서 교편을 잡은 이후 일련의 유학 경험을 통해서 이루어졌다. 중앙대학에 진학하여 국공관계를 본격적으로 연구하고자 했으나 당시까지만 하더라도 중국학계는 물론 중앙대학에서 현대사를 중시하지 않았으며 따라서 관련 과목도 개설하지 않았기 때문이었다.[45]

고려대학교에서 교편을 잡은 이후, 그는 1951년 9월부터 약 4년간 타이완대학에서 장기유학을 했고, 1958년부터 1959년까지는 하버드대학, 1968년부터 1969년에 걸쳐 하와이대학, 프린스턴대학 등에서

단기유학을 했다. 그의 유학에서 주목되는 점은 첫째, 당시 미국 유학
이 대세를 이루고 있었던 상황에서 타이완을 선택하여 장기 유학을
했다는 점이다. 그가 타이완을 선택한 것은 난징중양대학에서 본격적
인 중국사 연구를 시작했던 경험과 관련이 있다. 대륙에 중화인민공화
국이 들어선 상황에서 기존 중국유학을 지속할 수 있는 대안은 타이완
뿐이었다. 당시 타이완에는 기존 중국역사학계의 한 축을 이루었던
"자유주의적 성향"의 이른바 "사료학파" 학자들이 대거 옮겨와 역사학
계의 주류를 형성했다.⁴⁶ 중양연구원中央研究院 리스위옌연구소歷史語言研
究所를 창립한 사료학파의 중심인물이었던, 후스의 제자 푸쓰녠傅斯年
(1896~1950)이 타이완대학 총장에 취임했으며, 그를 통해 기존 사료학파
학자들 또한 타이완대학과 중양연구원, 그리고 타 대학에 자리 잡고
역사학계를 이끌고 있었다. 난징중양대학 유학 시절 지도교수였던
궈팅이 또한 타이완사범대학에서 교편을 잡았다.⁴⁷ 그의 장인 민필호
(1898~1963)가 주타이완 초대총영사로 재직했었던 사정⁴⁸도 그가 타이완
유학을 선택한 또 다른 이유가 되었을 것이다.

　그의 유학에서 주목되는 두 번째 점은, 이때 그는 공산주의운동을
본격적으로 연구할 수 있었다는 점이다. 타이완대학 리스연구소歷史研
究所에서의 4년 유학 과정에서 중국공산주의운동을 연구했으며, 하버
드대학에서의 1년 유학에서는 일본과 소련의 공산주의운동을 연구했
다. 공산주의연구는 프린스턴대학에서도 예외 없이 진행되었다.⁴⁹

　세 번째로 주목되는 점은, 유학에서 국제적 차원에서 자신의 학문적
인맥을 구축할 수 있었다는 점이다. 타이완학계의 인맥은 말할 나위
없이 미국학계의 인맥을 본격적으로 형성할 수 있었다. 대표적인 사례가
하버드대학 유학 시절 페어뱅크John K. Fairbank(1907~1991)와의 관계일 듯하
다. 하버드 유학 시절 교류했던 학자로는 일본사 전공의 라이샤워Edwin

O. Reischauer(1910~1990), 중국사상사 전공의 슈워츠Benjamin I. Schwartz(1916~1999), 소련 정치 전공자인 페인소드Merle Fainsod(1907~ 1972), 동구권 정치전공자인 브르제진스키Z. K. Brzezinski(1928~2017) 등 적지 않았지만, 페어뱅크와의 관계는 각별했다. 자신과 같이 중국근대사 전공자였을 뿐만 아니라 중국어로 의사소통도 가능했고 게다가 2차 대전시 미전략 사무국의 일원으로 충칭에서 항일운동을 한 경험까지 공유하고 있었다. 페어뱅크와 "일생 동안 여간 가까운 사이가 아니었다."[50]고 그 자신이 회고할 정도였다.

페어뱅크는 이른바 "하버드학파"를 이끈 1950~60년대 미국의 중국 학계의 거목으로, "(서구의)충격－(중국의)반응" 관점에 입각하여 중국근대사를 해석한 대표적인 근대화론자였다.[51] 하버드대학 유학 시절 페어뱅크의 강의를 "인상 깊게" 들었던 김준엽으로서는 근대화론에 입각한 페어뱅크의 역사해석에 적지 않은 영향을 받았을 것으로 보인다. 김준엽이 『사상계』 활동을 통해 견지한 문화적 민족주의가 근대화론에 입각한 역사해석과 친연성이 높았던 데 따른 자연스러운 결과였을지도 모른다. 양자는 인류발전의 보편적 발전방향을 서구의 경험에서 찾고 근대의 역사를 서구적 근대성을 수용하고 따라잡는 과정으로 간주한 점에서 공통되었다.

미국 유학, 특히 페어뱅크와의 인연은 김준엽이 아연을 "도약"시킬 수 있었던 중요한 배경으로도 작용했다. 타이완 유학 시절 중앙연구원의 기능과 역할에 깊은 인상을 받아 발족시킨 아연[52]이 명실상부한 국제적 연구기관으로 발돋움할 수 있었던 것은 1962년 포드재단으로부터 규모 큰 연구지원을 받은 이후였다. 아연 발족 후 그가 가장 역점을 두었던 것은 연구소의 안정적인 운영재원을 확보하는 것이었는데 약 3년 동안의 기나긴 교섭 끝에 마침내 포드재단으로부터 5년간

28만 5천 달러의 지원을 받아낼 수 있었다.[53] 정부당국은 물론 사회로부터도 연구지원을 기대할 수 없었던 당시로서는 실로 커다란 성과이지 않을 수 없었다. 그런데 이러한 성과를 거둘 수 있었던 데에는 프린스턴대학의 페이지Paige, 포드재단 고문 바네트A. Doak Barnett(1921~1999)와 베크만George Beekmann의 도움이 있었지만, 특히 페어뱅크의 도움과 추천이 큰 역할을 했다.[54]

포드재단의 연구지원은 미국의 한국에 대한 교육원조의 일환이었다는 맥락에서 이해될 필요가 있다.[55] 한국에 대한 미국의 원조 가운데 교육원조가 차지하는 비율은 낮았지만 그 효율성은 대단했다. 고등교육에 초점을 맞추어보면 특히 한국전쟁으로 파괴된 교육기반시설을 복구하거나 연구기반을 구축하는 데 커다란 역할을 했다. 교육원조는 국가 혹은 공공기관 또는 민간차원 등을 통해 다양한 방식으로 이루어졌다. 고등교육원조의 경우, 이른바 미네소타계획에 따라 서울대학교에 교육원조가 집중되었을 뿐만 아니라 각종 재단의 원조가 연세대학교, 이화여자대학교, 고려대학교 등 각 대학을 대상으로 이루어지기도 했다. 이들 원조로 각 대학들은 교육 인프라를 복구하거나 인적 교환프로그램을 시행했고 연구기관들을 설립, 운영할 수 있었다. 인문사회과학 분야의 각종 학회도 이러한 자금 원조 대상에서 예외이지 않았다. 교육원조와 자금지원의 과정을 거치면서 고등교육은 물론 각종 연구기관과 학회 영역에서의 미국의 영향력이 증대되었던 것은 물론이었다.

한국의 고등교육 및 연구기관에 대한 자금 원조를 행한 사립재단 가운데 가장 활동적이었던 것은 아시아재단과 포드재단이었으며[56], 특히 이 글의 내용과 관련지어 볼 때 포드재단의 역할은 두드러졌다. 25,000달러를 기금으로 1936년에 설립된 포드재단이 미국 내 최대 재단으로 성장한 것은 1950년대였다. 당시 포드재단은, "평화구축,

민주주의 강화, 경제력 강화, 민주주의 사회에서의 교육의 강화, 개인 행위와 인류 관계에 대한 과학적 지식의 증진" 등을 핵심 활동 프로그램으로 확정했다.[57] 공산주의 연구를 위해 약 100만 달러를 미·소관계사 연구에 투입하기로 결정한 것은 이러한 활동 프로그램의 일환이었다.[58] 그리고 한국전쟁을 거치면서 아시아 지역 연구에 대한 관심을 증대시켰고 그 결과 1960년대에 들어 아연의 사례에서 보듯이 대규모 연구 지원 사업을 본격화했다.

아연의 발족과 성장과정은 타이완 중앙연구원의 진다이스연구소近代史硏究所의 경우와 유사했다는 점에서 흥미롭다.[59] 중앙연구원 내에 진다이스연구소가 설립된 것은 1955년이었다. 당시 중앙연구원 원장 주쟈화朱家驊(1893~1963)는 근대사 연구의 중요성을 인식하고 진다이스연구소주비처를 설치하고 궈팅이 교수에게 그 업무를 전담시켰다. 의욕에도 불구하고 예산 부족으로 활발한 연구 활동을 기대하긴 어려웠다. 아시아재단과 워싱턴대학으로부터 연구비를 지원받으면서 활기를 찾기 시작한 연구소가 도약의 발판을 마련한 것은 포드재단으로부터 1962년 5년간 42만 달러를 지원받으면서 부터였다. 컬럼비아대학의 마틴 윌버C. Martin Wilbur(1907~1997)와 하버드대학의 페어뱅크는 연구비 지원이 가능하도록 결정적인 역할을 했다. 포드재단으로부터 막대한 연구비를 지원받은 연구소는 중국외교자료 수집과 정리 및 주제별 연구를 본격화했다. 특히 중-미, 중-소 외교관계를 비롯한 외교사분야와 중국공산당 및 중국국민당사 연구에 집중되었다. 진다이스연구소를 통해 당시 미국은 중국외교연구와 아울러 중국공산당 관련 자료들을 수집하기 시작했다. 1960년대 타이완은 진다이스연구소를 중심으로 미국의 중국공산당연구, 나아가서는 중국연구의 "중요 거점" 이 되었던 셈이다.[60] 미국의 중국연구가 1960년대에 "발전기" 혹은

"황금기"를 구가할 수 있었던 것은 바로 이와 같은 사정에 기인하는 것이었다.

포드재단을 비롯한 해외 재단으로부터 연구지원을 받은 아연은 1965년과 1966년에 잇달아 대규모 국제학술대회를 주관했다. 1965년에는 「아시아 근대화의 제문제」라는 주제 아래 근대화 개념문제, 아시아 전통사회와 근대화, 근대화와 정치문제, 근대화와 경제문제, 근대화에 있어서 여러 계층의 문제 등을 분과별로 다루었다. 영국 사회학자 도어Ronald P. Dore(1925~2018), 잰슨M. B. Jansen 등 세계적으로 이름난 학자들이 발제와 토론을 맡았으며, 경제성장을 위한 정치적 안정과 이를 주도해야 할 엘리트의 지도력이 주로 강조되었다.[61] 이 회의는 한국 학계에서 본격적으로 근대화론의 논의를 발동시킨 시도로 평가된다.[62] 1966년에는 「아시아에 있어서의 공산주의문제」를 다룬 국제학술대회를 아연의 공산권연구실 주최로 개최하기도 했다.

VI. 나가며

김준엽에게 중국근대사는 정체된 전통사회로부터 벗어나 일진일퇴를 거듭하며 근대화를 성취해 나아가는 과정이었다. 그것은 근대화의 계기를 마련해준 "서구 선진사회"의 모델을 따라 공업화와 산업화를 달성하는 한편 자유와 민주를 쟁취하는 과정이어야 했다. 그의 중국 근대화 연구에서 주목되는 몇 가지 관점을 간추리면, 첫째 근대와 전통을 이분법적으로 파악하고 전통을 근대화의 장애요인으로 파악하여 극복해야 할 대상으로 보았다. 중국의 전통사회는 정체된 사회로서 그것은 유목민족의 잦은 침략과 약탈에 따른 발전의 기회를 상실했기 때문이었다. 중국의 근대화는 내발적이지 않았고 외부, 즉 서구의 충격에 의해 시작되었다.

둘째, 서구는 근대화의 목표로서 근대화 달성의 관건은 얼마나 전면적으로 서구의 가치와 제도를 수용하고 전통시대 정체의 유산에서 탈피하느냐 하는 데 달렸다. 그리하여 비록 서구 자본주의 열강도 저항해야 할 대상이었지만 민족해방운동의 실제적인 목표는 "전통사회의 정체와 후진"으로부터의 탈피에 두어졌다.

셋째, 공업화, 산업화와 아울러 민족주의와 자유민주주의의 실현이 근대화의 지표였고 따라서 중국공산당은 근대화를 달성할 주역이 될 수 없었다. 그 주역은 쑨원, 후스, 장제스였고 중국국민당과 국민정부였다. 중화인민공화국의 수립은 중국근대화의 노력의 좌절이고 실패였으며 근대화로부터의 일탈이었다. 일탈된 근대화에 대한 그의 시선은 부정적이었다. 권력투쟁을 일삼는 비정상적 국가였고 주변을 위협하고 팽창의 가능성이 농후한 경계의 대상이었다.

이상과 같이 보면, 그의 중국공산당 및 중화인민공화국에 대한 부정적 시선과 평가는 중국근현대사를 보는 보다 큰 관점, 논리와 연관된 것이었다. 즉 서구의 전통적인 "동양정체론", "한족 중심의 역사해석" 그리고 근대화=서구화라는 "서구중심주의" 등이 서로 결합되어 구성된 역사관이었던 것이다. 근현대 중국에 대한 이와 같은 그의 독특한 시선과 관점은 어디서 기인하는 것일까?

먼저 한국인에게 생생한 기억으로 남아 있는 한국전쟁의 체험을 떠올릴 수 있다. 신생국이었음에도 중화인민공화국은 한국전쟁이 발발하자 "항미원조抗美援朝"를 명분으로 70만 명에 달하는 인민지원군을 파견하여 인천상륙 이후 유엔군(미군)과 가장 첨예하게 격돌했다. 한국인에게 중화인민공화국은 한국전쟁에 개입한 "침략국"이었으며 이데올로기적으로 대립하고 대결해야 할 "적성국"이었다.

주목할 만한 두 번째 사안은 미국의 최대 사립재단 포드재단의 역할이었다. 아시아지역연구에 눈을 돌린 포드재단은, 1960년대 초반에 아연을 비롯하여 타이완 중앙연구원 진다이스연구소에 대규모 연구자금을 지원하여 외교, 공산주의, 근대화 등 문제를 중심으로 한 한국학과 중국학 연구의 거점으로 도약시키는 데 결정적인 역할을 했다. 흥미로운 점은, 이러한 구도에 김준엽과 그의 스승 궈팅이, 그리고 페어뱅크가 삼각구도를 형성하고 있었다는 사실이다. 한국과 타이완 그리고 미국으로 이어지는 반공 냉전의 학문적 네트워크가 형성되어 작동하고 있었다는 점을 추론할 수 있는 근거이지 않을 수 없다. 냉전기 한국의 주류적 중국인식, 즉 반공 냉전형 중공인식의 형성과 확산은 미국이 주도한 동아시아 반공냉전체제 구축의 학문적, 문화적 버전이었다고 할 수 있다. 그렇다고 김준엽의 근현대중국에 대한 시선과 관점을 냉전체제의 반영으로만 보는 것은 단조롭다.

거기에는 그의 식민경험과 중국에서의 항일운동 및 독립운동의 경험에서 체득한 민족주의와 자유민주주의라는 개인적 차원의 신념도 중요하게 작동하고 있었다. 개인적 학습과 체험의 산물인 민족주의, 자유민주주의, 반공주의 그리고 그것에 입각한 민족근대화에의 열망 등의 기반 위에서 미국발 근대화론을 수용함으로써 그 나름의 사상을 형성하고 그것에 근거하여 냉전형 국민국가의 형성과 발전을 모색한 것으로 파악되는 것이다. 그가 근대화의 지표로 산업화 및 공업화 못지않게 민족주의, 자유민주주의를 일관되게 강조한 것은 그러한 그의 사상적 지향을 반영한 것으로 이해된다.

이러한 사상적 지향은 국가권력과의 경쟁구도 속에서 이념적 대결 구도가 치열했던 한국사회에서 결코 놓칠 수 없는 의의를 갖는다.

민족주의와 자유민주주의의 가치를 소중히 여기는 그의 사고는 이승만 정권과 박정희, 전두환 군사정권 등 국가권력이 폭력적으로 전유하고자 했던 민족주의와 자유민주주의에 대해 문제를 제기하고 그것과 일정한 거리를 유지하며 비판적 입장을 견지할 수 있었던 중요한 근거로 작용했다. 자유민주주의 체제의 확립을 위해서는 매카시즘과 같은 "반공 히스테리"뿐만 아니라 자유와 민주주의의의 이름으로 자행되는 "신형 파시즘"까지 경계하고 비판해야 한다며 "민족정기"를 바로 세우는 한편 "정치적 경제적 자유의 확대"의 필요성까지 적극적으로 주장한 것이나[63], 평화적인 남북통일을 광복 이후 한국인의 첫 번째 시대사명으로 일관되게 역설한 점[64], 그리고 균형 잡힌 한국독립운동사 서술과 교육의 필요성을 끊임없이 환기하며[65] 5·16 쿠데타 이후 헌법 전문에서 삭제된 대한민국 임시정부의 정통성을 회복시키기 위한 노력을 아끼지 않았던 그의 활동상[66]을 고려하면 더더욱 그러하다.

제5장

근대주의자의 중국 : 주체적 근대화의 사례

I. 들어가며

민두기는 한국을 대표한 세계적인 중국사학자였다는 데에 아마 이의를 제기할 사람은 없을 것이다. 세계적인 학자라는 위상은 비단 1950년대부터 근 반세기에 걸쳐 그가 거둔 방대한 연구성과 때문만은 아니다.[1] 해방 이후 다져지기 시작한 근대학문의 기틀 위에서 그는 본격적인 중국사 연구를 이끌면서 고대사부터 근현대사에 걸쳐 연구를 개척했다. 학회 발전에 크게 기여했으며, 외국학계와의 본격적인 학술교류도 이끌었다. 게다가 한국 중국사학 발전을 위한 인적 자산이라 할 후진 양성에도 힘을 기울여 큰 성과를 거두었다. 그는 한국의 중국사 연구의 개척자였으며 그 발전을 이끈 주역이었다.[2]

그의 연구범위는 고대사부터 현대사로 꾸준히 확대되어 왔지만 주된 분야는 근현대사였다. 고대사에 관련한 업적을 정리한 작업은 이미 이루어져 있으므로[3], 여기서는 근현대사 연구 업적을 다루고자 한다. 근현대사에 대한 학문적 업적을 정리한다고 해서, 논문을 하나하나 소개하는 방식을 취하지 않는다.[4] 근현대사 연구에 관통하는 주제의식, 문제의식을 중시하고 그가 구상한 역사상은 어떤 것이었는지를 파악하는 데 중점을 둘 예정이다. 문제의식과 논문 간 내적 연관성에 주목하여 연구 활동을 분석함으로써 그가 근현대 중국을 어떻게 해석하고 재구성했는지 그리고 그 결과 어떤 중국 이미지와 인식을 만들어 냈는지를 해명하고자 한다.

II. 고대사에서 근대사로

그가 중국사를 연구하기로 결심한 것은 자신도 회고했듯이 "우연한 기회"였다.[5] 1951년 서울대학교 문리과대학 사학과에 입학한 후 그의 관심은 줄곧 한국사였다. 역사학하면 으레 한국사를 의미했던 당시의 지적인 풍토와 관련이 있었다. 학부 졸업 논문으로 그는 "동학란"에 주목했는데, 그것은 한국의 식민지화의 기점으로 청일전쟁에 주목하고 전쟁의 구실을 제공한 동학란이 왜, 그리고 어떻게 일어났고 전개되었는지를 탐색하기 위함이었다.[6] 이병도(1896~1989) 교수로부터 동학 관련 자료들을 받아 자료 정리에 몰두하던 중, "우연히" 고병익(1924~2004) 교수로부터 "외부로부터 동학을 보는 것도 유익할 것"이라는 조언을 듣게 되면서 근대사에 대한 관심은 시작되었다. 중국 측의 입장에서 동학란을 고찰하면 그것을 좀더 "객관적"으로 바라볼 수 있을 것이란 생각에서였다. 이 우연한 기회가 그의 관심을 아예 중국사 쪽으로 바꾸어 놓았다. 「의화단난義和團亂의 형성形成에 관하여」라는 제목의 학부졸업 논문은 이러한 배경에서 작성되었다.

대학원에 진학한 그는 한대사로 관심을 돌렸다. 근대사 연구에 진력하기에는 당시 자료의 한계가 컸기 때문이었다. 반면 당시 서울대학교

도서관에는 전통시기에 해당하는 자료가 "제법 충실히" 갖추어져 있었다. 그렇다고 해서 그가 한대사 쪽으로 관심을 돌린 것은 단지 자료 문제 때문만은 아니었다. 중국의 문화와 역사의 원형을 이루는 이른바 "제국적 전통Imperial Tradition"을 구조적으로 이해하고 파악하고자 하는 의욕이 있었다. 중국 전통 역사에 대한 이와 같은 관심은 은사 김상기 (1901~1977) 교수의 전통사학, 서지학, 청대고증학에 대한 해박한 지식과 그것을 반영한 강의, 그리고 엄격한 훈련을 통해서 충족되었다.[7]

본격적인 학문 활동을 고대사에서 시작한 그가 근대사 쪽으로 방향을 튼 것은 1950년대 말에서 1960년대 초였다. 한대사 연구는 근대사 연구를 위한 "일종의 우회로"였다고 그 스스로 밝힌 바 있듯이[8], 대학원 진학 후 비록 한대사 연구에 힘을 기울이고는 있었지만 근대사에 대한 관심은 줄곧 유지되고 있었으며, 게다가 상기한 시기에 이르러 "제국적 전통"에 대한 그 나름의 이해와 파악이 가능해졌다는 판단과 아울러 이러한 중국의 전통이 후대의 역사에 어떻게 작용하는지 탐구해보고자 하는 의욕이 발동되었기 때문이었다.

그가 근대사에 관심을 가진 배경으로 막스 베버의 영향을 빼놓을 수 없다. "당시 그 또래의 많은 지식인들처럼"[9] 그도 베버의 저서로부터 많은 영향을 받았다. 그는 자신이 베버의 글을 본격적으로 읽기 시작한 것은 학부 3학년 때인 1953년 쯤이었다고 회고한 바 있다. 베버의 『프로테스탄티즘의 윤리와 자본주의의 정신』을 읽고 "이런 것이야말로 학술논문이로구나."라며 "흥분"했으며, 대학원 진학 후에는 1959년 고병익 교수가 번역한 베버의 『직업으로서의 학문』을 읽고 "감동"했다고 했다. 그 스스로 자신의 근대사 연구의 출발점이었다고 자평한 바 있는 「청대의 막우제幕友制와 행정질서의 특성 — 건륭기乾隆期를 전후한 시기」(1962.6.)라는 논문도 『가산제와 봉건제』라는 일본어로 번역된 근대 이전 동양의 지배유형을 분석한 베버의 글을 활용한 결과였다.

베버의 역사사회학 논의의 핵심은 근대 자본주의 발생의 역사적 배경 또는 기원에 대한 해명이었다. 근대 자본주의가 서구에서 어떤 역사적 배경에서 어떤 과정을 통해 형성되었는가 하는 문제에 대한 해명이었다. 학부 때 베버의 저서를 읽고 흥분했다는 회고로 미루어 볼 때, 그는 베버의 근대 자본주의의 형성과 기원이라는 문제의식에 상당부분 공감했을 것으로 여겨진다. 그러나 과연 근대사회로의 진입이 뒤쳐진 후진국, 특히 중국은 어떻게 근대화를 달성할 수 있을지는 고민이었다. 당시 한국에 소개된 베버의 논의에 따르면 유럽 사회만이 자본주의로 발전할 수 있었고 동양은 근대사회로 발전할 수 있는 내적인 동인을 가지지 못했다. 선진 유럽의 문화와 제도의 수용을 통해서만 근대사회로 진입할 수 있었다. 앞장에서 본 김준엽의 근대화에 대한 이해와 같은 관점이었다.

후발국의 근대화에 대해 민두기가 했던 고민의 일단은, 레벤슨Joseph R. Levenson(1920~1969)의 연구에 대한 그의 의문에서 확인할 수 있다. 1999년에 이루어진 한 인터뷰에 따르면 민두기는 자신이 1960년대 초반 근대사에 관심을 갖게 된 것은 "미국에서 가장 촉망받는" 레벤슨의 연구를 접한 이후였다.[10] 레벤슨의 연구는 중국의 전통과 근대를 선명하게 구분, 대비시키고 중국의 근대를 전통과 단절적으로 이해하는, 이른바 전형적인 근대화론 시각에 입각해 있었다.[11] 그의 연구가 비록 근대화를 이론적으로 깔끔하게 정리, 제시하고는 있지만 근대화에서 중국인의 주체적인 활동상은 전혀 보이지 않는다는 점에 민두기는 의문을 표했다. 근대화 과정에서 중국인들의 주체적인 활동상은 어떻게 찾을 수 있을 것인지를 고민했다. 민두기는 서구사상의 수용과정에서 전통의 역할을 추적, 분석한 슈워츠의 옌푸嚴復(1854~1921) 연구에서 레벤슨의 연구의 한계를 넘어설 수 있는 아이디어를 찾았다.[12] "전통과 유리되지 않는" 근대화의 "내재적인 힘과 활동"에 주목할 수 있게 된 것이었다.

III. 철저한 고증과 객관

베버의 영향은 근대사 연구 의욕을 촉발시킨 데서 그치지 않았다. 그 특유의 학문관 내지는 연구방법에도 베버의 영향은 컸다. 베버의 학문관이 가장 잘 드러난 글은 『직업으로서의 학문』이었다.[13] 1919년에 간행된 이 글은 세계 제1차 대전이 막바지에 접어든 1917년 말 독일 남부 뮌헨대학의 진보적 학생단체인 자유학생연합으로부터 강연 초청을 받아 그가 행한 강연을 토대로 한 것이었다. 학생들은 당시 독일이 처했던 내외적, 정치적 그리고 정신적 위기상황을 극복할 수 있는 길을 그에게 기대했지만, 그는 의도적으로 냉철하고 냉정한 "학자" 및 "선생"의 태도로 일관했다.

강연의 핵심 내용은 "탈주술화, 합리화된 세계, 즉 모든 것을 원칙적으로 계산을 통해 지배할 수 있다고 믿는 세계"―즉 근대 세계―에서 학문이 가진 위상과 기능은 무엇인가 하는 것이었다. 강연에서 그는 학문이란 "자기성찰"과 "사실관계의 인식에 기여하기 위해 전문적으로 행해지는 직업"이며, 이런 학문을 전문적으로 수행하는 학자는 "열정"과 "소명의식"을 갖추고 "지적인 전문성"을 획득하는 데 노력을 게을리 하지 말아야 한다고 역설했다. 학문은 정치 혹은 그 어떤 실천적인 요구로부터도 거리를 두어야 한다거나 아예 그것들을 배제해야 한다는 것 또한 베버가 강조한 대목이었다. 사실 확인과 분석에 한정되고

"가치중립적"일 때 학문 발전을 꾀할 수 있으며 그 의의도 있기 때문이라는 것이었다.

학문 또는 학자라는 말을 할 때 그는 "막스 베버라는 거인이 항상 먼저 연상된다."[14]고 할 정도로 베버의 학문관으로부터 영향을 받았다. "풋나기 학자 지망생이 겁도 없이"[15] 기성 한국 학계를 비판하여 "구설수에 올랐다."[16]고 자평한 「한국학자산론韓國學者散論」[17]의 내용도 베버의 상기 글의 논지를 활용한 것이었다. "이 땅에서 학문, 나아가서 학자에게 권위란 존재하고 있으며 그것은 진정한 의미에서 권위라고 불릴 만한 것인가?"라는 상당히 도발적인 표제를 단 「한국학자산론」에서, 그는 "알려져 있어야 할 가치가 있는 것에 대해 정열을 가지고 학구學究하는 사람", 이른바 학자는 열정과 함께 전문적인 문제 해결의 능력을 갖추어야 하며, 학문의 권위는 학문 연구로만 획득되어져야 한다고 주장했다. 이와 같은 주장은 학자가 갖추어야 할 가장 기본적인 덕목으로 "지적 성실성"에 대한 강조와도 표리를 이루었으니, 그는 지적 성실성을 보장하기 위해서는 "철저한 학문적 훈련, 학문 혹은 지식에 대한 윤리적 기초 획득, 학문의 전문성 획득" 등이 요구된다고 강조하기도 했다.[18] 후학들 가운데 그의 독특한 학문태도로 지목하는 "철저한 고증"[19]도 따지고 보면 그가 강조한 철저한 학문적 훈련을 지칭하는 또 다른 말이었다.

"철저한 고증"으로 얻어질 "객관"은 현실의 정치 혹은 실천적 요구와의 일정한 거리유지로부터 확보되는 것이기도 했다. 앞서도 살폈듯이 베버도 이 점을 힘주어 강조한 바 있었지만 민두기 또한 학문적 "객관"을 확보하기 위해 강조한 것은 다름 아닌 현실과의 일정한 거리 유지였다. 역사연구의 대상으로서의 "현대사"를 1949년 이전으로 제한해야 한다고 주장하거나, 자신이 터득하고자 수련했다는 "역사적 사고"의 기능을 "창窓"에 빗대어 비유하기도 했다.

그의 견해에 따르면, 중국의 1949년 이후는 "아직 먼지가 일고 있으며", "자세히 들여다보기 위해서는 우선 관념의 과거화를 통해 먼지가 가라앉아야 하는" 시기로서 이는 역사연구의 대상으로서의 "현대"와 구별되는 "현재"에 해당했다.[20] 안과 밖을 연결하는 통로이자 밖으로부터 안을 막아주는 방파제이기도 한 "창"의 기능을, 현실과의 일정한 거리를 유지한 채 현실을 자유로이 관찰하고 객관화할 수 있는 "역사적 기능"으로 등치시킨 것도 민두기의 지론을 잘 표현한 말이었다.[21] 현실과의 거리유지는 그의 "(현실) 밀착사관"을 경계하는 자세에서도 잘 드러난다. 1970년대 말부터 일본의 중국학계에서부터 제기되기 시작한 전후 일본 중국사학계에 대한 비판적 성찰을 정리하면서 그는 "역사 연구대상과의 일정한 시간적, 그리고 위상적 거리유지"는 객관적인 역사연구에서 필수 불가결한 전제조건이라고 주장했다.[22] 연구대상과 현실과의 일정한 거리유지, 이것을 그는 학문의 "객관" 확보의 전제조건으로 보았던 것이다.

그런데 이상과 같은 "철저한 고증과 객관"이라는 그 특유의 학문관 내지는 연구태도는 베버의 학문관에서 비롯되었다고만은 할 수 없다. 서울대학교 문리과대학의 사학과의 학문전통, 그리고 좀 더 넓은 의미의 시대적 환경이라는 한국적 상황에서도 일정하게 영향을 받지 않을 수 없었을 것이기 때문이다. 그의 학문관에 큰 영향을 미쳤던 스승은 두계 이병도와 동빈 김상기였다. 일제 식민지시절 와세다 대학에서 근대 역사학의 방법론을 수학한 바 있던 이들은 해방과 더불어 서울대학교 사학과 교수로 초빙되었다. 이들은 전통적인 한학을 바탕으로 문헌고증학에 입각한 역사연구에 매진하면서 한국의 근대 역사학의 기초를 다졌다. 특히 김상기는 "한국 동양사학의 아버지"라 불릴 정도로 해방 후 한국의 "동양사학계"의 기반을 다지는 데 큰 역할을 했다.[23] 이들로부터 한국사뿐만 아니라 중국사를 수학했던 민두기로서는 이들의 학문관, 연구방법 그리고 태도 등에 영향을 받지 않을 수 없었다.

그의 학문관에 영향을 미친 또 다른 요인으로 1950~60년대의 한국적 상황에도 주의를 기울이는 것이 마땅하다. 한국전쟁을 거치면서 반공 냉전적 분위기가 사회 전체를 압도했다. 철저한 반공논리에 입각한 것이 아니면 현실과 "일정한 거리"를 유지한 채 "철저한 고증과 실증"에 입각한 연구가 제도권에서 진행되는 근현대 중국사 연구의 주종을 이룰 수밖에 없었던 시대였다.[24] 그리하여 중국사 연구의 기본적 전제라 할 수 있는 "중국의 현재적 의미"를 성찰할 기회가 없었다.[25] 냉전체제라는 시대적 상황에 그도 제약되지 않을 수 없었던 것이다.

그럼에도 실증과 객관을 강조한 연구방법 내지는 태도는 서울대학교 문리과대학의 학문전통에 영향을 받고 반공 냉전적 사회 분위기에 압도된 게다가 권위주의 정부의 근대화정책을 무비판적으로 수용한 피동적 결과[26]로만 볼 수는 없다. 실증을 강조하고 현실과의 거리두기를 통해 학문연구의 객관성을 확보하려는 노력과 시도는 실상 한국적 상황에서 그가 능동적으로 선택한, 또 다른 "선택"이었다는 점을 간과할 수 없다는 것이다. 황동연의 말을 빌리면 그가 실증과 객관을 강조한 것은 그 자신의 "정치적 입장"을 능동적으로 선택하고 표명한 것이기도 한 것이었다.[27]

그의 학문관, 연구방법 등이 그의 능동적 선택이었다면 그러한 선택이 가능했던 또는 그것을 뒷받침한 논리로서 베버의 근대학문관에 대한 그의 능동적 수용이라는 점에 주목할 필요가 있지 않을까. 그는 베버의 학문관으로부터 지적 성실성과 전문성을 바탕으로 한 학문연구의 기틀을 다지고자 했던 신념과 의지를 가지고 있었다는 것이다.

"실증과 고증, 그리고 객관"이라는 그의 연구방법론 내지는 태도는 서울대학교 학문전통을 계승하면서 냉전시대에 제도권 내 역사 연구자가 적응할 수 있었던 방편이기도 했지만, 동시에 학문의 전문성을 보장하고 획득할 수 있는 유용한 방법으로 그가 능동적으로 선택한 것이기도 했다.

그는 근대중국사를 어떻게 해석하고 어떤 근대중국사상을 구성했을까? 실증과 고증, 그리고 객관이라는 연구방법을 구사하여 그가 근현대중국의 역사를 어떻게 해석하고 구성하고자 했는지 검토할 차례이다.

IV. 주체적 근대화 : 전통의 근대적 변모

근대사 연구로의 "회귀" 이후 그가 줄곧 정력적으로 진행해 온 연구주제는 바로 중국의 근대사회로의 변화, 즉 근대화였다. 그는, 근대화란 "정치적, 사회적으로 소수 아닌 다수가 법치대의제를 중핵으로하는 민주체제를 누리고 경제적으로는 공업화되어 풍요를 다수가고루 누리는 것"으로, "대중이 고르게 향수하지 못하는, 국민이 함께향수하지 못하는, 그리고 남의 나라에 이끌리는 근대화란 근대화 비슷한 것은 될지라도 진정한 근대화는 될 수 없다."고 언급한 바 있다.[28] 여기서 그가 강조하고자 한 것은 "정치적 사회적 민주체제의 수립과경제적 공업화 달성"이라는 성과의 달성 여부라기보다는, 그와 같은성과를 달성해 가는 "주체적인 노력의 유무"였다. 주체성을 근대화를정의하는 핵심적 사안으로 이해하고 있었던 것이다.

민두기가 근대화에서 주체성이 갖는 의미를 중시한 것은 당시 한국의 지식인들이 근대화를 새롭게 이해하기 시작한 사정과 관련이 깊다. 1960년대 중반에 이르러 지식인들은 이전과 달리 근대화의 주체성에 관련한 논의를 본격화하기 시작했다. 1961년 5월 쿠데타로 권력을 장악한 박정희(1917~1979)는 1963년 말 권력의 민정이양 약속을 저버리고 제3공화국을 출범시켰다. 그리고 경제개발과 아울러 일본과의 외교 정상화를 위해 한일협정을 적극 추진했다. 박정희의 약속 파기와 한일협정의 추진은 정부에 대한 지식인들의 비판을 불러일으켰다. 지식인들은 정부에 의해 주창된 민족주의를 "거짓 민족주의"라고 비판했고 정부에 의해 추구된 근대화를 "외국에 의존적인, 반민족적 근대화"라고 비판하고 나섰다.[29] 아울러 "민족주의적이고 주체적인 근대화"의 추진이 필요하다고 주장했다.[30]

이러한 상황에서 한국사학계에서는 "내재적 발전론"에 입각하여 한국근대사를 연구하는 시도가 이루어졌다.[31] 근대사회로 나아갈 수 있는 내적 동인에 주목한 연구자들은 조선 후기 실학사상과 사회경제적 변화에 대한 연구를 통해 식민사관을 비판함으로써 한국사를 새롭게 구성하고자 했다. 내재적 발전론에 입각한 연구들이 시도됨으로써 근대화는 주체적인 힘을 통해 달성될 수 있다는 사고가 지식인사회에 확산되었다.[32]

민두기는 이상과 같은 지적 동향 속에 있었다. 특히 한국사 연구자들이 내재적 발전론에 입각하여 한국근대사를 새롭게 구성하고자 했듯이, 그는 중국근대화의 주체성을 해명하고자 했다. 이를 위해 그가 주목한 것은 1898년 무술변법운동戊戌變法運動이었다. 무술변법운동에서 "의회제도를 핵심으로 하는 민주제적 제도개혁, 주권국가 수립을 지향한 부강의 추구"를 보았기 때문이었다.[33] 무술변법운동은 그의 근대사연구의 핵심적인 분석 대상이었다. 무술변법운동은 단순히 정치이념을 포함한 서구적 제반 가치를 수용하고 그것을 실천한 데 불과했던 것일까. 그렇다면 무술변법운동에서 주체성은 어떻게 확인할 수 있을까. 그는 무술변법운동에 작동한 "전통(과 그 역할)"에 주목했다.

무술변법운동에 작동한 전통과 근대의 상관성 해명을 위한 그의 끈질긴 탐색 결과는 1973년도에 초판 출간된 『중국근대사연구-신사층紳士層의 사상과 행동』에 고스란히 담겼다. "중국사 내면적 문제를 본격적으로 다룬 한국 최초의 저서"[34]라는 평가를 받는 이 책은 크게 세 부분으로 구성되었다. 첫째, 청대 통치 질서의 제 특성諸特性, 둘째, 전통이념의 변용과 발전, 셋째, 청대 신사紳士의 근대적 변모 등이 그것이다.

첫 부분은 엄밀히 따지면 근대사 관련 논문들은 아니지만 이후 진행할 근대사 연구의 중요한 단서들을 제시하고 있다는 점에서 주목된다. (1) 한족 사대부들의 반청反淸 논리에 적극 대응하기 위해 옹정제雍正帝가 다시 정의한 화이론이 갖는 "근대적 의의"와 아울러 당시 한인 사대부가 가지고 있던 반청 논리의 저변에는 전통적인 봉건론封建論이 있었다.[35]

(2) 생감층生監層이 갖는 계층적 차별성에 주목하여 종래의 신사층에서 이들을 분리해 내고 이들을 "사회적 실제적 중간계층"으로 범주화했다.[36]

이상과 같은 단서들을 활용하여 신사층의 입헌, 지방자치론의 성격과 그에 따른 근대적 변모를 집중적으로 다룬 것이 두 번째와 세 번째 부분인데, 여기서는 다음 V절에서 살펴볼 현대사 관련 부분을 제외하고 소개하고자 한다. 그는 진대秦代 이래 줄곧 지속되어온 봉건과 군현 논의는 청대에도 전개되었으며[37], 특히 청대의 봉건론자들의 논의는 전제권력을 제한하며 지방자치적 성격을 강하게 띠는, 말하자면 현실 개혁적 의의를 담고 있었다고 논증하고, 그와 같은 봉건론은 청말에 이르러 개혁론의 핵심인 의원론議院論과 지방자치론이란 발상의 배경으로 작용했다고 주장했다. 이를 바탕으로 그는 "봉건론이지닌 개혁론적 지향이 서양의 정치론과 결합된 것이 청말의 의원제, 지방자치의 논의"였으며, "전통적인 개혁원리는 근대적 지방자치론에서 그 실현의 방편을 찾았고 근대적 지방자치론은 전통적 개혁원리에서 그 실현의 주체를 확인했다."고 주장했다.[38]

이는, 중국의 근대는 전통과의 상호 대립과 그 극복이 아닌, 긴밀한 관련성 속에서 모색된 것이었다는 논증이자 주장이었으며, 그의 근대사 연구 의욕을 자극한 바 있던 레벤슨의 연구를 실증적으로 비판한 것이기도 했다. 전통-근대 관계에 대해 그가 거둔 성과는 근대화론이 주류적 지위를 차지하고 있던 미국학계에 소개되어 그 관계를 새롭게 정의하려는 학자들에게 유용하게 활용되기도 했다.[39]

근대는 전통과의 긴밀한 연관성 속에서 전개되었다는 논지에 입각하여 근대화의 주역으로 설정한 신사층의 근대화 노력과 시도를 분석한 것이 무술변법운동 연구였다. 1960년대 말부터 1970년대에 걸쳐 집중적으로 이루어진 무술변법운동에 대한 그의 연구는 두 번째 학술 저서 『중국근대개혁운동의 연구』에 집약되었다. 여기서 그는 무술변법운동의 배경과 과정, 그리고 결과 등을 다각도로 분석하면서 무술변법운동이 근대화에서 갖는 의미를 해명하고자 했다. 제국주의 열강에 의한 "과분瓜分"의 위기와 "난민難民"의 위협에 직면하여 "신권紳權의 확립 혹은 유지"를 위한 시도이자 활동의 일환이었던 무술변법운동은[40] 1898년 음력 4월 국시조國是詔에서 표명된 온건한 개혁 단계에서 음력 7월말의 개도백도조改圖百度詔로 표현되는 제도국制度局 설치를 포함한 전면 개혁 단계로 나아가는 두 단계로 구분하여 파악해야 한다고 주장했다. 그리고 이 운동의 기본적인 성격을, 개혁 정책의 구상과 집행을 주도해 나아갈 중심기구인 제도국을 조직하여 "근대적 의미의 중앙집권적 정부를 수립하고 정권을 장악하려 했던 주체적인 개혁운동"이었다고 평가했다.[41]

무술변법운동이 갖는 이와 같은 "근대성"을 부각시키기 위해, 그는 상하이를 중심으로 활동하면서 "반전제, 의회제, 법치" 등 부르주아지 민주주의적 개혁을 지향하고 있었던 상인층과 당시 캉유웨이康有爲(1858~1927), 량치차오梁啓超(1873~1929) 등은 긴밀한 연계를 적극 모색했다는 점에 주목했고[42], 캉유웨이의 『공자개제론孔子改制論』과 공교론孔敎論을 중국문화의 주체성을 확보하기 위한 전통의 재해석이자 개혁운동의 주도권 장악을 위한 이론적 모색이었다고 평가했다.[43] 그리고 무술 개혁론자의 주체성 해명과 관련하여 그들의 대외관에 주목하기도 했다. 무술변법운동기 개혁론자들의 주요한 외교론은 연영일론聯英日論이었는데, 이는 제국주의에 대한 불철저한 인식과 환상에 입각한 방책이 아닌, "역사문화체로서의 중국"의 멸망이라는 절대 절명의 상황에서 마지막 선택이자 개혁의 시간을 벌기 위해 취해진 상황 이용책이었다고 평가한 것이었다.[44]

무술변법운동의 성격, 즉 근대적 의미의 중앙집권적 정부를 수립하고자 했던 주체적 시도였다는 성격은, 변법파가 당시 여타 정치세력－청류파淸流派, 양무파洋務派, 개혁파革命派 등－과 구분될 뿐만 아니라, 무술변법운동이 결국은 좌절된 원인이기도 했다는 것이 또 다른 주장이다. 변법파가 권력의 중심부로 나아가는 데 중요한 정치적 배경으로 작용했던 청류파와는, 비록 반反양무 노선에서는 일치했지만, 학문 배경, 현실개혁의 강도, 전통적 가치의 보위 방안 등에 있어서는 차이

점을 보이고 있었기 때문에 양무파라는 공통의 정치적 상대가 없어지자 잠복되어 있던 양자의 차이점이 부각되었고 결국은 결별하게 되었다고 보았다.

양무파와는 비록 정치적인 측면에서는 대항관계에 있었지만 양무론 자체가 단순한 군사기술의 수용에만 그치지 않고 제도개혁까지 전망하고 있었기 때문에, 양자를 단순히 대립적인 관계로만 볼 수 없다는 것이 그의 또 다른 주장이었다. 그는 양자를 계승과 발전 관계로 파악했다. 발전이라는 면은 부강의 목적에서 확인할 수 있는데, 양무론의 경우 "목전화국유지目前和局維持"라는 고식적인 것이었지만 변법론은 "구도화성久道化成", 즉 전통적인 정신적 가치의 보위에 두는 일종의 "문화적 내셔널리즘"의 단계로 나아가고 있었다는 것이었다.[45] 변법파의 양무파와의 이러한 관계설정에 입각하여 그는 중체서용中體西用 개념을 재검토할 필요가 있다고 주장했다. 즉 중체서용은 사실 이질적인 문화를 받아 그것을 수용해야 하는 상황에서 거의 보편적으로 일어날 수 있는 하나의 논리구조로서, 이 논리를 양무론과 결부시켜 양무론의 사상적 한계로 이해하거나 또는 변법론을 그것의 극복 단계로 위치지우는 경향이 강했던 기존 연구는 재고되어야 한다고 주장한 것이었다.[46]

변법파의 독자성은 혁명파와 대결의식 과정에서 다듬어지기도 했다는 것이 그의 또 다른 주장이었다. 즉 무술개혁 이전 이미 변법파들은 청조타도로 상징되는 "혁명"과, "균빈부均貧富"로 상징되는 사회주의적 지향과 대결의식을 보이면서 자신들의 개혁주의를 다듬을 수 있었다는 것이었다.[47]

이상의 논지를 종합하면, 양무파를 "계승 발전"시키는 방향에서 정권 장악을 통한 근대적 중앙집권적 정부수립을 지향한 것이 무술변법운동의 기본성격이었고, 이러한 기본성격은 개혁운동에 동정적이던 청류파와의 거리를 좁힐 수 없었던 원인이었으며, 급기야는 온건한 개혁까지는 관망하는 자세를 보인 수구파까지 급속하게 결집시키는 가장 중요한 원인으로도 작용했다고 파악했다. 말하자면 무술변법운동이 좌절된 가장 중요한 원인은 정권 장악을 통한 새로운 정치질서의 구축이라는 "근대성"에 있었다는 주장이었다.

무술변법운동에 대한 그의 연구를 전체적으로 볼 때, 그가 앞서 제시한 주체적인 근대화 노력이 무엇을 의미하는지 추론할 수 있다. 정치적, 사회적으로 민주체제를 수립하고 경제적으로는 공업화를 달성하기 위한 노력이 근대화이지만, 우선 그와 같은 노력과 지향은 근대적 정부, 나아가서는 근대국가의 수립으로 표출되었다고 본 것이었다. 주체성을 가지고 근대화 시책을 추진하기 위해서는 무엇보다도 강력한 국가권력의 수립이 전제되어야 한다고 본 때문이었다. 캉유웨이의 개혁론은 기본적으로 입헌론과 지방자치론의 연장선상에 있었지만 캉유웨이가 결국 선택한 것은 중앙집권적 정부의 수립을 위한 정권장악이었다. 요컨대 중국근대화의 핵심 사안으로 본 것은 국가권력의 장악을 통한 근대국가의 수립이었다.

무술변법운동이 좌절되고 난 후 이 근대화의 과제를 어떤 방식으로 달성할 것인가가 혁명파와 입헌파 등 정치세력들의 길항관계를 규정했다. 예컨대 "혁명"인가 "입헌"인가, 다른 말로 하면 기존 권위를 타도할 것인가 아니면 이용할 것인가 등 방법상의 문제였던 것이다. 그런데 여기서 주목해야 할 것은 이 시기의 근대국가 수립의 지향과 노력은 기본적으로 "반제反帝"라는 목표를 전제로 하고 있었다는 이해이며, 게다가 이들의 움직임은 비록 제한적이긴 하지만 대중운동의 면모를 띠고 있었다는 이해였다. "반제"와 대중운동을 통해 근대국가를 수립하려는 시도와 노력은 근대시기의 근대화와는 구별된다는 것이 그의 생각이었다. 이것은 그에게 현대사에 해당했다.

Ⅴ. 반제 대중운동의 전개와 근대화

1. 공화혁명共和革命

그의 시대구분론에 따르면 현대사의 하한은 1949년 중화인민공화국의 수립이다. 그 근거는 두 가지로 이해된다. 하나는 그 특유의 역사연구 태도와 연관되며, 나머지 하나는 중국근대화의 성취와 관련된다. 그가 견지한 역사연구 태도 중 하나는 현실과의 일정한 거리 유지였음은 앞서 언급한 바 있다. 중화인민공화국 성립 이후의 사회변화와 역사전개는 그가 거리를 두고자 했던 현실에 해당했다. "시간적으로 아직까지 역사화, 과거화가 되어 있는 않은 유동체"라는 성격을 갖는, 그리하여 역사연구의 대상으로 삼기 어려운 현재였다. 따라서 그에게 1949년 이후의 역사전개는 현대로부터 분리되어야 했다.

중화인민공화국 이후를 현대로부터 분리시킨 것은 이상과 같은 이유 때문만은 아니었다. 근대화의 목표 성취 여부와도 관련된 것이기도 했다. 근대국가 수립 달성을 중국 근대화의 핵심적 사안으로 설정하고 있었던 그로서는 중화인민공화국이라는 "강력한 중앙집권화된 국가체제"의 수립이 갖는 역사적 의의를 인정하지 않을 수 없었던 것이다. 중화인민공화국의 수립은 100년에 걸쳐 전개되어 온 반제국주의노선의 승리이자 주권국가 수립을 위한 노력의 결실을 의미했다.[48]

1949년을 하한으로 설정한 현대사의 주된 특색을 그는 다음과 같이 설명했다. 즉, 현대사의 특색은 "제국주의 종속체제를 벗어나는 자주부강에의 노력과 민중의 능동적인 역할의 정치적·사회적·경제적 확인이라는 두 가지 목표에서 찾을 수 있으며", 현대사는 "이 두 가지 목표를 위한 여러 형태의 국가 건설Nation Building을 시도한 역사"이다.[49] 이러한 현대사에 대한 정의는, 무술변법운동에 대한 그의 평가와 일관된 부분이 있음을 확인할 수 있다. 즉 제국주의 종속체제에서 벗어나 자주 부강을 이루기 위한 근대적 국가건설을 시도한 역사라는 것이다. 그가 1898년 캉유웨이 등 변법파의 활동을 "제국주의 세력에 의한 중국 과분瓜分의 위기에 대응하여 민주제적 제도개혁과 중앙집권적 정부의 수립을 통해 주권국가 수립을 지향"했던 것으로 이해한 데서 볼 수 있듯이, 제국주의의 지배에서 벗어나 자주부강을 목표로 삼은 국가건설이라는 이른바 근대적 과제는 단순히 무술변법운동에만 한정된 것이 아닌 현대에도 관통하는 것이었다.

그는 현대사의 기점으로 1901년부터 1913년에 이르는 이른바 "제1차 공화혁명"에 주목한다.[50] 2000여 년 동안 지속되어 온 황제지배체제를 전복하고 공화제입헌국가를 수립하게 된 이른바 신해혁명이 갖는 현대사적 의의를 평가한 때문으로 보인다. 게다가 나중에 좀 더 설명되듯이, 제1차 공화혁명은 근대국가 수립 방식에서 그 이전과 구별되는 새로운 요소를 내포하고 있었다.

그는 공화제입헌국가의 수립이라는 신해혁명의 성과는, 쑨원 중심의 동맹회 활동의 결과가 아닌, 1901년 이래의 주체적인 국가수립의 시도와 노력의 결과였다고 보았다.[51] 의화단운동이 8국 연합군에 의해 폭압적으로 진압되면서 제국주의에 의한 중국분할이 현실적으로 임박했다는 위기감 속에서 제국주의의 지배로부터 벗어나 그들과 맞설 수 있는 부강한 근대국가를 수립해야 한다는 움직임이 1901년부터

가시화되었다는 생각이다. 근대국가 수립을 지향한 주체는 청조, (국내) 입헌파, 혁명파 등이었다.

이들은 근대국가를 수립해야 한다는 점에서는 목적을 같이 했지만 그 방법과 의도라는 면에서는 달랐다. 신정新政을 추진했던 청조의 경우 비록 1898년 개혁방안을 수용하여 입헌군주제라는 근대국가를 수립하고자 했지만 그것은 어디까지나 자신들의 기존 권력을 강화하기 위함이었다. 청조의 신정 추진에 따라 다시 활동을 전개하기 시작한 입헌파의 경우, 청조의 입헌추진 일정에 따라 각 성에 설립된 자의국諮議局을 중심으로 결집, 분권적 지향에 입각하여 조속한 입헌 실시를 청조에게 강력하게 요구했으며[52], 이권회수운동을 통해서는 반제국주의운동을 주도하면서 청조와 대립했다.[53] 공화제 국가를 수립하고 했던 혁명파의 경우, 1901년, 특히 러시아 반대운동拒俄運動을 계기로 급속하게 확산되기 시작한 반청적 흐름을 타고 각종 혁명활동을 벌이는 한편 근대국가 건설방식을 둘러싸고 입헌파와 치열한 논전을 전개했다. 요컨대 근대국가를 수립하고자 한 세 주체는 근대국가를 수립하는 방식-개혁과 혁명-과 향후 건설할 국가의 운영 방식-집권과 분권-을 둘러싸고 서로 갈등하고 경쟁했던 것이다. 이 일련의 복합적이고 역동적인 과정은 결국 입헌파와 혁명파에 의한 청조의 타도와 공화제 입헌국가로 귀결되었다.

이상과 같은 공화제 입헌국가가 수립되는 과정에서 보였던 국가수립방안상의 차이는 민국 초기 정국에도 그대로 투영되었다. 지방분권과 중앙집권의 지향과 아울러 공화제 민주주의를 실현하려는 측과 총통제 권한의 강화를 통한 집권적 통치구조를 구축하려는 측 사이에 대립과 갈등이 상존했던 것이다. 이러한 대립구조는 결국은 공화제입헌국가 시도를 현실에 안착시키지 못하고 좌절시키는 원인으로 작용했다.

1901년부터 공화제입헌국가의 수립과 좌절(1913년)에 이르는 시기의 근대국가 수립 시도, 즉 제1차 공화혁명은 현대사의 기점으로 규정된다. 공화제입헌국가 수립시도가 좌절되었는데 민두기는 왜 제1차 공화혁명을 현대사의 기점으로 삼았을까. 가장 중요한 이유는 비록 좌절되기는 했지만, 약 2000여 년 동안 지속되어 온 황제지배체제라는 기존 통치 질서가 전복되고 근대적인 국가가 일단 수립되었다는 점이 갖는 의의를 평가하지 않을 수 없었기 때문이었다. 청조로 상징되는 전통적 권위가 타도되면서 근대국가 수립 지향은 하나의 도도한 역사의 흐름으로 자리 잡았고, 이는 위안스카이袁世凱(1859~1916)의 제제운동帝制運動, 장순張勳(1854~1923)의 복벽 시도로도 되돌릴 수 없었다는 것이다.

이외에 그가 주목한 것은, 공화제입헌국가 수립의 주역이었던 입헌파와 혁명파의 국가 건설 시도의 이면에 존재한 "반제국주의 지향"과, 혁명을 추동시키는 데 일조한 "농민을 중심으로 한 민중의 등장"이었다. 비록 "반제국주의" 지향은 당시 구체적인 성과로 귀결되지 않았으며, 민중들의 역할도 혁명 주체세력이라기보다는 그저 혁명적 정세를 일조하는 데 그쳤지만, 이 두 요소의 등장에서 그는 향후 전개될 현대사적인 근대국가 수립의 시도와 노력의 특징적 면모를 보았던 것이다.

반제국주의 지향과 민중의 역할은 5·4운동에 이르러서야 보다 명확해지며 근대국가 수립의 방법으로 부상된다는 것이 그의 주장이다. 신문화운동부터 1924년 국민당의 개조까지 설정한 광의의 5·4운동 때에 이르러 비록 반일에 집중되기는 했지만 반제의 문제가 보다 명확하게 제기되었으며, 민중들도 지식인들과 결합함으로써 역사의 주체로 등장할 수 있었다는 해석이었다. 그리고 제1차 공화혁명 때

몰락한 기존 권위에 대신할 새로운 권위 혹은 가치로 "자유연애", "유교적 가족제 비판" 등이 본격적으로 제기되고 탐색되기도 했다는 것이다. 이렇듯 5·4운동은 제1차 공화혁명의 형식에 내실을 채우는 역할을 했으며, 그러한 의미에서 5·4운동은 제2차 공화혁명으로 규정될 수 있다고 보았다.[54]

5·4운동의 의의는 여기에 그치지 않았다. 5·4운동은 제1차 공화혁명이라는 형식에 내실을 부여했음과 동시에 이후에 전개될 국민혁명의 배경이 되었기 때문이었다. 국민혁명의 배경으로서 5·4운동이 갖는 의의 때문에 그는 5·4운동의 하한을 1924년 국민당 개조까지 잡았다. 국민당의 개조는 반제, 반군벌을 목표로 근대국가의 건설을 지향한 국민혁명의 본격적인 전개를 알리는 계기였다.

2. 국민혁명운동

그에게 국민혁명은 현대사의 특징을 가장 명확하게 보여주는 사건이었다. 직접적인 공격의 대상으로서 반제를 분명히 내걸고 민중들의 주체적 역할을 확인, 인정한 선상에서 근대국가 수립을 지향한 시도였기 때문이었다.

"5·4운동의 성과를 집약적으로 표현하고 계승한 것이 개조된 국민당이었다."[55]는 지적에서 알 수 있듯이, 국민혁명을 이끈 주도적인 세력은 이제 개조 이후의 국민당이었다. 국민혁명을 통해 달성하고자 했던 근대국가 수립은 바로 개조된 국민당의 근대국가 수립의 시도가 된 셈이었다. 5·4운동을 통해 공개정당으로 재탄생한 국민당이 소련의 지원에 힘입어 개조하게 된 일련의 과정에 대한 분석[56]이 그의 국민혁명 연구의 시발점이 되었던 것도, 그리고 이후 그의 국민혁명 연구의 대부분이 개조된 국민당의 혁명노선과 활동상에 대한 분석에 집중되었던 것도 이와 같은 이유 때문이었다.

그의 국민혁명에 대한 분석은 크게 둘로 나뉜다. (1) "국민당 좌파"에 대한 분석, (2) 반제 민중운동에 대한 분석이 그것이다. 첫째, 그가 국민당 좌파에 주목했던 것은 국민혁명 주도세력 설정과 관련이 깊었다. 개조된 국민당의 정책이념을 가장 잘 대변하고 있는 세력은 바로 국민당 좌파였기 때문이었다. 따라서 그에게 국민당 좌파의 독자성을 분명히 하는 것이 무엇보다 중요할 수밖에 없었다. 기존 연구처럼 "공산당과의 거리"를 기준으로 국민당 좌파를 규정하면, "좌파"라는 개념은 유동적이 될 수밖에 없고, 따라서 국민혁명을 추동한 독자세력이자 주도세력이었던 좌파의 면모를 온전히 드러낼 수 없다고 판단한 때문이었다.

그러나 그의 좌파에 대한 이해는 여기서 머물지 않는다. 그는 좌파 나름의 독자성을 인정해야 하지만 동시에 좌파들이 가지고 있는 "이념과 행동상의 불일치"를 이해하기 위해서는 좌파 사이에 존재하는 인맥결합—즉, 파벌관계—을 중시할 필요가 있다고 제안했던 것이다. 말하자면 좌파를 분석할 때 정치이념상의 공통점뿐만 아니라 파벌적 이해도 함께 고려해야 그 실체를 이해할 수 있다는 주장이었다.[57] 천공보陳公博(1892~1946)를 왕징웨이汪精衛(1883~1944)를 중심으로 결집된 왕파汪派의 구성원으로 부를 것을 제안한 것이라든지[58] 또는 자신의 파벌을 갖지 못했던 쉬첸徐謙(1871~1940)을 "정객적 혁명가政客的 革命家"로 부를 것을 제안한 것은[59] 바로 이와 같은 이유 때문이었다.

국민혁명기 농민정책에 대한 분석 또한 개조된 국민당을 국민혁명 추진 주체로 본 그의 관점을 반영한 것이었다. 개조된 국민당의 대표적인 농민정책인 "25퍼센트 감조[二五減租]" 정책이 입안, 실행, 좌절된 과정을 추적함으로써 농민정책의 추이뿐만 아니라 국민혁명이 좌절된 과정과 원인까지 분석하고자 했다.[60] 그는 이 분석에서 이 정책은 비록 공산당 광둥지부廣東支部의 제안을 수용한 것이긴 했지만, 민생주의적 농민정책적 성격을 지녔다는 점, 코민테른의 12월 지시에 따른 공산당의 토지몰수 정책에 의해 압도되었다는 점, 급진적인 토지몰수 정책은 결국은 마일사변馬日事變을 유발시켰다는 점 등을 논증했다. 또 마일사변 후 반공과 반장反蔣이라는 이중 대립구도 속에서 우한정권武漢政權의 "진좌파眞左派"들은 자기 정체성을 확보하기 위해 25퍼센트 감조 정책을 부활시키고자 했음에 주목했다.

둘째, 국민혁명에 대한 그의 두 번째 분석대상은 민중운동이었다. 앞서 그는 국민혁명의 주체로 개조된 국민당을 설정했다고 지적한 바 있는데, 이 관점에 서면 국민혁명기 민중운동은 개조된 국민당이 주도하고 지도하는 민중운동일 수밖에 없다. 그러나 그는 민중운동이 갖는 능동성에 주목하고자 했다. 국민혁명시기 민중운동이 고양될 수 있었던 배경으로 국민혁명 이전부터 관류해왔던 "국민주의적 흐름"에 주목한다든지, 민중운동의 전개 자체를 "(민중운동의) 자율성과 (혁명 혹은 정치에의) 종속성"이라는 역동적인 관계로 이해하고자 한 것은[61] 민중운동을 그가 어떤 관점에서 보고자 했는지 잘 보여준다.

그가 반기독교운동을 어떻게 분석하고 있는지 보자.[62] 반기독교운동이 국민혁명기에 반제국주의운동의 일환으로 활성화될 수 있었던 원인으로 그는 중국사회주의(공산주의)청년단의 지도에만 주목하지 않았다. 그는 국민혁명 이전부터 존속해 온 국민주의적 흐름, 5·4운동의 결실인 과학주의적 비판정신의 흐름, 마르크스주의 흐름 등에 주목했다. 이러한 일련의 흐름이 국민혁명의 목표였던 반제국주의운동과 합류했으며 여기에 중국사회주의(공산주의)청년단의 적극적인 개입이 이루어짐으로써 반기독교운동은 활성화될 수 있었다는 것이었다. 따라서 그에게 국민혁명기 민중은 단순히 국공양당의 지도를 받는 피동적 존재가 아니었다. 청말 이래의 국민주의적 흐름에 영향을 받으면서 5·4운동을 통해 성장해온 "자율적인 주체"로서 국공양당과 경쟁과 타협을 반복하면서 국민혁명을 추동시킨 주역이었다.

그러나 국민혁명은 국민당 좌파의 주도하에 마무리되지는 못했다. 그렇다고 국민당 좌파와 국민혁명의 주도권을 쟁탈하면서 민중운동을 고양시키는 데 큰 역할을 하였던 공산주의자의 의도대로 귀결된 것도 아니었다. 국민혁명은 국민혁명군 총사령관 장제스가 주도한 북벌에 의해 종결되었으며, 그의 반공노선에 따라 새로운 정부의 수립으로 귀결되었다. 개조된 국민당의 정책을 충실히 견지하면서 국민혁명의 주도권을 장악하려던 국민당 좌파의 노력은, 혁명의 고양과 더불어 첨예화되어 간 국민당 지도부내의 좌우 대립과 갈등으로 유지되기 힘들었고 결국은 포기되어야 했다. 앞서 보았듯이 25퍼센트 감조 정책의 추진과 좌절 과정은 그와 같은 점을 상징적으로 보여준다. 개조된 국민당이 이끈 국민혁명, 즉 국민당 좌파의 근대국가 수립 시도는 그런 점에서 분명 좌절된 것이었다.

비록 개조된 국민당의 정책을 충실히 계승하지는 않았다 하더라도 장제스가 주도한 난징국민정부의 수립은 국민혁명이 거둔 성과임에는 틀림없었다. 활발한 민중운동의 전개로 고조된 혁명적 분위기를 배경으로 북벌은 성공적으로 추진될 수 있었으며, 성공적인 북벌은 또 민중운동을 한층 고양시킬 수 있었다. 북벌은 군벌을 성공적으로 타도할 수 있었다. 비록 반제, 반군벌 과제를 온전히 달성하지는 못했지만 성공적인 북벌에 따른 난징국민정부의 수립은 국민혁명이 거둔 최대의 성과임에는 분명했다. 그는 이 점을 강조한다. 즉 국민혁명은 "민국

이래 가장 강력하고 집권적인 통일 정권"을 수립시켰다는 것이다. 근대화의 핵심적 과제를 근대국가 수립으로 본 그로서는 강력하고 집권적인 통일 정권이 수립되었다는 점에서 국민혁명의 의의를 찾는 것은 어쩌면 당연했다.

그러나 난징국민정부라는 권력체제는 이전 공화정체제와는 확연히 구별되었다. 결론적으로 말하자면 난징국민정부는 공화제를 부인한 새로운 권력체제였다. 쑨원의 새로운 정권 창출의 뜻을 계승하여 1925년 광저우에 성립한 국민정부는, 국민당 중앙집행위원회를 권력 행사의 모체로 하여 1928년 북벌에 성공함으로써 그 지배권을 전국적으로 확대하였는데, 이와 같은 권력체제는 1912년 공화국의 헌법이나 의회, 권력구조 등 어느 하나와도 관련이 없는 전혀 새로운 이념과 체제를 가진 권력체제였다.[63]

새로운 권력체제의 등장을 주목하여, 그는 1928년 난징국민정부 시대를 1912년 이래의 민국시대와 구별하여 "신민국시대新民國時代"로 정의해야 한다고 제안한다. 그런데 그도 지적하듯이 이러한 새로운 권력체제에의 지향은 이미 5·4운동 때부터 배태되고 있었다. 쑨원은 5·4운동 때 기존의 "호헌운동護法運動"에서 "혁명운동"으로 국민당의 향후 활동방향을 변화시키면서 기존 공화제를 부인하고 나아가서는 타도하겠다는 의지를 표명했던 것이다.[64] 따라서 권력체제의 성격이라는 면에서 보면, 그가 제2차 공화혁명으로 규정한 5·4운동은, 제1차 공화혁명과는 단절성이 강한 반면 국민혁명과는 연속성이 강했던 것으로 이해된다. 이와 같은 관점에서 보면 현대사의 특성이 명확하게 드러나는 국민혁명의 배경, 즉 현대사의 기점은 제1차 공화혁명이 아니라 5·4운동이 더 적절하지는 않을까 하는 비판이 제기된다.[65]

결국 국민당은 5·4운동 때부터 공화제를 부인, 타도하는 방향에서 새로운 근대국가를 수립하기 위해 줄곧 시도해왔고, 이러한 노력은 "이당치국론以黨治國論"에 입각한 집권적인 통치체제의 수립으로 귀결되었다. 따라서 그가 제1차 공화혁명 과정에서 확인한 바 있는 근대국가 수립을 둘러싼 집권적 지향과 분권적 지향의 길항이라는 구도에서 보면, 국민당은 집권적 지향의 근대국가 수립을 지향한 것이 된다. 1925년 광저우국민정부와 1928년 난징국민정부는 그와 같은 지향이 반영된 권력체제였다.

그는 5·4운동 이래 근대국가 수립 시도를 집권적 지향에 입각한 국민당의 그것으로 파악하고 있었지만, 또 다른 한편에서는 국민당의 집권적 지향의 국가수립 방안과 대립되는 또 다른 방안도 시도되고 있었음을 간과하지 않는다. 그것은 분권적 지향의 국가건설 방안이었다. 그의 후스 연구는 이러한 점에서 주목할 필요가 있다고 생각한다.[66] 그의 후스에 대한 관심과 연구가 그의 자유주의적 역사관의 소산인 면도 있지만[67], 그러나 후스라는 연구소재도 그의 일관된 문제의식과 연관된 것으로 본다면, 후스를 통해 정작 주목하고자 한 것은 후스가 정당세력(특히 공산당과 국민당)의 집권적이고 독재적인 국가건설방식을 비판하면서 분권적 근대국가 수립 방안을 주장했다는 점에 있다고 보아야 할 것이다. 후스는 자유주의에 입각하여 연성자치론聯省自治論을 주장하면서 군벌체제 하에서 분권적 근대국가를 수립하고자 하는 뜻을 드러내기도 했으며, 서양식 의회제에 대한 강한 집념을 보임으로써 일당독재체제를 견지하고 있었던 장제스 정권을 강도 높게 비판하고 그들과 대립했다. 따라서 후스의 이러한 정치주장과 그에 따른 활동 분석을 통해 그는 5·4운동 이후에도 전통에 뿌리를 둔 분권적 근대국가 건설의 지향이 여전히 흐르고 있음을 제시하고자 했다.

후스의 사례와 관련하여 주목되는 또 다른 연구로 차이위안페이蔡元

培(1868~1940) 연구가 있다. 비록 후스의 경우와 같이 국민당의 집권적 근대국가 수립과 뚜렷하게 대비되지는 않지만, 차이위안페이는 적어도 집권적인 정치권력으로부터 교육의 자율성을 확보하려는 노력을 통해 나름의 근대국가의 이상을 제시하였다고 볼 수 있기 때문이다. 민두기의 분석에 따르면 차이위안페이는 무정부주의 호조론에 입각하여 "중도와 중용"을 견지하고자 했던 정치가이자 교육가였다.[68]

후스와 차이위안페이에 대한 그의 관심은, 현대사의 근대국가 건설의 시도와 노력을 국민당으로 대표되는 정당세력에만 한정짓지 않으려는 시각을 반영한 것이었다. 현실적으로는 집권적 근대국가 수립 시도가 우세했지만 이것을 비판하는 또 다른 대안이 지속적으로 제기되었다는 시각이다. 이와 같은 시각을 견지함으로써, 근대국가 수립 과정을 정당사의 일환으로 파악하는 단조로움에서 벗어나 보다 구조적, 역동적으로 이해하고자 했다고 생각한다. 집권적 지향과 분권적 지향이 서로 경쟁, 대립하면서 연출하는 역동적인 일련의 과정으로 근대국가 수립 과정을 구성하고자 한 것이었다.

VI. 나가며

1950년대 후반부터 근 반세기에 걸쳐 민두기가 중국근현대사 연구를 통해 해명하고자 줄곧 매달린 주제는 근대화였다. 그 또한 당시 지식인들과 마찬가지로 일제 식민지배로 인해 지체된 국민국가의 수립과 그 발전을 열망했다. 베버는 그의 독특한 학문관 형성뿐만 아니라 근대화에 대한 관심을 학문적으로 구체화하는 데 적지 않은 영향을 미쳤던 것으로 이해된다.

그가 근대화의 핵심적 과제로 주목했던 것은 근대국가의 수립 여부였다. 서양 자본주의 열강의 침략을 받아 "차식민지次植民地"의 지위로 떨어진 상태에서 주체적인 근대화를 수행하기 위해서는 자본주의 열강에의 저항을 통한 근대국가의 수립이 필수적이었다고 보았기 때문이었다. 무술변법운동 이래 국민혁명에 이르기까지 그가 근대국가 수립의 시도와 노력을 분석할 때 일관되게 "반제를 통한 국민주의의 형성과 운동"을 강조한 이유는 바로 여기에 있었다. "반제를 통한 근대국가의 수립", 이것이 그가 주목하고 강조한 중국 근대화의 핵심적 과제였다.

근대화에 대한 그의 해명에서 두드러진 특징은 근대화를 전통과 매우 밀접하게 연관 지어 이해했다는 점이었다. 전통은 두 가지 차원에서 주목되었다. 첫째는 근대화의 주역으로서의 전통이었고, 두 번째는 근대화를 추진하는 논리, 즉 근대국가 수립을 추진하는 논리로서의 전통이었다. 근대화 주역으로 그가 주목한 것은 전통사회의 주요 사회계층인 신사층이었고, 근대화 추진논리로 주목한 것은 황제 전제권을 제약하는 현실 개혁적 의의를 지닌 청대 봉건론이었다. 청말 개혁론의 핵심인 의회제와 지방자치제 논의는, 청대 봉건론적 전통에 입각하여 서구 정치론을 수용한 (개명적) 신사층에 의해 주도된 것으로 보았다. 대외위기의식이 고양되는 과정에서 신사층은 무술개혁운동을 통해 정권장악을 기도했고, 그것이 좌절된 이후에는 입헌운동을 주도하면서 근대국가 수립을 지향했다. 따라서 그에게 중국의 근대화는 "전통과 유리된 혹은 단절된" 형태로 진행된 것이 아니라, "전통의 근대적 변모" 과정이라는 길을 밟아 전개된 것이었다.

100여 년에 이르는 중국근현대사를 근대국가 수립을 위한 노력과 시도의 역사로 본 그는, 전통적인 봉건론에 입각한 청말 이래의 분권적 지향과, 청조 권력의 집권적 지향이라는 두 가지 흐름과 지향이 근대국가 수립을 위한 시도와 노력의 저변에 관류하고 있었다고 파악했다. 이 두 지향은 1901년부터 신해년에 이르는 제1차 공화혁명, 그 결과 수립된 공화제입헌국가의 좌절 과정에서 경쟁과 타협을 반복해 갔으며, 게다가 국민혁명과 그 이후 난징국민정부 시기에도 여전히 관류하고 있음을 그는 논증하고자 했다.

근대국가 수립 시도의 현대사적 성격을 명료하게 보여주었던 국민혁명의 결과로 수립된 난징국민정부의 수립에서 보듯, 분권적 지향은 집권적 지향에 압도되어 현실에서 제도화되기는 어려웠다. 그러나 그것은 현실에서는 집권적 지향을 비판하면서 정치, 사회적인 민주적 개혁을 추동하는 힘으로 기능했다. 그 뿐만이 아니었다. 분권적 지향은 집권적 지향의 근대국가 체제의 대안을 모색할 때 유용한 "억압된 과거의 자원"으로써 되살아나곤 했다.[69] 이런 점에서 볼 때 근대국가 수립의 시도와 노력의 과정으로 근현대 역사를 재구성하고자 한 그의 문제의식은, 단지 100년의 근현대 역사를 분석하는 도구이자 시각에 제한된 것이 아니라, 1949년 이후의 "현재"를 역사적 관점에서 조망할 수 있는 유용한 시각을 제공하는 의의를 갖는다.

근현대사를 근대국가 수립의 시도와 노력으로 보려는 그의 시각은 20세기 동아시아 3국의 역사전개를 비교사적으로 파악하는 데 유용한 도구로서 활용되기도 했다. 예컨대 첫째, 20세기 중국과 일본의 역사전개의 특징을, 근대국가체제를 수립하기 위해 "역사의 시간과 조급한 경쟁"을 벌였던 과정으로 이해하면서, 중국의 경우 그것은 "밖으로부터의 압력을 배제하여 진행하는 혁명"을 통해서 달성하려 하였던 반면, 일본의 경우에는 "침략적 방법을 통한 국세의 팽창"을 통해 시도했다고 파악했다.[70] 말하자면 20세기 중국과 일본의 역사전개를, 방식을 달리한 근대국가체제 수립의 역사로 파악할 수 있다는 것이다. 둘째, 동아시아 3국의 사회변혁의 달성 정도나 기독교도의 존재 양태의 차이점을 비교하는 기준으로 근대국가 존재 여부를 활용하기도 했다. 3국의 국가권력의 안정 여부를 기준으로 혁명이 아닌 개혁을 통한 사회변화의 성과를 비교한다든지[71], 국가권력의 대민통제력 정도나 선교사에의 영향력 행사 여부를 기준으로 3국의 기독교도의 존재양태를 비교한 것[72] 등이 이에 해당했다.

근대국가 수립을 핵심적 사안으로 삼는 근대화를, 주체적인 힘에 의해, 표현을 달리하면 중국사 내재적인 힘에 의해 달성되어 가는 일련의 과정으로 이해함으로써, 20세기 중국의 역사를 통시대적으로, 또 같은 시기 동아시아 역사를 비교사적으로 파악하고 조망할 수 있는 안목을 제공해 준다는 의의를 갖는다고 해도, 그의 입론의 기저에는 이른바 근대주의가 짙게 깔려 있음을 부인하기 어렵다. 20세기 중국의 역사를 근대국가의 수립을 위한 역사로 이해할 때, 근대국가로 상징되는 서구적 근대는 "적응"과 "달성"의 대상일 뿐, "극복"이나 "비판"의 대상일 수 없기 때문이다. 따라서 청말 신사층이 주도한 이권회수운동에서 보인 이른바 반제국주의적(국민주의적) 민중운동도 그에게는 단지 반제적, 즉 국민주의적 지향과 흐름의 형성으로만 이해되고 해석될 뿐, 그 안에 존재하는 계급적, 계층적 이해의 동향이 표출해 낼 반제국주의운동의 역동성은 중시되지 않았던 것으로 보인다. 그리고 5·4운동도 제1차 공화혁명과의 관련성에서만 역사적 의미가 부여될 뿐, 5·4운동이 갖는 공화혁명과의 단절적 측면이나 혹은 그 가운데서 근대를 부정하고자 했던 아나키즘 등의 동향은 중시될 수 없었다.

20세기 중국을 비롯한 동아시아 각국이 "역사의 시간과의 조급한 경쟁"을 벌여가면서 달성하고자 했던 "근대"는 "해방"과 "억압"이라는 이중적 기능을 가지며, 근대국가의 형성이라는 시각에서 볼 경우 그 역사는 "국민의 역사"인 동시에 "국민 억압의 역사"이기도 했다.[73] 이와 같은 관점에 볼 때, 그의 관점은, 근대가 지닌 "해방적 기능", 근대국가 형성의 역사가 갖는 "국민의 역사"로서의 측면에 무게중심을 둔 것이었다고 할 수 있다.

이러한 근대주의는, 해방 이후 냉전체제라는 시대적 제약 속에서 일본과 미국의 주류적 역사관의 근저에 깔린 보편적 근대를 수동적으로 수용한 결과로 볼 수 있을지도 모른다. 그리고 그것은 한국의 독자적인 중국사 해석 틀을 주체적으로 모색하지 못한 한국 동양사학계의 문제의식을 반영한 것일지도 모른다.[74] 그러나 이러한 근대주의적 발상이 한국 역사학계의 문제의식의 모색에서 어떤 의미를 가지는지는 좀 신중하게 생각해볼 필요가 있다. 1960년대/70년대 한국의 한국사학계의 문제의식의 저변에서도 근대주의가 자리하고 있었기 때문이다.

1960년대와 1970년대의 한국의 한국사학계의 가장 큰 성과는 이른바 내재적 발전론이었다. 이 논리는 한국사의 발전을 세계사적인 보편성 속에서 찾고 그 위에서 한국사의 특수성을 밝히고자 한 노력의 산물이었다. 근대주의적 발상은 이 논리의 기저에 짙게 깔려 있었다. 그런데, 간과할 수 없는 것은 이 논리는 식민사관의 타율성론·정체성론을 비판, 극복해야 한다는 당시 한국의 한국사학계뿐만 아니라 지성계의 시대적 요구를 반영하고 있었다는 점이다. 말하자면 내재적 발전론으로 상징되는 당시 역사학계의 근대주의에의 경도는 단순히 서구적 경험을 역사해석에 적용시키고자 한 시도가 아니라, 당시의 시대적 요구와 과제, 다른 말로 표현하면 "주체적 근대화 달성"에 대한 역사학계의 대응의 산물이기도 했던 것이다.

요컨대 민두기의 입론, 문제의식 등은 비록 냉전이라는 시대에 제약되기는 했지만, 한국 역사학계, 나아가서 지성계가 대면해야 했던 1960~70년대의 지적 산물이었다고 볼 수 있다. 이 점을 인정한 선상에서 그의 연구업적과 시각을 비판적으로 계승하는 것은 후학들의 몫일 것이다. 이런 점에서 그의 일련의 연구성과가 갖는 의의를 충분히 인정한 위에서 그 안에 존재하는 근대주의적 시각이나 일국사적 시각을 지양하는 새로운 이론을 모색해야 하지 않을까 하는 제안에[75] 귀 기울일 필요가 있다.

제6장

이상주의자의 중국 : 근대의 대안이자 거울

Ⅰ. 들어가며

문혁은 한국의 중국전문가들의 중국연구를 본격화시킨 계기이자 한국사회의 주류적인 중국인식, 즉 반공 냉전형 중공인식을 확산하고 강화시킨 중요 사건이었다. 그러나 문혁은 반공 냉전형 중공인식을 강화시키지만은 않았다. 자본주의와 사회주의를 뛰어넘는 인류의 위대한 실험으로 간주하는 또 다른 시선을 표출시킨 계기이기도 했다. 이 시선은 비록 문혁을 "이상화했지만" 반공 냉전형 중공인식과는 유형을 달리한 중국인식을 등장시켰다는 점에서 주목할 가치가 있다. 문혁을 보는 새로운 관점을 과감하게 제시한 이는 리영희였다.

리영희는 1970~80년대 냉전과 반공이념, 그리고 권위주의적 국가권력에 끊임없이 문제를 제기하며 행동했던 저널리스트이자 교수, 즉 실천적 지식인이었다. "사상의 은사" 혹은 "의식화의 원흉"이라는 상반된 평가를 받을 만큼 그의 실천력은 왕성했으며 비판적이었다.[1] 비판적 활동의 일환으로 그는 중국혁명사, 특히 문혁에 대해 적지 않은 논문을 썼고 저서와 편역서 등을 간행했다. 1980년대 초반까지 문혁을 포함한 중국혁명은 그의 그러한 지적활동의 주된 대상이었다. 그의 중국 관련 첫 저서였던『전환시대의 논리』가 비록 사회과학 저서였음에도 공전의 베스트셀러였다는 점에서, 그의 문혁에 대한 이해가 당시 진보적 지식인, 특히 청년학생들에게 끼친 영향은 결코 작지 않았다. 따라서 그의 문혁이해는 리영희 개인에 국한되지 않는, 당시 일단의 한국인의 문혁인식, 나아가서는 중국인식을 일정하게 대변한 것이었다.

리영희의 문혁이해는, 최근 문혁연구의 새로운 흐름에서 볼 때도 의미가 있다. 1970년대 후반 덩샤오핑이 권력을 잡으면서 문혁은 "동란이자 재난"으로 평가되어 전면 부정되었음은 널리 알려진 사실이다. 문혁의 부정은 문혁연구에까지 영향을 미쳐 "문혁은 중국에서 발생했으나 문혁연구는 해외에서 이루어지고 있다."는 자조적인 평가가 나올 만큼 중국 내 문혁연구를 상당부분 제약해 왔다.[2]

그러나 1990년대를 넘어서면서 새로운 변화가 보였다. 문혁과 마오의 말년이 이미 "과거화"되었다는 인식과 아울러 문혁과 관련한 새로운 자료들이 쏟아져 나오고 다양한 연구방법과 분야에 걸친 연구가 이루어지면서[3], 이른바 "역사로서의 문혁" 연구가 본격화되고 있는 것이다.[4] "역사로서의 문혁" 연구의 성과를 일별할 때, 빠트릴 수 없는 것이 문혁과 세계에 관련된 주제이다. 문혁이 동시대 세계인에게 어떤 영향을 주었는지 또 그들은 문혁에 어떻게 반응했는지 하는 문제인 것이다. 문혁 소식이 세계 각 지역으로 전달되자 각 지역 지식인들은 그 실체와 성격을 둘러싸고 찬반양론을 제기하는 등 뜨거운 반응을 보였다. 문혁에 대한 이러한 반응은 당시 세계인들에게 문혁은 무엇이었는가를 해명할 수 있는 소재로서, 이에 대한 검토와 분석은 "역사로서의 문혁" 연구를 진척시키는 데 적지 않은 의미를 갖는다. 리영희의 문혁이해에 대한 추적은 한국인에게 문혁은 무엇이었는지를 해명하는 작업과 통한다.

리영희는 문혁을 어떻게 이해했을까? 그가 문혁을 인류의 위대한 실험으로 이상화한 논리와 근거는 무엇이었을까? 그의 문혁에 대한 이해와 평가가 당대 우리사회에서 가지는 의미는 무엇일까? 그가 "침략자"이자 "적성국"이었던 이른바 중공에 관심을 가진 이유는 무엇이며 근현대 중국사 전개과정을 어떠한 관점에서 보고 있었는지 따져보면서 그의 문혁에 대한 독특한 이해에 접근해보고자 한다.

II. "전환시대"와 중국

1. 외신기자의 중국

리영희의 사상을 "계몽주의적 휴머니즘"이라 정의한 박병기는 그의 생애를 성장기, 이론의 형성기, 이론적 실천기 그리고 완숙기 등 4단계로 구분했다.[5] 성장기는 1929년 평안북도 운산군 북진면에서 출생한 때부터 약 7년간의 군대생활을 마칠 때까지의 시기이며, 이론의 형성기는 합동통신에 들어가면서 시작한 기자시절에 해당한다. 이론적 실천기는 한양대학교 교수에 부임한 때부터 동구사회주의 사회가 무너지면서 자신의 사상을 되돌아보기 시작할 때까지이며, 완숙기는 그 이후 자신의 사상을 점검, 반성하며 새로운 모색을 탐색한 시기에 해당한다.

이러한 구분에 따를 때 그가 본격적으로 중국에 관심을 갖게 된 것은 이론 형성기, 즉 외신부 기자생활 때였다. "50년대 후반기에

언론계에 들어와서야 확 트이는 정보와 지식과 욕구와 관심과 사상 같은 것을 갖게 되니까 … 현실의 중국문제가 나의 가슴에 탁탁 와 닿으면서, 우리의 문제를 떼어 놓은 채 중국이라는 대변동에 주목하게" 되었다.[6] 전 세계로부터 실시간으로 현장감 넘치는 갖가지 국제 정보가 쏟아져 들어오는 가운데 한창 사회주의 건설에 몰두하고 있었던 중국의 현실은 그에게 여간 매력적인 관찰 대상이 아닐 수 없었다. 성장기에 해당하는 통역장교 시절 함께 근무했던 미국인 고문관을 통해 공산주의 이론뿐만 아니라 사회주의 중국에 대해 선행학습을 한 바 있었지만,[7] 후일 "(그렇게 많은 독서를 어떻게 했는지 | 인용자) 수수께끼로 남아있다."[8]고 회고할 만큼, 당시 그는 자유주의적, 진보적, 사회주의적 성격의 상당한 양에 달하는 저서를 독파하면서 국제정세와 국제관계는 물론이고 사회주의사상과 경험에 대한 정보와 지식을 폭넓게 습득했다.

이러한 배경으로 시작된 중국에 대한 관심과 글쓰기는 이론의 실천기, 즉 한양대학교 교수로 부임하면서 본격화되었다. 그 결과 『전환시대의 논리』, 『우상과 이성』 등 저서와 『8억인과의 대화』, 『중국백서』, 『10억 인의 나라』 등의 편역서 등을 정력적으로 출간했다. 그의 첫 저서이기도 한 『전환시대의 논리』가 출간된 것은 1974년이었고, 『10억 인의 나라』가 1983년에 간행되었으니 첫 저서를 기준으로 할 때 그의 중국에 대한 본격적인 글쓰기는 1970년대부터 1980년대 초반에 걸쳤다.

그러나 1980년대 초반을 넘어서면서 중국에 대한 관심과 글쓰기가 현격히 줄어들기 시작했다. 그는 다음과 같은 이유를 밝힌 적이 있다.[9] 첫째, 80년대 초반 한양대학교 교수직에서 두 번에 걸쳐 해직을 당하면서 자료원으로 활용했던 중소문제연구소와의 관계가 소원해졌고, 둘째, 1980년대부터는 국내의 중국전문가들이 많아져 흥미를 잃었다. 자료에 대한 접근과 그 활용이 쉽지 않았다는 점이나 중국전문가들이 많아져 자신의 연구가 갖는 가치가 예전 같이 않아 흥미를 잃었다는 것은 그가 중국에 대해 가졌던 기존 열정과 관심에 비추어 볼 때 다소 소극적인 해명으로밖에 들리지 않는다. 오히려 그가 뒤이어 한 설명이 좀 더 설득력이 있어 보인다. 중국전문가가 많아짐과 동시에 1980년대 초반에는 "차츰 남북문제가 첨예하게 대두되었다."는 것이고 또 다른 하나는 개혁개방 이후 중국이 걷고 있는 길이 "자못 실망스러웠다."는 비판이었다. 늘 국제관계의 변화를 예의주시하면서 한국의 현실에 대해 날카로운 메스를 가했던 그에게, 점차 첨예한 문제로 대두하고 있었던 남북문제는 또 다른 사명감을 불러일으키기에 충분했으며, 게다가 개혁개방 이후의 중국은 그에게 더 이상 매력적인 연구대상이 아니었던 것이다.

> "실제로 나는 마오나 저우언라이나 1세대들이 중국에서 이룩하고자 했던 그런 방향으로의 도덕주의, 순수한 인간주의적인 것에 매혹된 것이지, 좀 더 잘 먹고 하는 이런 것에 중점을 두는 것은 중국의 혁명이 타락하기 시작하는 징조로구나 라고 생각합니다."[10]

그의 중국관심과 분석은 1980년대 초반 이후 현저히 줄어들고 그 대신 주로 한반도의 평화, 군사문제, 핵·통일, 그리고 일본의 재무장화 등의 문제로 옮겨갔다. 따라서 그가 중국문제에 집중적인 관심을 보인 시기는, 합동통신사에 입사한 1950년대 후반부터 1980년대 초반에 이르는 약 20년을 조금 넘는 시기였다. 당시 중국은 사회주의 이행기―이른바 신민주주의 국가건설―를 마감하고 사회주의 건설을 본격적으로 시도했다. 그가 흥미를 느끼고 연구에 몰두한 시기의 중국은 마오쩌둥이 정력적으로 사회주의 건설을 시도한, 특히 문혁을 추진하고 있었던 중국이었다.

2. 혁명운동사로서의 중국근대화

그가 자신의 중국론을 전개하는 데 출발점으로 삼았던 것은 당시 한국사회의 지배적인 중국관에 대한 비판이었다. 당시 한국의 지배적이었던 중국이해를 가장 상징적으로 보여준 것은 호칭 문제였다. 중화인민공화국이라는 국호가 있었음에도 당시는 이를 대신하여 "중공"이라는 용어로 불렀다. "기아", "괴뢰", "피골상접", "야만", "무과학", "반란", "정권타도", "침략", "호전" 등과 같은 다분히 부정적 이미지가 연상되는, "어떤 특정의 정치이데올로기의 흉악한 상징 또는 원천이라는 관념"[11]이 반영된 호칭이었다. 여기에는 국제관계의 한 주체로서의 중국이라는 인식은 개입될 여지가 없었다.

미국이 주도한 냉전체제에 편입되어 국민국가 수립을 추구했던 한국에게 중국은 적성국이었으며, 게다가 죽의 장막에 가려져 상호접촉까지 불가능했으니 이와 같은 호칭은 물론이고 그로 상징되는 중국인식은 지배적이지 않을 수 없었다. 냉전과 반공의식에 사로잡혀 중국을 바라보는 시선에 익숙해있는 한국인들을 그는 "조건반사의 토끼"[12]에 비유하여 비판했다.

한국인의 중국인식이 갖는 편향성을 드러내기 위해 그는, 해외, 특히 미국의 권위 있는 학자들의 시각과 평가를 소개하는 방법을 택했다. 예를 들면, 대륙정권의 합법성 문제에 대해 장제스 총통의 중화민국을 전복한 불법정권이라는 반공적 시각의 평가만 있는 것이 아니라, 대중적 지지를 상실한 장제스의 실정의 결과이자, 도덕적 무장이 확고하고 강력한 혁명조직을 구축한 공산주의자의 성공이라는 또 다른 시각도 있음을 소개했다.[13] 이러한 상이한 시각을 소개함으로써 반공 냉전형 중공인식이 갖는 편향성을 드러내고자 했다. 그리고 양 극단의 평가 사이에서 중국을 살펴보려는 자세를 갖출 것을 주문했다.

냉전과 반공논리의 속박에서 벗어나 중국의 실체를 파악하는 데 노력을 기울이는 것은, 급격하게 변동하고 있는 국제정세를 정확하게 파악하고 이에 유연하게 대응할 수 있는 주체성을 함양하는 것과 통한다고 목소리를 높였다.

> "50년대를 '냉전체제'라 한다면, 60년대는 세계적 규모로서의 '냉전해소' 또는 '군사적 양극화와 정치적 다원화'라는 이름으로 불리는 '전환의 시대'라고 한다. … 우리는 우리의 국가적 안보라는 문제를 50년대의 냉전 시대적 사고방식으로 재단할 수 없는 시대에 들어섰다는 사실을 잊어서는 안 될 것으로 생각한다. 반공주의와 '반공전초反共前哨'를 유일한 국가생존의 이데올로기로 내세우며 미국과의 '혈맹관계'가 '영원한 형제애'로 지속될 것이라는 사고는 너무나 단선적으로 불모적이 아닐까 한다. 50년대, 60년대의 시대적 성격의 변화는 이제 70년대에서 우리의 자세의 변화를 아울러 요구하고 있다. 70년대의 극동은 중공, 즉 중화인민공화국과 일본, 미국의 앙땅뜨 모색의 시대라고 봐야 할 것 같다."[14]

세계는 1960년대에 들어 냉전시대로부터 벗어나고 있으며, 특히 동아시아지역의 1970년대는 그간 상호 대립했던 중국과 미국 사이에 앙땅트가 모색되고 있는데, 유독 한국만은 여전히 냉전의 주술에서 벗어나지 못하고 있다는 지적이었다. 국제정세의 변화에 대한 이와 같은 "불감증"은 결국 "주체를 상실한 것"과 다름없다는 주장이었다.

그렇다면 문제는 엇갈린 양극단의 평가 사이에서 어떻게 중국을 살피고 그 실체를 파악할 것인가 하는 점이었다. 중국의 실체를 이해하고 파악하기 위해서는 어떤 관점과 시각이 필요할까. 그는 "중국적 특성"에 주목할 것을 제안했다. 문혁을 소개한 글 여기저기서 "서구와는 다른 중국적 특성"으로 다음과 같은 점들을 지적했다. 가령, "중국의 경제는 서구의 개인 간 경쟁이 아니라 전체의 협동을 기본정신으로 하고 있다."거나, "(개인숭배와 관련하여) 중국 역사상 유덕자가 천의 명령을 받아 천하를 다스린다는 관념이 존재했다."는 등을 지적했다.[15] 이러한 단편적인 언급에 이어 그는 (사회주의) 중국사상의 특징은 바로 "전통적인 특성과 마르크스주의가 결합된 것"이라고 주장했다.[16] 전통적인 특성이란 "자급자족적이고 긍지 높은 내셔널리스틱한 성격, 현세적이고 정치주의적인 중국사상"을 가리켰다. 사회주의 중국의 정치, 경제, 사회, 문화적 현황, 특히 문혁과 같은 대변동이 가진 의미 등은 바로 이러한 중국적 특성에 비추어 바라보아야 그 실체에 접근할 수 있다는 주장이었다.

그는 이러한 시각에 서서 근 100년에 달하는 중국근대화 과정을 조망했다.[17] 5·4운동은 마르크스주의가 본격적으로 수용된 시점으로 지목했다. 그의 설명에 따르면, "부르주아의 데모크라시와 공가점孔家店 타도, 그리고 싸이언스"를 사상적 기초로 진행된 5·4운동 기간에 비로소 마르크스주의가 수용되었으며, 이에 따라 중국의 반제, 반봉건 근대화는 새로운 국면을 맞게 되었다. 즉 5·4운동을 계기로 제국주의와 지배계급으로부터 "민족, 민중해방"의 길이 열리게 되었으며 이것은 곧 서구 자본주의에 대한 "반격의 역사적 단계"에 돌입할 수 있었다는 이해였다.

5·4운동 시기에 수용된 마르크스주의와 그가 강조한 중국적 전통은 어떻게 결합되었다는 것일까. "데모크라시와 싸이언스" 등 서구적 가치의 기치 아래 신청년들이 전개한 반전통 운동이었던 5·4운동에서 그가 주목한 전통이란 마르크스주의를 수용한 사상적 배경으로서의 전통이었다. 즉 이 시기 마르크스주의가 수용된 배경에는 "비형이상학적 현세위주, 정치주의"라는 전통적인 사상적 특성이 자리하고 있었다는 설명이다. 전통적 사상적 토대 위에 마르크스주의를 수용함으로써 중국은 비로소 서구 자본주의에 "반격"할 수 있었다는 것이다.

전통과 결합된 마르크스주의, 즉 토착사상과 결합한 외래사상으로 형성된 혁명사상의 기원을 그는 태평천국운동太平天國運動에서 찾았다. 외래적인 기독교 교리에 토착종교 및 잡다한 비밀결사를 결합시켜 배상제회拜上帝會라는 종교조직을 조직했을 뿐만 아니라, 기독교적인 평등사상과 전통적인 대동사상을 결합시켜 "무계급 평등사회"의 건설을 지향했다는 것이다. 그에게 태평천국은 중국의 전통사상인 "대동의 이념을 전면적으로 실천한 중국사상 유일의 혁명"이었으며, "중국근대화 투쟁의 기점"이자 "중국근대화를 추진한 모든 사상의 샘[源]"이었다. 중화인민공화국 건국의 주역, 마오쩌둥과 저우언라이 등 혁명 1세대들은 "태평천국의 손자였고 5·4운동의 아들"이었다.

중국근대화 과정의 또 다른 특징으로 그는 "물질주의와 정신주의의 길항"에 주목했다. 근대화 사상 가운데 양무론과 변법론을 비교하면서, 전자의 경우를 "물량주의적 발전을 추구한 사상"으로, 후자를 양무론에 대한 반성으로 "정치, 사회, 문화적 전면 개혁"을 모색한 것으로 보았다. 그리고 전자는 "피상적 근대화 사상"인 데 반해, 후자는 "태평천국 이후 반세기 만에 근대화 사상의 핵심을 다시 찾은 것"이라고 높게 평가했다. 비록 변법론은 보수 집권세력의 쿠데타로 그 실현이 무산되었지만, 그 지향만은 "20년 후 5·4운동으로 이어져 확대, 재생산되었다"고 보았다.

따라서 중국근대화는, 태평천국운동으로 발원하는 "전통사상과 결합한 외래혁명사상(특히 마르크스주의)"과 변법론에 뿌리를 둔 "정신주의에 입각한 전면적 근대화"로 특징지어진다고 할 수 있다. 그리고 이러한 흐름이 5·4운동에서 합류됨으로써 근대화는 새로운 국면, 즉 서구 자본주의에 대해 본격적인 반격을 가하는 역사적 단계에 돌입했다고 보았던 것이며, 그 반격의 결과 중화인민공화국이 수립됨으로써 서구문명의 "부정과 극복"이라는 과제는 비로소 완성되었다고 보았던 것이다.

이와 같이 중국근대화를 보는 시각은 바로 "혁명사관"을 반영한 것이었다. 혁명사관은, 중화인민공화국이 수립된 이후 개혁개방노선으로 선회하기 이전까지 중국 역사학계에서 중국근현대 역사를 해석해온 정통적 시각이었다. 이 시각에서 중국근현대사는 제국주의의 침략사와 인민해방투쟁사의 상호 대항관계로 설명되며, 태평천국운동에서 출발한 인민해방투쟁의 역사는 5·4운동에 이르러 중국공산당이 창당됨으로써 새로운 국면을 맞게 된다고 설명된다. 신민주주의 혁명단계에 돌입했다는 것인데, 그 핵심은 중국공산당이 중국인민들의 반제국주의, 반봉건 투쟁을 주도했으며 이 투쟁은 마오쩌둥의 혁명론에 따라 중화인민공화국의 수립으로 귀결되었다는 데에 있다. 혁명사관이 신민주주의사관 또는 마오쩌둥 사관이라 불리는 이유이다. 이 사관에 입각할 때 중국근현대사의 역사상은 "혁명과 반혁명의 구도"로 구성되고, 중국공산당, 특히 마오쩌둥 노선은 다양한 역사적 사건이나 인물들을 평가하는 잣대가 된다. 중국근현대사는 혁명사로, 다시 혁명사는 중국공산당사로, 중국공산당사는 마오쩌둥 노선으로 등치된다.

리영희가 혁명사관에 입각하여 중국근현대사를 본 데에는 당시 일본의 중국사학계의 연구동향과 밀접한 관련이 있었다. 중국의 개혁 개방 이후 상당히 달라지긴 했지만, 그 이전 일본의 중국사학계의 주류적 시각은 혁명사관에 입각해 있었다. 패전 후 일본 중국사학계 연구의 기본적인 출발점은 전쟁 이전 식민지 지배이론이었던 아시아 사회정체론의 극복, 그리고 제국주의와 그 근대화를 극복하려한 신민주주의혁명 형성과정을 검증하는 데 두어졌다. 이러한 연구 방향의 근저에는 일본의 "탈아적, 침략적 근대주의"에 대한 반성과 비판, "서구적 근대 극복"으로서의 중국혁명에 대한 재인식, 그리고 중국 침략에 대한 속죄의식 등이 짙게 깔려있었다.[18] 당시 일본학계의 동향과 리영희의 중국 관점 사이에 존재하는 연관성은, 좀 더 면밀한 검토가 필요한 대목이지만, 그 스스로 "(자신의 지적, 사상적 원천) 대부분은 일본의 진보적 출판사 이와나미에서 나온 일본학자의 저서나 외국저서의 일본어 번역판이었다."[19]고 한 회고에서 미루어 볼 때, 충분히 짐작할 수 있다.

어쨌든 그는 이상과 같은 관점에 입각하여 중국근현대사를 조망했고, 그 연장선상에서 중화인민공화국 수립 이후 사회주의건설 과정을 바라보았다. 특히 사회주의사회의 건설과정에서 물질을 우선할 것인가, 혹은 정신을 우선할 것인가라는 방법론을 둘러싼 지도부내 대립과 갈등에 주목한 것이었다. 물질, 즉 경제성장을 제일주의로 내건 류사오치 노선과 멀리는 태평천국운동에 가까이는 옌안延安시대에 뿌리를 둔 정신(혁명)주의에 입각한 마오쩌둥 노선이 서로 길항하는 과정으로 사회주의사회 건설의 역사를 조망했던 것이다.[20] 그의 문혁이해 또한 이러한 관점에 입각해 있었음은 물론이었다. 그에게 문혁은 중국사상의 특성에 뿌리를 둔 정신(혁명)우선주의적 사회주의 건설 방식이었다.

III. "인간혁명"과 한국근대화 비판

"마오쩌둥이 마르크스, 레닌, 스탈린과 다른 것이 있다면, 그것은 제도적 혁명에 만족하지 않고 인간(사상)혁명을 가능한 것으로 보고 또 실제로 인간의 관념을 혁명하기 위한 노력을 했다는 사실이다."[21]

이 문장은 리영희가 문혁을 어떻게 이해하고 있었는지를 명료하게 보여준다. 문혁의 핵심은 인간혁명이었다. 마오쩌둥은 사회주의사회의 건설과정에서 왜 인간혁명을 시도했던 것일까. 그것은 앞서 본대로 중국 특유의 근대화 방식에 뿌리를 둔 것이었지만, 보다 직접적으로는 사회주의건설을 둘러싼 소련과 중국의 차이, 즉 스탈린과 마오쩌둥 사상의 차이에서 기인했다. 특히 그가 주목한 것은 사회주의 건설과정에서 형성된 이른바 사회주의 인간형의 차이였다. 소련은 비록 사회주의혁명을 통해 사회주의 인간형을 형성할 수 있는 "현실적 조건"을 창출했지만 결과적으로 볼 때 사회주의 인간형을 만들어내는 데는 실패했다고 평가했다.

그에 따르면 사회주의 인간형이란 "철저한 평등, 우애, 동지애, 자기희생, 전체에의 봉사, 극단적인 절약 등으로 특징지어지는 도덕주의적이고 윤리적인 인간형"이었다. 이는 "이기주의, 기회주의, 출세주의,

개인주의, 인간소외 등" 자본주의 인간형에 비해 도덕적으로 우위에 있다고 확신했다. 1976년 중국 탕산唐山에서 발생한 대지진에 대해 중국인이 보였던 반응과 1977년 뉴욕에서 발생한 정전사태에 대해 뉴욕인이 보였던 태도를 비교하여 소개한 것은 바로 이와 같은 확신 때문이었다. 그는, 당시 중국인은 "질서정연했을 뿐만 아니라 그 어떤 난동이나 자신의 생존을 위해 남을 해치려는 따위의 거동도 찾아볼 수 없었으며 모두가 공동체 속의 개인의 위치를 확인하면서 자기희생적으로 전체의 이익을 위해 일했던" 반면, 뉴욕인은 "아무런 인간상호관계에 대한 관심이 없이 길거리로 뛰어나와 혼란, 무질서, 살인, 약탈, 파괴, 난동을 마구 자행해 천만 시민이 예외 없이 오직 자신의 이익과 안전을 위해 천만 가지의 행동을 했다."고 하면서 실망감을 감추지 않았다.[22]

그러나 이러한 사회주의 인간형은 평등을 지향한 "소유의 질"을 바꾼다고 해서 만들어지는 것은 아니라는 것이 그의 소련 비판의 핵심이었다. 사회주의 인간형을 형성하지 못했던 원인으로 그는 스탈린주의를 지목했다. 계급소멸론, 생산력 숭배론 그리고 당 엘리트의 대행주의와 관료주의를 스탈린주의의 핵심으로 파악하고, 다음과 같이 비판했다.[23] 사회주의적 경제제도가 수립됨으로써 사적 소유제에 입각하여 형성된 계급은 자연스럽게 소멸되었다는 계급소멸론은, 하부구조 개혁의 역할과 기능을 맹신한 것으로 "경제우선주의와 생산력 숭배 그리고 능률중심사상"에 입각한 것이다. 그리고 이 계급소멸론은 스탈린숭배의 근거로 작용했을 뿐만 아니라, 계층 간 불평등의 확대와 새로운 계급의 출현까지 가져오게 된 이론적 배경이었다. 계급이론에 대한 이러한 안이한 이해는 경제개발우선주의와 맞물리면서 당 엘리트가 구축되고 그 권한이 확대되면서 당 엘리트의 대행주의가 제도화되었다.

요컨대 스탈린주의는 급속한 공업화를 달성함으로써 일국 사회주의를 완성했는지는 몰라도, 정치·경제·사회·문화적으로는 마르크스-레닌주의의 이상으로부터 멀어지고 말았다. 정치·경제적으로는 폭력에 의한 통치, 관료주의, 불평등한 경제제도와 경제적 계급분화 등 현상이 나타났으며, 사회·문화적으로는 사회주의적 도덕률이 붕괴되고 예술 문화가 침체되었다. 그 결과 소련에서는 "무감각, 소극적 순응, 자기방어를 위한 이기주의, 실의의 인간형"이 만들어지고 말았다. 소련은 그에게 "사회주의의 알맹이가 없는 사회주의의 형태만 남은 사회"로 비판되었다.

비록 소련공산당 제20차 당대회 이후 흐루쇼프의 스탈린주의 비판 이후 많은 분야에 걸친 개혁과 개선이 실행되었지만, 그가 보기에 그 성과는 미미하기 짝이 없었다. "흐루쇼프와 그 후의 지도부에 의해 더욱 촉진된 이윤제 도입, 보너스제, 이기심에 호소하는 물질적 특별보수, 승진, 휴가, 특혜 등은 경제, 사회, 문화적인 평등지향이라기 보다는 불평등의 확대를 낳고 있다."고 진단했다.

이상과 같은 소련사회가 지닌 제반모순과 부조리는 어디에서 기인하는 것일까. 그는 그 근본원인을 "주로 사회의 하부구조인 경제제도의 변혁 뒤에 상부구조인 정치, 사회, 문화, 사상의 혁명을 수반하지 않았던 데서" 찾았다. 요컨대 "마르크스주의를 기계적, 도식적으로 파악한 나머지 문화혁명을 방치"한 데서 온 결과라는 것이었다.

마오주의에 대한 그의 이해는 바로 이와 같은 스탈린주의에 대한 비판에서 시작한다. 그래서 그는 마오주의의 특성을 첫째, 계급소멸론에 대한 비판, 둘째, 당 엘리트주의와 관료주의에 대한 비판, 셋째, 물질·생산력 숭배와 불평등주의에 대한 비판 등으로 요약했다.[24] 마오는 "프롤레타리아트 독재 아래 지속적인 계급투쟁"을 주장하고, 제도화된 당 엘리트주의의 특권화와 관료주의에 대한 대중적 비판과 공격을 호소하고, 그리고 중화인민공화국 수립 이후 줄곧 당 지도부가 취해 온 경제우선주의를 비판하면서 인간우선주의, 정신우선주의의 회복을 요구했다는 것이다.

적대자에 대한 처리방식이나 개인숭배 문제에서도 양자는 달랐다고 강조했다. 적대자에 대한 처리방식의 경우 스탈린은 "테러, 처형, 강압, 공포의 수단"에 의존했지만, 마오는 비록 계급대립을 강조하면서도 그것을 "인민내부의 모순"과 "적대적 모순"으로 구분하여 비판자와 대립자를 "스파이", "인민의 적"으로 몰아 처형하지 않았으며 "적대적 모순"으로 나타난 개인, 조직, 계층, 집단도 "설득, 비판, 토론"을 통해 인민내부의 모순으로 격하시켰다고 설명했다. 개인숭배의 경우에도 마오는 개인적으로 "역겹게 생각"했을 뿐만 아니라 늘 대중과 꾸준히 접촉하고 그들의 비판활동을 적극 장려했다며 스탈린의 개인숭배와는 동일시할 수 없다는 입장을 취했다.

이상과 같이 보았을 때 그에게 이해된 문혁이란, 대중노선, 그리고 인간과 정신주의에 입각하여 지속적인 계급투쟁을 전개함으로써, 자본주의 길을 가고 있는 이른바 "주자파走資派"와 "수정주의자"를 비판하고 특권화되고 관료화된 당 기구를 전복하고 새로운 권력체제를 수립하려는 시도로 보았다. 이러한 시도는 바로 소련에서 미해결된 상부구조의 문제를 해결하려는 야심에 찬 시도이자 새로운 사회주의 사회건설론의 대안이기도 했다. 그 핵심은 바로 제도혁명이 아닌, 사회주의 인간형을 형성하기 위한, 즉 인간혁명이었다.

그렇다면 마오가 문혁을 통해 인간혁명을 어떻게 이루고자 했다는 것일까. 리영희는 문혁기간에 전면적으로 시행되었던 이른바 교육개혁에 주목했다.[25] 대학교육을 예로 들면서, 교육기간을 종래 5년 혹은 6년제를 2년 또는 3년제로 단축한다든지, 종전의 입시를 폐지하고 입학 이전 2년 이상의 노동경험과 정치의식, 그리고 자기희생적 정신자세 등을 입학 기준으로 삼는다든지, 또는 노동자, 농민, 병사나 그 자제에게 입학 우선권을 준다든지, 그리고 교직원, 학생, 대학당위大學黨委로 구성되는 "3자 결합" 기관에서 대학의 행정과 운영을 주도한다든지 하는 등의 개혁을 소개했다. 구체적인 교육과정에서도 이론과 실제를 결합한 학문 활동을 장려했다고 소개하기도 했다. 이러한 교육개혁을 통해 마오는 "지식의 신비주의를 타파하고", "노동자의 지식인화, 지식인의 노동자화"를 달성하고자 했고, 궁극적으로는 "기성 권위에 대한 '창조적 반항', 즉 비판정신을 지닌 새로운 인간을 창출하려 했다." 고 보았다.[26]

사실 그는 문혁을 복잡한 동기와 성격을 가진 운동이었다고 보았다. 미소 냉전체제에 어떻게 대처할 것인지, 수정주의적인 소련과 어떤 관계를 맺을 것인지, 국내 사회주의 사회의 건설과 관련하여 물질적 생산을 우선할 것인지 아니면 인간의 사회주의적 정신을 우선 지켜야 할 것인지, 정부와 당의 관료화를 묵인할 것인지, 해체시켜 버려야 할 것인지 하는 등등의 복잡한 원인과 요소들이 합쳐서 일어난 운동이었다는 것이다.[27] 이렇게 복잡한 원인과 요소가 엉켜 일어난 것이 문혁이라면 문혁이 가진 성격 또한 복합적으로 파악할 수 있었을 텐데, 그는 왜 "인간혁명"에 초점을 맞추어 문혁을 보고자 했을까. 여기에는 그 자신의 인생관 혹은 관심사가 일정하게 작용했다. 후일 그는 자신이 어떤 문제에 관심이 많았는지를 다음과 같이 밝힌 적이 있다.

"솔직히 말해서 나는 이상주의적 인간형에 경도했다. 강렬한 정의감, 헌신적, 자기희생적, 낭만적 전체주의 … 반대로 이기주의적, 기회주의적, 현실주의적 인간형을 경멸하고 혐오한다."[28] "나는 … 제도나 체제보다는 인간의 가치를 존중히 여겨왔습니다."[29] "나는 일관되게 인간의 자유로운 사고와 자율적 판단의 주체로서 인간상을 추구해왔다."[30]

말하자면 그의 일관된 관심의 대상은 제도나 체제가 아닌 인간이었다. 그리하여 인간의 자율성과 자유로운 사고를 억압하는 제도와 이데올로기에 늘 저항해 왔으며, 주체적, 헌신적, 자기희생적, 도덕적 삶을 동경하고 그러한 삶을 살고자 노력했던 것이다. 평소 소설을 즐겨 읽지 않는 그였지만 김산金山(1905~1938)의 생애를 소재로 한 『아리랑의 노래』만큼은 "감히 자신의 독서 편력에 넣었던"[31] 이유도 도덕적이고 헌신적이며 낭만적인 그리고 영웅적인 인간의 삶을 추구해온 그의 인생관과 관련이 있었다.

문혁을 인간혁명으로 본 또 다른 이유는, 그가 줄곧 견지해 온 지적활동의 목적 혹은 원칙과도 관련이 있었다. 한 대담에서 그는 다음과 같이 말했다.

"외부의 현상을 한국에 투영할 때에 나의 가장 큰 관심사는 우리 남한사회와 국가내부의 온갖 부조리와 왜곡을 파악할 수 있도록 그 대조적인 현상으로서 외부의 현상을 제시하는 것이지요. 그것들이 지니는 반면교사적 효용과 의의를 중요시한 거요."[32]

요컨대 한국사회에 문화혁명이 지향하는 새로운 가치, 생활양식, 사고방식 등을 전달하고 교육하며 계몽하는 그러한, 반면교사로서의 효용과 의의를 중시했다는 뜻이다. 그렇다면 그가 인간혁명으로 그려낸 문혁은 당시 한국사회에 대한 비판이자 그 인간형에 대한 비판의 일환이었다는 것인데, 과연 그가 비판의 대상으로 삼고자 했던 한국사회와 인간형은 어떤 것이었을까.

그가 중국을 국제사회에서의 주권을 가진 존재로 인정하고 중국에 대한 균형감 있는 이해와 평가를 견지해야 할 필요성을 제기한 것은, 당시 한국에 지배적이었던 냉전과 반공의 논리를 비판하는 의의를 지닌 것이었다고 언급한 바 있다. 그러나 그가 비판의 대상으로 삼았던 것은 냉전과 반공논리만이 아니었다. 권위주의적 정부에 의해 주도된 경제개발도 그의 비판 대상이었다.

널리 알려져 있듯이 한국의 1960~70년대는 급속한 경제개발이 시도된 시기였다. 경제개발은 권위주의 정부에 의해 위로부터 강력하게 추진되었으며, 이를 뒷받침한 논리는 바로 미국의 케네디-로스토우 노선이라고도 불리는 근대화론이었다. "조국근대화"를 모토로 내건 경제개발의 추진으로 급속한 경제성장을 이루었지만, 그 대가는 결코 만만치 않았다. 각 사회 구성원의 다양한 이해 표출과 민주화의 요구는 반공과 냉전논리를 앞세운 국가권력에 의해 늘 억압되고 탄압되어야 했다. 국가권력에 의해 억압되었던 것은 민주화 요구만이 아니었다. 급속한 경제성장으로 심화된 사회계층의 양극화는 경제적 약자에 대한 사회적 안전망이 미흡한 가운데서 각종 사회적 갈등과 분규로 표출되었으나 이 또한 여지없이 국가권력에 의해 억눌렸다.

그리고 "질"과 "덕성"을 무시한 급속한 공업화와 근대화는 한국의 독자성을 상실한 천박한 자본주의 사회로 만들고 "물질주의사상"을 전사회적으로 확산시키기도 했다.[33] 그리하여 경제적 불평등의 구조화로 빈부격차가 심각할 정도로 벌어졌으며[34], 또 다른 한편으로는 물질주의와 이기주의, 경쟁주의 등이 확산되고 과소비 풍조 또한 만연했다. 게다가 여성의 성이 공공연한 외화벌이의 수단으로 "국가에 의해 권장"되기조차 했다.[35]

이상과 같은 군사정권에 의해 주도된 근대화는 정치, 경제, 사회적 등 여러 분야에 걸쳐 부정적 결과들을 초래했다. 1970년대에 들어 이러한 부정적 결과는 더욱 확대되었으며 그에 따라 지식인들의 비판의 목소리는 더욱 거세졌다. 이러한 분위기 속에서 경제적 성장 위주의 근대화에 대한 회의, 나아가서는 서구적 근대에 대한 비판적 성찰을 촉구하는 지식인들이 등장하기 시작했다.[36] 리영희도 그 중 한 명이었다.

그가 "인간혁명"을 위한 시도로 문혁을 본 데에는 이러한 사회현실에 대한 그의 비판의식이 투영되고 개입되어 있었다. 그는 한국의 경제개발우선주의가 초래한 사회적 도덕과 윤리의 타락, 그리고 이기적이고 경쟁적 인간의 출현 등을 비판하고 되돌아보는 근거이자 그 대안 모색의 가능성을 문혁에서 보고자 했고 찾고자 했다. 복잡하게 전개된, 그리하여 그 성격이 어느 한 면으로만 규정할 수 없다며 유보적인 입장을 견지하면서도, 그가 문혁이 추구한 "교육혁명, 인간혁명"에 남다른 관심을 기울이며 거기서 "미국식 또는 전통적 서구 중심의 자본주의 인간형도 아니고 소련의 관료 중심적, 비밀주의적 공산주의 인간형도 아닌, 양 체제의 장단점을 취사하고 동양적 가치관으로 수정된 제3의 인간형" 형성의 가능성을 기대한 이면에는 바로 그의 비판의식이 투영되어 있었다.

IV. 개혁개방과 문화대혁명의 유산

1973년 10월에 개최된 중국공산당 제10차 대표대회에서 구성된 지도부의 면면을 분석한 그는 정신주의와 혁명우선주의를 내세운 지도부가 약진한 반면 합리주의, 경험주의, 능률을 우선시하며 안정을 추구하는 테크노크라트 세력이 크게 배제되는 양상을 보인다고 평가하면서 다음과 같이 중국의 미래를 전망했다.

"현재의 제7세대 또는 이제부터 태어나는 중공인이 지도부를 구성하게 될 30년 내지 50년 후에는 테크노크라트 세력이 지배적이 될지도 모른다. 그러나 1, 20년의 사이에 그럴 것 같은 징후는 보이지 않는다고 말할 것이다. … 결국 몇 십 년 후는 예측하기 어렵지만 제3, 4, 5세대, 즉 장정에서 중국통일(1934~49)의 혁명을 위해 싸우고 살아남은 세대가 지도할 앞으로 2, 30년 후의 중공은 여전히 이념, 사상, 인간, 혁명을 능률, 물질, 관료주의에 앞세우는 고고한 자세의 나라일 것만 같다."[37]

10차 대표대회에 약진을 보인 지도부가 1973년을 기준으로 향후 최소 10년, 최대 30년까지는 건장하게 남아 중국을 지도해 나아갈 것이라 전망했던 것이다. 적어도 "혁명세대" 만큼은 문혁이 내건 목표와 지향에 공감했고 그 공감대를 바탕으로 향후 중국을 이끌어갈 것이라 의심치 않았던 것이다. 그러나 그의 예상은 빗나갔다.

제10차 대표대회가 개최된 지 10년이 채 되지도 않은 시점에서 문혁은 개혁개방노선을 내건, 바로 그 "혁명세대"인 덩샤오핑에 의해 철저히 부인되었다. 문혁은 "지도자의 좌경적 이론에 이끌린 10년간의 동란이자 재난"으로 공식 규정됨으로써 문혁의 지향은 말할 나위 없이 그 방법까지 철저히 부정되었다.[38] 대신 문혁에서 그토록 비판하고 경계하고자 했던 "생산력주의", "물질주의", "능률주의"를 앞세운 부강한 사회주의 건설이라는 전략이 부상했다. 이 전략은 대내적으로는 자본주의적 경제개혁과 정치적 명예회복을 중심으로 하는 개혁으로, 그리고 대외적으로는 국제 경제 질서에의 참여를 골자로 하는 개방정책으로 구체화되었다. 문혁이라는 "혁명"을 부인하고 "자본주의 시장경제"를 도입한 사회주의 발전전략이었다.

향후 2, 30년까지는 문혁이 내건 지향이 중국을 지도할 것이라 예견했던 그가 덩샤오핑 체제의 등장에 호의적인 반응을 보였으리라고는 예상되지 않는다. 그는 비판적인 입장을 취했다. 그는, 덩샤오핑 노선을 신랄히 비판한 프랑스 경제학자 샤를르 베뗄렘Charles Bettelheim의 논지에 "60~70%를 공감했다."고 회고했다.[39] 그가 편역한 『10억 인의 나라』에 수록된 베뗄렘의 논지는, 기본적으로 문혁의 이념을 옹호하면서 덩샤오핑 체제를 전면적으로 비판한 것이었다.

그 요지는 다음과 같다.[40] 첫째, 덩샤오핑이 취하고 있는 노선은 "경제주의와 유생산력론唯生産力論, 그리고 자유주의적 데마고기"에 의해 특징지어진다. 둘째, 현재 중국지도부는 경제성장이라는 목적 아래 구세력과의 화해를 도모하는 한편 인민공사에 대한 노동규율을 강화하고 노동자, 농민의 자제의 고등교육 향수 기회를 박탈하고 있다. 셋째, 대외정책에서는 "사회제국주의"의 위신을 높이는 데 급급해하고 있다. 넷째, 자력갱생으로부터 세계 시장에의 편입을 시도하고 있다. 다섯째, 현 지도부가 이끌고 있는 방향은 자본주의 길로서 이러한 전략은 필히 패배할 것이다.

리영희는 개혁개방노선을 비판하는 입장만을 취했던 것은 아니었다. 개혁개방노선을 비판적으로 바라보는 또 다른 한편으로 그는 "반봉건사회에서 사회주의로의 이행 문제"를 되돌아보기 시작했다. 기존에는 마오쩌둥의 입장에 공감하여 부르주아지의 생산력과 생산관계라는 단계를 문혁으로 뛰어넘을 수 있다고 보았지만, 이제 이것은 사실상 불가능한 일이었다고 보기 시작했던 것이다.[41]

이러한 반성은 결국 문혁에 대한 평가를 달리하기 시작했다는 것을 뜻했다. "(문혁의 진행과정에서) 홍위병의 반문화적인 파괴행위를 비롯한 여러 가지 부정적인 측면이 있었음"을 지적하거나[42], "나치가 꿈꾸었던 이상적 아리안족이나 마오쩌둥의 문화혁명, 김일성의 인간형이 모두 인간의 본성을 인위적으로 조작하려는 환상에 불과했다."고 비판한 대목[43]에서 그의 달라진 문혁 평가를 엿볼 수 있다. 그렇다면 그는 문혁이 실패한 원인을 어디서 찾고자 했을까.

"경제주의, 물질적 토대, 물질적 생활, 이런 것 없이 인간사회는 도저히 정신주의만으로는 운영할 수 없다는 것이죠. 둘이 적절히 배분되어야 한다는 생각이 들었어요. … 역시 인간적인 만족과 복지를 제공하면서 혁명도 이루어져야 한다는 것이죠."[44]

"레닌은 그것(인간개조 ㅣ 인용자)을 길게 잡았지요. 그런데 중국에서 지나치게 단시일 내에 조급한 성과를 기대한 나머지, 행동에서 모든 8억 인간에게 한결같이 혁명가가 되기를 요구하는 방식을 취했기 때문에 따라가지 못하고 결국 많은 제도적 물질적 피해를 입게 돼버렸어요. 굶주린 8억 인은 우선 먹어야 기운이 날 사람들인데, 10년, 20년도 아닌 30년, 40년, 50년을 뻣뻣하게 직립을 한 자세로 굶는 사람들을 자기와 같은 혁명가로 동일시하고 끌고 나가려고 했던 사회주의적 인간형으로의 개조정신 과잉이 잘못된 결과를 초래한 거예요."[45]

의식의 문제를 충족시키지 않은 채, 정치주의와 혁명주의를 내세워 조급하고 성급하게 그리고 무리하게 사회주의 인간형을 만들려고 했던 데서 커다란 제도적 물질적 피해를 초래했고 결국은 실패로 귀결되고 말았다는 진단이었다. 인간은 도덕적, 윤리적 속성 못지않게, 아니 오히려 본질적으로는 이기적 속성을 가진 존재인데, 이러한 인간의 속성을 간과하고 개혁과 혁명의 대상으로만 파악했다는 비판이었다.

문혁 비판과 그 실패 원인에 대한 그의 진단은, 인간혁명의 가능성을 문혁에 기대했던 그 자신에 대한 비판이자 반성이기도 했다. "도덕주의적 인간과 사회의 실현은 꿈일 뿐이란 말인가. 그 가능성을 어느 정도 믿고자 하고 믿기도 했던 나는 비과학적인 이상주의자(또는 심하게 말해서 몽상병 환자)였던가?"[46] 이토록 통절한 자기반성은 문혁의 실패는 물론이고 1980년대 말 동구 사회주의권까지 붕괴, 몰락한 현실이 그에게 얼마나 큰 "충격"을 주었는지 충분히 짐작하게 한다. 그가 믿고자 했고 또 믿기도 했던 사회주의 인간형의 형성은 현실적으로 불가능했다는 것이 증명되었던 것이다. 자본주의의 대안으로 거의 100여 년 동안 약 15억 인간들이 10여개 국가에서 실천하고 실험했던 사회주의의 실패, 패배를 인정해야 했던 것이다.

그러나 주목해야 할 것은, 사회주의의 실패는 의심의 여지가 없다고 보았지만, 그것이 곧 자본주의의 최종적인 승리였는가 하는 점에 대해서는 달리 보았다는 점이다. 그는 자본주의가 사회주의에 "승리"한 것이라기보다는, 오히려 "자본주의가 사회주의를 상실"한 것이라는 관점을 제안했다.[47] 지난 100여 년간 사회주의는 자본주의와 대치하면서 체제 경쟁을 하는 과정에서 자본주의의 내성적인 괴멸의 가능성과 원인의 요소를 상쇄시켜 준 역할, 즉 "페니실린, 마이신의 역할"을 해왔으며, 그 때문에 자본주의는 발전할 수 있었다는 것이다. 따라서 이제 사회주의를 "상실"한 자본주의는 기왕에 사회주의가 해 왔던 기능들을 자본주의체제 안에서 창조해야 하는 시기에 이르렀다고 주장했다. 21세기는 이러한 자본주의의 자기혁명의 시대이며, "인간의 얼굴을 한 자본주의"를 창조하는 시대가 될 것이라 전망했다.

"인간의 얼굴을 한 자본주의"를 창조하는 21세기 인류사적 프로젝트에서 과거 사회주의의 유산은 유용한 자원으로 활용될 것이라 보았다. 비록 현실 사회주의는 실패하고 말았지만, 사회주의가 지향하고 인류 모두에게 제기했던 많은 이념과 가치, 인간다운 사회와 생존양식이라는 가치는 "병든 자본주의를 치유하는 불변의 처방효과로 남을 것"이고, "일정한 동안의 변화과정을 거쳐 재생될 것"으로 보았던 것이다.[48]

21세기에도 여전히 사회주의적 가치는 유용하다고 보았듯이, 문혁의 가치 또한 중국의 미래 구상에서 효용성이 있다고 보았다. 자본주의 시장경제의 도입을 핵심으로 하는 개혁개방노선을 채택한 후 중국은 연 평균 10%이상에 달하는 경제성장을 달성하고 있다는 것은 널리 알려진 사실이다. 그러나 이러한 경제적 성취는 무서운 사회적 대가를 치러야 했다. 환경 파괴, 관료들의 부정부패, 농촌 인구의 생활여건의 악화, 범죄율의 증가와 각종 사회적 병폐들이 확산되었던 것이다. 그 가운데서도 가장 고통스러운 것은 극단적인 사회적, 경제적 불평등이 확대된 점이었다.[49]

그는 이와 같은 현상을 문혁에서 부정하려고 했던 자본주의 인간형의 출현으로 설명했다.[50] 물질주의, 기능만능주의, 배금주의 사상들이 만연하면서 관료주의, 이기주의, 타락, 부패, 범죄 등 부정적 현상들이 나타나고 있으며, 그 대신 도덕성, 자기 희생정신, 보다 정신적인 높은 목표를 지향해서 자기를 태우는 낭만주의, 영웅주의 등이 사라져 가고 있다고 비판적으로 보았던 것이다. 비록 실패로 귀결되고 말았지만 다른 사회주의 국가와는 달리 "인간혁명"을 시도한 중국에서 그토록 빨리 사회주의 인간형이 자본주의 인간형으로 대체되고 있는 현실에 그는 큰 실망감을 감추지 않았다.[51]

그러나 그는 중국의 미래를 비관하지 않았다. 사회주의권의 붕괴로 인간의 이기적 본성은 개조가 불가능하다는 점을 "자각"했으면서도, 이기적 인간과 도덕적 인간의 절충과 조화를 통해 건강한 사회를 만들 수 있을 것으로 낙관했듯이, 중국의 경우에도 현재는 자본주의적 병폐와 폐해가 우세하지만 이 또한 조절하고 완화될 수 있는 가능성은 충분하다고 보았기 때문이었다. 물질주의와 정신주의, 달리 표현하면 생산력우선주의와 생산관계우선주의가 상호 길항하는 양상으로 전개되어 온 특유의 근대화 과정에 비추어 그는 그러한 가능성을 확신하고 있는 듯하다. 그리고 "비판과 반성"을 거친 문혁의 사상과 이론들이 그러한 가능성과 기회를 제공할 것이었다.

> "지극히 이상적인 것이긴 하지만 문혁이 내걸었던 행복이 무엇인가 하는 질문을 이제 새롭게 해야 할 단계에 왔다고 생각합니다. 더욱이 자본주의적 팽창이 시작된 중국으로선 부패와 이기심, 개인주의와 반인간적인 현상이 출현하면 자연히 문혁에서 제시했던 사회적 선, 도덕적 선 같은 것들이 순환적으로 안티테제로의 형태로 제기되는 것이겠죠."[52]

V. 나가며

리영희는 문혁의 핵심을 사회주의 인간형을 형성하려는 "인간혁명"이었다고 보았다. 이기적, 기회주의적, 출세주의적, 개인주의적인 자본주의 인간형에 비해 도덕적 우위를 가진다고 본 사회주의 인간형은 그저 사회주의 경제체제가 수립되었다고 해서 자동적으로 만들어지는 것은 아니었다. 마오주의와 스탈린주의가 근본적으로 갈리는 부분은 바로 여기에 있다고 파악했다. 계급소멸론에 입각한 스탈린주의로 소련은 비록 성공적인 공업화를 통해 일국사회주의사회를 건설했지만, 1인 독재체제와 관료주의의 형성, 계급분화의 발생, 그리고 사회주의적 도덕률의 붕괴와 같은 부정적인 현상을 노정하면서 "무감각, 소극적 순응, 자기방어를 위한 이기주의, 실의의 인간형"을 만들어냈다고 보았다. 이에 반해 마오쩌둥은 "프롤레타리아트 독재 하 계급투쟁론"에 입각하여 제도화된 당 엘리트의 특권화와 관료주의, 그리고 경제우선주의 등에 대한 대중적 비판과 공격을 감행하고, 동시에 "지식과 노동을 결합시키고" 기존 권위에 대한 "창조적 반항, 즉 비판 정신을 양성하려는 것"을 목적으로 한 교육개혁을 시도했다는 것이다. 그에게 문혁은 "인류사에 일찍이 찾아볼 수 없었던 대실험"이자, "인류의 제3의 생존양식을 창출하려는 몇 억 인구의 실험"이었다. 요컨대 자본주의과 소련식 사회주의 인간형과는 다른 제3의 인간형을 만들어내려는 실험이자 시도였던 것이다.

이와 같은 그의 문혁이해는 당시 마오쩌둥을 비롯한 문혁추진세력에 의해 발표되고 선전되었던 내용과 큰 차이가 없다. 아니 그 내용을 무비판적으로 그대로 소개한 것이었다고 해도 크게 틀리지 않는다. 그가 그려낸 문혁상에는, "자본주의 길을 가는 당권파"를 색출한다는 명분 속에 숨겨진 당 지도부 내 권력투쟁의 양상, 마오쩌둥의 문혁론에 호응하여 전개된 홍위병의 반문명적, 반이성적, 반윤리적 광폭함, 그리고 내전을 방불케 한 홍위병 파벌간의 투쟁 양상은 없다. 농촌으로 내려간 청년들과 지식인들의 느껴야 했던 좌절감과 고통도, 그리고 가족을 비롯하여 인간 사이의 신뢰와 유대감이 파괴되고 상실된 양상들도 드러나 있지 않다. 명분과 이상이 아닌, 저마다 다른 이념과 이해가 격렬하게 부딪치면서 복잡하게 진행된 문혁의 과정도, 결국 파국으로 귀결되고 만 그 실상도 온전히 드러나 있지 않은 것이다. 문혁이 발생한 국내외적 배경, 문혁이 내건 이상과 수단, 그리고 그 전개과정의 실상과 결과 등이 다각도로 검토되고 분석된 결과물이 아니었던 것이다. 단편적일뿐만 아니라 "지나치리만치 이상화"된[53] 측면이 있었음을 부인하기 어렵다.

후일, 그 스스로도 자신의 문혁이해에는 문제가 적지 않았음을 인정한 바 있다. 본문에서 언급한 바 있듯이 "(문혁의 진행과정에서) 홍위병의 반문화적인 파괴행위를 비롯한 여러 가지 부정적인 측면이 있었다."는 지적을 비롯하여 "현실적 여건을 무시한 채 강행된 이상적이고 급진적이며 조급한 문혁으로 물질적 제도적 피해를 입게 되었다."고 비판하기도 했던 것이다. 좀 더 직접적으로는 그 자신에게는 당시 문혁을 총체적으로 파악할 능력이 결여되어 있었다고 고백하기도 했다. "(당시에는 중국문제를 전체적으로 보는 데 ㅣ인용자) 총체적 인식의 능력이 부족했으며", "중국의 거대한 변화를 총체적으로 파악하면서 거대한 집단의 민중이 엮어가는 역동적인 변화의 움직임을 그 위에 서서 내려다보면서 점치고 비판할 그런 위치에 있지 않았다."고 했다.[54] 자신이 믿었던 또 믿고자 했던 도덕주의적 인간과 사회의 형성 가능성에 대한 반성도 뒤따랐다. 인간이 본질적으로 이기적인 존재라는 점을 간과한 채 무리하게 강행된 인위적인 인간 조형造形이 얼마나 부도덕하고 강요된 것이었는지도 "자각"했다는 것이다.

위와 같은 자기반성과 고백은, 그가 1970~80년대 초반에 걸쳐 "기적"과 "파멸"이라는 동시대의 문혁에 대한 극단적 평가 사이에서 "중국의 현실을 있는 그대로 보고자" 했지만, 결국 마오쩌둥의 이상사회 건설이라는 관점을 무비판적으로 수용하면서 문혁을 이상화시키고만 이유가 어디에 있었는지 설명해준다. 인식론적인 측면에서 보면, 그 자신은 인간은 본질적으로 이기적일 뿐만 아니라 혼란스럽고 모순된 존재라는 사실을 간과했고 그리하여 도덕주의적 인간과 사회가 만들어질 수 있다고 믿었고 또 믿고자 했다는 것이다. 게다가 개인적 능력이라는 점에서 보더라도 당시는 문혁을 총체적이고 종합적으로 조망할 수 있는 능력을 충분히 갖추지 못했다는 것이다.

그러나 개인적인 능력부족이라는 이유로는 그가 문혁을 이상화시킨 이유가 충분치 설명되지 않는다. 능력부족이라는 면보다는 오히려 그가 당시 문혁에서 무엇을 보고자 했고 문혁에서 무엇을 기대했는가 하는 점을 따져보는 것이 더 의미 있는 일일 것이다. 그가 문혁에 관심을 가졌던 이유는 일종의 효용성 때문이었다. "한국사회의 온갖 부조리와 왜곡을 파악할 수 있도록 그 대조적인 현상으로서 외부의 현상을 제시하는" 효용성 때문에 외부 문제에 관심을 두었던 그였다. 따라서 그는 문혁이 지향하는 새로운 가치, 생활양식, 사고방식 등을 비추고 소개했던 것은, 그를 통해 "한국사회의 온갖 부조리와 왜곡을 파악할 수 있기를" 기대한 때문이었다. 그가 인간혁명으로 문혁을 이상화한 데에는 바로 이러한 그의 실천적 의지가 투영되고 반영되어 있었던 것이다. 문혁을 통해 인간의 자율성과 자유로운 사고를 억압하는 냉전과 반공이데올로기, 그리고 근대화론에 입각한 경제개발주의 등을 비판할 수 있는 대조적인 사례와 근거를 제시하고 그 대안의 가능성을 비추고자 했던 것이다. 그에게 문혁은 한국사회를 비판하는 기준, 즉 거울과 같은 존재였다고 할 수 있을지도 모른다.

이상적 문혁관은, 냉전기 한국사회만의 산물은 아니었다. 1960~70년대 세계적인 현상이기도 했다. 자본주의와 소련사회주의를 모두 비판하면서 새로운 미래를 구상하고자 했던 유럽 "신좌파"의 문혁관도, 일본의 경제적 고도성장을 비판했던 "혁신세력"과 "탈아론적, 침략적 근대"를 비판하여 중국사회주의에 기대를 품었던 일본의 중국연구자들의 문혁관도 이상적이긴 마찬가지였다.[55] 물론 문혁을 이상적으로 바라본 각 지역 지식인의 사정에는 차이가 없지는 않았다. 예를 들어 일본 지식인들의 경우 문혁을 이상적으로 본 사고의 근저에는 고도성장기 일본에 대한 비판적 인식 못지않게 제2차 세계대전 이전 중국연구에 대한 반성과 침략자로서의 속죄의식이 짙게 깔려있었다. 리영희의 경우 현실비판과 변혁 의지가 강하게 투영되어 있었다. 처지와 환경이 달랐지만 모두 문혁에 자신의 기대와 사고를 투영시켜 이상화한 면에서는 동일했다.

이상적 문혁관은 세계적 차원이든 한국에서든 냉전의 산물이라해도 좋을 것이다. 그러나 개혁개방노선으로 방향을 선회하면서 문혁의 진상이 폭로되고 문혁이 공식적으로 부인되면서 이상적 문혁관은 존립할 근거를 상실했다. 과거 문혁을 지지했던 지식인들은 자신의 관점을 전면적으로 전환하기도 했다. 리영희의 경우에도 앞서 소개한 그의 반성과 고백에서 충분히 짐작할 수 있듯이 문혁은 더 이상 그에게 "인간혁명의 시도이자 실험"일 수 없었다. 그러나 문혁은 그에게 완전히 "망각"되어야 할 것은 아니었다. 사회주의의 실패를 인정하면서도 향후 자본주의가 자기혁신을 해 나아가는 데 있어 그 가치와 이념은 여전히 유용할 것이라 전망했던 것처럼, 급속한 자본주의화로 파생된 각종 사회적 병폐와 부조리를 조절하고 완화시킬 수 있는 자원을 "비판과 반성"을 거친 문혁의 사상과 이론에서 찾을 수 있을 것이라 기대한 때문이다.

종 장

　미소 양국이 주도한 냉전질서가 동아시아에서 본격화한 것은 1950년대에 들어서였다. 한국전쟁을 계기로 남북한은 물론이려니와 미중간 대결, 대립구도가 본격화되면서, 반공과 반미로 상징된 첨예한 이데올로기 대립을 동반한 냉전질서가 구축된 때문이었다. 냉전은 한국인의 자기정체성은 물론 주변인식에 심대한 영향을 미쳤으니, 이 글에서 검토 대상으로 삼은 중국의 이해와 인식도 예외일 수 없었다. 냉전기 한국인에게 중국 호칭이 "중공"과 "자유중국"으로 나뉘었듯이 중국에 대한 이해와 인식은 이데올로기적으로 분열되었다.

　한국전쟁에 개입한 중화인민공화국은 한국인에게 "침략자"이자 "팽창주의자"였다. 여기에 미국의 대중 봉쇄정책의 영향까지 더해져 중국은 한국인에게 "죽의 장막"에 가려진 "적성국"이기도 했다. 중국을 중공이라고 부른 것은 냉전기의 전형적 중국인식, 즉 반공 냉전형 중공인식을 상징적으로 보여주는 사례였다. 반공 냉전형 중공인식은 다양한 매체의 중국 관련 논설을 통해 유통되고 재생산되었다. 1950년대 중반부터 1960년대 중반에 걸쳐 지식인사회의 중요 공론장으로 기능했던 『사상계』의 중국 관계 논설은 이와 같은 사정을 잘 보여준다.

『사상계』의 각종 번역문과 논설들은 중국을 "전체주의, 소련의 위성국, 반전통적 반문명, 1인 독재, 호전적 팽창주의" 등으로 특징지어진 공산국가로 규정했다. 이러한 중국인식은 문혁 발생을 전후하여 사회적으로 한층 더 확산되고 강화되었다.

1960년대 중반부터 약 10여 년 동안 전개된 문혁을 각종 대중 언론매체는 "비정상적 권력투쟁"이라고 반복적으로 보도함으로써 "비이성적, 반문명적, 호전적, 팽창적 중공", "혼란과 내전 그리고 파국으로 치닫고 있는 불안한 중공"이라는 이미지를 만들어냈다. 중국전문가의 시선도 이러한 대중 언론매체의 시각과 별반 다르지 않았다. 권력투쟁설에 입각하여 문혁을 연구, 이해하고 평가한 것이었다. 특히 문혁연구가 본격화된 1970년대에 들어 권력투쟁설에 입각한 연구는 더욱 체계화되었다. 이들 연구에 따르면 문혁은 "마오가 주도한 비정상적 일대 숙청운동"이었고 중국은 "비정상적 권력투쟁을 특징으로 하는 전제주의 국가이자 독재국가"였다.

냉전기 한국인에게 자유중국으로 호칭된 또 다른 중국, 즉 중화민국이 있었다. 1945년 일본제국주의가 패망한 후 새로운 중국 수립을 둘러싼 중국공산당과의 경쟁에서 패배한 중국국민당에 의해 중화민국은 타이완으로 옮겨졌다. 중화인민공화국과 대치한 반공 자본주의진영의 또 다른 최전선이었던 점에, 과거 중국에서 항일운동을 함께 했다는 유대감이 더해져 중화민국은 한국인에게 "반공우방"으로 간주되었다.

그런데 중화민국은 단순한 반공우방이 아니었다. "농업근대화의 모델"이기도 했다. 성공적인 토지개혁을 바탕으로 다방면에 걸친 농업근대화를 성공적으로 이끈 타이완은 "개발도상국의 경제개발 모델"이기도 했던 것이다. 타이완 경제에 대한 이와 같은 평가는 1980년대에 들어 세계적 불황 내지는 그에 연동된 한국 경제의 추락과 맞물리면서 중소기업 중심의 타이완형 경제모델에 대한 높은 관심으로 이어졌다. 타이완은 한국의 경제성장 내지는 경제모델 모색에 참고할 수 있는 본보기였다.

그러나 이러한 타이완인식은 이른바 "외성인"의 관점에 입각한 것이었다는 점에 유의할 필요가 있다. 1945년 일제 패망으로 타이완이 중국으로 반환된 이후, 특히 1949년 중국공산당에게 패배한 중국국민당 및 그들과 함께 타이완으로 이주한, 그리하여 타이완의 지배세력이 된 중국인, 즉 외성인의 관점에 입각한 인식이었다. 그리하여 국민당의 타이완 접수, 지배 과정에서 발생한 "2·28사건"은 주목되지 않았으며, 약 50년 동안 지속된 일제 지배로부터 기인한 타이완사회의 일본풍에 대해 "괴이하고 기이하다."며 강한 이질감을 표출하기도 했다. 요컨대 한국인의 타이완에 대한 연대와 유대감은 정치 이념적으로는 반공, 문화적으로는 대륙의 중국문화에 기초한 것으로 이는 외성인을 매개한 것이었음을 의미한다.

이데올로기적으로 분열된 중국인식은 동아시아 냉전구도의 변화에 따라 일정한 변화를 보였다. 새로운 관점의 이해와 관심이 표출되면서 중국을 바라보는 시선에 변화가 생긴 것이었다. 중화인민공화국에 대한 시선의 경우, 기존 반공 냉전형 중공인식과 거리를 두거나 그것에 비판적인 관점이 출현하기 시작했다. 가령, 중소논쟁이 전개되고 미국발 신중국관이 한국사회에 소개되면서, 지식인 사이에는 국제관계를 보는 데 있어 이데올로기의 속박에서 벗어날 필요가 있다거나 한국인 독자의 이해의 필요성이 강조되었다. 중공을 대신하여 중국이라는 호칭을 사용하자거나 공산중국의 수립을 근대화의 일환으로 보아야 한다는 관점도 제기되었다. 중화인민공화국의 수립은 근대화로부터의 일탈이 아닌 또 다른 근대화라는 관점이 제기된 것은 반공 냉전형 중공인식과는 다른 유형의 중국인식이 표출되기 시작했음을 의미한다.

1970년대에는 미중화해에 따라 탈냉전 지향의 관점들이 좀 더 활발해져갔다. 중국공산당의 권력 장악을 근대화의 과정으로 보아야한다는 관점이 확산되었으며, 타이완을 더 이상 자유중국으로 부를 수 없다는 주장도 제기되었다. 마오쩌둥에 대해서도 기존 "독재자"에서 벗어난 재평가가 이루어지기 시작했다. 이러한 분위기 속에서 문혁을 "권력투쟁"이 아닌 "인간혁명"으로 평가하는 관점이 제기되면서 반공 냉전형 중공인식과는 유형을 달리한 중국인식이 등장했다. 자본주의와 사회주의를 넘어선 새로운 문명의 창조를 시도하는 중국이라는 인식이었다.

반공이데올로기와 외성인의 관점에서 벗어나서 타이완을 인식하게 된 것도 큰 변화였다. 특히 계엄 해제 후 본격화된 민주화바람에 대한 한국인의 관심이 집중되면서 반공이데올로기와 외성인의 관점에 가려졌던 이른바 "성적갈등省籍葛藤"의 양상이 한국인의 시야에 들어오기 시작했다. 2·28사건이 재조명되었고 본성인이 겪어야 했던 정치적 소외와 문화적 억압들의 양상들이 새롭게 주목되었다. 그 동안 외성인을 매개로 형성된 기존 한국인의 타이완인식에 균열이 생기면서 타이완사회가 보다 다층적으로 다가오기 시작했다. 한국인의 타이완인식에서도 탈냉전이 시작된 것이었다. 여기에 "양안관계 개선을 주도해 가는 민주국가"로 타이완이 인식되면서 타이완은 한국의 남북관계 문제 해소에 참조할 만한 가치를 지닌 이웃나라로 간주되기도 했다.

냉전기 주류적인 한국인의 중국인식은 이데올로기적으로 분열되었다. 대공투쟁의 적대적 대상이었던 중국에 대한 한국인의 인식이 반공 냉전형 중공인식이었다면, 자유중국에 대한 그것은 반공우방이자 근대화의 모델이었다. 분열된 중국인식은 냉전구도의 추이에 따라 변화되는 양상을 보이기 시작했다. 중국을 보는 새로운 시선들이 제기됨에 따라 새로운 유형의 중국인식이 표출되기 시작한 것인데, 이는 사회영역 즉 아래로부터의 데탕트에 해당하는 것이었다.

한국인의 중국인식을 동아시아 냉전의 형성과 그 변화를 단순히 반영한 것이거나 그 산물로 이해하는 것만으로는 온당치 않다. 그것은 분명 동아시아 냉전(과 그 변동)의 양상을 반영한 것이지만, 동시에 그것은 한국인이 독자적으로 중국을 사고하고 이해하려한 지적 노력의 산물이었다. 서장에서도 언급했듯이 냉전시기는 한국인이 일본 오리엔탈리즘에서 벗어나 독자적으로 중국을 이해하고 이것을 체계화하기 시작한 시기였다. 따라서 앞서 살핀 한국인의 중국인식은 한국인의 어떤 지적 노력의 산물이었는지, 그리하여 어떤 학문적, 지적 논리에 의해 뒷받침된 것이었는지 살펴볼 필요가 있다. 제2부에서 냉전기 대표적인 중국근현대사 연구자의 연구활동에 주목한 이유는 바로 여기에 있다.

김준엽, 민두기, 리영희 등 연구자들은 왜 중국에 관심을 가졌을까, 이들은 어떠한 관점에서 중국을 관찰하고 연구를 진행했을까, 그리고 이들은 자신들의 연구결과를 활용하여 어떻게 근현대중국의 역사를 구성했을까. 나아가서는 이들의 연구결과는 제1부에서 추적한 한국인의 냉전기 중국인식의 유형과 어떤 관련성이 있는 것일까.

냉전기 근현대중국에 대한 연구자의 관심과 해석은 반공주의에서 벗어나기 어려웠다. 1950년대 김준엽의 공산당사 연구가 대표적인 중국근현대사 연구였던 것은 결코 우연한 일은 아니었다. 그러나 반공주의에 입각한 공산당사만으로는 근현대 중국사를 해석하고 구성할 수는 없었다. 중국근대사는 중국공산당사로 등치되지 않을 뿐만 아니라, 공산당사 연구와 해석은 반공이데올로기라는 편향에서 자유로울 수 없었기 때문이었다. 따라서 반공주의와 호응하는, 중국근대사 전체를 시야에 넣고 해석해낼 수 있는 논리가 필요했다. 1950년대 말부터 한국에 유입된 근대화론은 근현대중국을 해석하고 그 역사를 구성할 수 있는 관점과 논리를 연구자에게 제공했다.

김준엽이 중국공산당사 연구를 중국근대사 연구로 확장할 수 있었던 것은 근대화론을 중국사 해석 논리로 수용한 이후였다. 『사상계』 지식인으로 문화적 민족주의자였던 김준엽은 미국발 근대화론의 소개와 수용에 적극적이었다. 미국 유학을 통해 페어뱅크의 이른바 "충격-반응"론을 접했던 것도 그가 근대화론 소개에 적극적이었던 배경이었다. 김준엽은, 근대화를 서구화와 동일시하고 후발국이 서구문화, 특히 자유와 민주주의를 적극 수용함으로써 근대화를 달성해야 한다고 사고한, 전형적인 근대화론자였다. 그는 자신이 이해한 근대화론에 입각하여 중국근대사를 해석했다. 즉 근대사회로 진입할 내부 동력을 갖지 못한 중국은, 아편전쟁을 계기로 선진문명인 서구의 충격을 받아 비로소 근대사회에 진입할 기회를 맞았으며, 이후 중국은 자유와 민주주의를 핵심으로 하는 서구문명을 수용해 가는 서구화, 즉 근대화의 도정에 들어섰다. 그에게 중국근대사는 근대화 과정이었으며, 중화인민공화국의 수립은 근대화의 실패이자 근대화로부터의 일탈이었다. 그는 근대화론을 수용함으로써 자신의 반공주의적 관점을 중국근현대사 전체를 해석하는 논리로 확장할 수 있었다.

중화인민공화국 수립에 대한 평가는 김준엽의 그것이 유일하지는 않았다. 김준엽과는 다른, 아니 상반된 중화인민공화국 수립에 대한 관점과 해석이 1960년대에 들어 제기되기 시작했다. 민두기와 리영희는 중화인민공화국 수립을 "중국적 근대화의 실현"으로 해석했다. 이는 근대화에 대한 해석의 차이에서 기인했다. 민두기는 김준엽과 동일하게 근대화는 서구화이며 후진국이 달성해야 할 과제라고 생각했지만, 김준엽과 달리 근대화의 핵심과제로 자유와 민주주의가 아닌 국가수립에 주목했고 국가수립 과정에서 주체성 여부를 중시했다.

리영희도 중화인민공화국 수립을 중국적 근대화의 실현으로 해석했다. 그러나 그 의미와 근거는 민두기와 달랐다. 근대화를 보는 관점이 달랐기 때문인데, 민두기에게 근대화는 후진국이 주체적으로 달성해야 할 과제였지만, 리영희에게 그것은 비판, 극복해야 할 대상이었다. 리영희의 관점은 군사정권에 의해 추구된 근대화 정책에 대한 그의 비판의식이 반영된 것이었다. 그는 경제성장과 발전 위주의 근대화가 초래한 정치, 사회, 문화적 차원의 부정적 결과에 주목하여 근대화를 비판했고 대안을 찾고자 했다. 그는, 반제국주의, 반봉건주의 등 혁명운동을 통해 제국주의에 대항하고 마침내 그것을 극복한 근대 중국인들의 역사적 경험에 주목했다. 중화인민공화국의 수립은 그에게 혁명운동의 승리였고, 서구(적 근대화)의 극복을 의미했다.

연구자들의 근대화에 대한 이해는 중국근현대사의 구성에도 반영되었다. 김준엽은 신해혁명을 자유와 민주주의의 문제를 중국역사에 근대화의 과제로 제기한 중대한 사건으로 주목했고 이후 중국의 역사는 자유와 민주주의 쟁취의 역사로 서술하고 구성했다. 반면 민두기는 주체적인 국가수립의 첫 시도로 1898년 무술변법운동에 주목했으며, 신사층과 청대 봉건론 등 전통이 서구적 정치론 수용과 어떻게 결합되면서 근대국가 수립 시도로 구체화되었는지를 해명했다. 그에게 근대사는 김준엽의 분석처럼 중국인들이 서구문명을 일방적으로 수용해가는 과정이 아니라, 중국인들이 전통적 자산을 활용하여 주체적으로 근대국가를 수립해가는 과정이었다. 중국적 근대화를 서구(적 근대)에 대한 도전이자 극복으로 본 리영희는 서구문명을 극복할 수 있는 논리, 즉 혁명사상의 형성 문제에 주목했다. 혁명사상은 태평천국운동에서 태동되었다고 보아 그는 태평천국운동을 근대화의 시발점으로 자리매김했다.

이상과 같이, 상기 연구자들은 중국근대화를 다르게 해석하는 데 그치지 않고 근현대 역사상도 각기 다르게 구성했다. 이러한 차이는 냉전기 한국의 근현대 중국사 해석은 반공주의만으로 설명될 수 없음을 의미한다. 비록 반공주의가 압도한 때였지만, 민두기와 리영희의 사례처럼 근현대 중국사를 새롭게 해석하려는 시도가 이루어졌으며, 그 결과 반공주의로 환원할 수 없는 근현대 중국사를 보는 관점이 제시되었다. 이는 대표적인 냉전담론이었던 근대화론에 대한 재해석과 비판을 통해서 가능했다.

그런데 근대화에 대한 재해석과 비판은 결코 개인적 차원에서 이루어진 것은 아니었다. 1960년대 이후 근대화에 대한 지식인들의 지적 동향을 일정하게 반영한 것이었다. 민두기의 그것은 한일회담을 전후하여 본격화한 민족적, 주체적 근대화에 대한 논의와 내재적 발전론에 입각한 한국근대사의 재구성 시도 등을 반영했다. 리영희는 1970년대에 눈에 띄게 늘어난, 경제성장 위주의 근대화에 대한 회의와 서구적 근대화에 대한 비판과 성찰 그리고 대안 모색 등을 둘러싼 목소리들을 일정하게 반영했다. 따라서 상기 연구자 3명에게서 보이는 근대화론에 대한 관점은 물론 역사해석과 그 구성상의 차이는 냉전(과 그 변동)의 양상의 단순한 반영물이거나 냉전시대의 제약에 따른 산물이 아니었다. 그것은 냉전담론의 수용과 적용 여부를 둘러싼 치열한 논쟁의 산물이었을 뿐 아니라 그러한 논쟁의 연장선상에서 근현대 중국사를 새롭게 해석하고 이해하려 한 노력의 산물이기도 했다.

이상과 같은 논지는 한국에서 전개된 문화냉전의 양상을 역동적으로 이해할 수 있는 단서를 제공한다. 문화냉전이란 미국이 전 세계를 대상으로 자신의 문화적 영향력을 확장하기 위해 구사하는 문화, 정보, 미디어 전략이다.[1] 홍콩에 대한 미국의 문화냉전을 분석한 오병수의 지적대로 문화적 영향력을 행사하려는 것은 해당 지역에 대한 반공주의와 함께 자유주의 체제의 우월성을 확장하기 위해서다.[2] 근대화론의 전파는 미국의 가치, 세계관 그리고 과학적 패러다임의 확산을 뜻하므로, 이는 미국의 문화냉전을 구성하는 중요한 일부분이라고 할 수 있다. 문화냉전은 현지에서 그대로 관철되지는 않으며, 현지에서 선택적 수용과 재해석되는 과정을 거치며 변용되기 마련이다. 연구자들의 근대화론에 대한 관점, 중국근현대사에 대한 해석과 재구성 등은 이와 같이 전개된 한국에서의 문화냉전의 양상을 잘 보여준다.

상기 3명의 연구자들의 연구결과는 오늘날 우리의 중국인식을 되돌아보는 데 어떤 의미가 있을까. 먼저 흥미로운 점은 이들 연구자들의 연구결과는 제1부에서 추적한 한국인의 중국인식의 유형, 특히 중화인민공화국에 대한 인식을 상당부분 대변하고 있다는 점이다. 김준엽의 연구는 반공주의에 입각한 주류적 중국인식, 즉 반공 냉전형 중공인식의 학술적 버전으로, 그에게 근현대 중국사는 민주주의와 자유를 쟁취하는 근대화과정이었고 중화인민공화국은 "근대화로부터 일탈한, 위협적인 존재"였다. 반공주의에 입각한 근현대 중국사 연구에 비판적이었던 민두기는 근대화론과 전통에 대한 재해석을 통해 근현대역사를 주체적인 근대국가 수립의 역사로, 그리고 중화인민공화국의 수립을 주체적 근대화의 노력이 일단락된 것으로 간주했다. 근대주의자였던 그에게 중국은 "주체적으로 근대화를 달성한 사례"로 해석되었다.

그리고 근대화 자체를 비판의 대상으로 삼고 그 대안을 모색했던 리영희에게 근현대사는 반제국주의, 반봉건을 지향한 혁명운동의 역사였다. 중화인민공화국의 수립은 그러한 혁명운동의 성공, 즉 서구근대문명에 대한 도전이자 그 극복을 의미했다. 문혁을 제3의 인간유형을 창조하려는 시도로 이상적으로 평가함으로써 그에게 중국은 "근대의 대안"이자 "한국사회를 되돌아보는 거울"로 간주되었다.

냉전기 한국인의 중국인식의 유형을 이렇게 정리하고 나면 오늘날 한국사회의 중국대국화를 보는 시선과 관점이 냉전기의 그것과 유형적 측면이나 그 근거의 측면에서 상당 부분 유사하다는 점을 발견하게 된다. 가령 동북공정 이후 한국사회에서 확산되고 있는 중국에 대한 부정적 시선, 특히 중국의 대국화란 팽창의 가능성에 주목하며 중국을 위협적 대상으로 간주하는 시선이 확대되고 있는데, 이는 유형적으로 보면 반공 냉전형 중공인식과 유사해 보인다. 모두 중국을 팽창 가능성이 농후한 위협적인, 따라서 경계해야 할 대상으로 간주하고 있는 것이다.

그런데 흥미로운 점은 중국이 위협적인, 경계의 대상일 수 있다는 근거였다. 반공 냉전형 중공인식에서는 공산주의라는 이데올로기를 가장 중요한 근거로 삼았을 것임은 말할 나위없다. 공산주의가 가지는 팽창성은 핵과 같은 강력한 군사력이 더해지면서 더욱 가공할 대상으로 간주되었음은 물론이었다. 그런데 주목할 것은 또 다른 근거로 중국의 전통사상에 주목했다는 점이다. 핑퐁외교를 전후하여 미국과의 화해무드를 만들어가는 중국을 보면서 김준엽은 중국이 "강대국"으로 나아갈 것이며 강대국화는 패권주의로 나아갈 가능성이 농후하다며 그 근거로 전통적인 국제관인 중화사상을 지목했다. 이러한 중국이 특히 한국에 더욱 위협적일 수밖에 없는 것은 역사적으로 볼 때 중국대륙을 제패한 전통왕조는 예외 없이 한반도로 세력을 팽창해온 사실 때문이라고 지적하기도 했다.

중국의 대국화에 비판적 자세를 취하고 있는 최근의 논의에서 그 근거로 주목한 것도 중국의 전통이었다. 제국을 지향하는 정치, 사회, 사상, 문화적 전통들이 대국화를 대외팽창으로 전화될 가능성을 높이는 근거이자 이유가 된다는 것이다. 이러한 중국의 전통은 제국주의의 침략을 받으면서 서구화에 매진한 근대시기에 사회 저변에 복류하다가 개혁개방 이후, 특히 21세기에 들면서 급속한 경제성장을 토대로 본격적으로 소환되었을 뿐만 아니라 화려하게 부활하고 있다는 분석이다. 비록 위협적인 대상으로 중국의 대국화를 보는 근거로 전통에 주목했지만 그렇다고 해서 이러한 중국인식을 반공 냉전형 중공인식과 동일선상에서 볼 수는 없다.

무엇보다도 현재 중국의 대국화를 우려하고 경계하는 시선은 반공주의로부터 자유롭다. 이데올로기적으로 대국화를 문제 삼는 태도와는 거리가 멀다. 게다가 중국의 근대화를 보는 관점도 다르다. 반공 냉전형 중공인식은 서구적 근대를 추구하고 성취해야 할 과제로 사고하는 등 서양 중심주의에 입각해 있지만, 중국의 대국화를 경계하는 시선은 중국의 근대화는 서구적 근대의 수용과정이 아니라, 그것과 전통이 상호 길항하고 습합하는 일련의 복잡한 과정으로 이해한다. 대국화를 경계하는 관점에서 보는 전통-근대 관계는 민두기의 그것과 매우 유사한데, 상호 대립적으로 보지 않고 상호 영향적, 보완적 관계로 파악한 것이었다.

그럼에도 대국화를 경계하고 비판하는 논리는 여전히 냉전에서 자유롭지 못한 한반도와 동아시아의 특수성을 고려할 때, 더욱이 동북공정 이후 중국을 위협적 대상으로 보고 그에 대한 경계의식이 사회

저변으로 확대되고 있는 상황에 비추어 볼 때, 문제적이라 하지 않을 수 없다. 여전히 한국사회 저변에 복류하고 있는 냉전기의 주류적 중국인식의 유산은 물론 동북공정 이후 확산되고 있는 부정적 중국인식의 또 다른 논리적 근거로 활용될 가능성이 클 뿐만 아니라, 이데올로기적, 부정적 중국인식과 결합하여 중국을 위협적 대상으로 간주하는 시선을 더욱 확대, 강화할 우려가 크기 때문이다.

과연 우리는 중국을 위협적인, 그래서 경계해야 할 대상이자 비판의 대상으로 보는 것만으로 충분할까? 당대 중국에 대한 비판적 거리를 유지하며 대국화가 중국 중심주의로 기울 가능성에 대한 경계심을 늦출 수는 없지만, 그렇다고 해서 중국에 대한 그러한 태도와 인식만으로는 평화구축이라는 한반도의 미래를 전망하기는 어려움이 따른다. 중국을 비판과 경계대상으로 간주해서는 대국화하고 있는 중국으로 하여금 한반도의 평화구축에 긍정적이고 적극적인 역할을 하도록 기대하기 쉽지 않다. 미국의 중국에 대한 경계심이 그 어느 때보다도 높아지고 있는 상황에서, 미국의 중국위협론과 거리를 두면서 독자적인 중국과의 관계를 모색하는 것이 쉽지만은 않아 보이기 때문이다.

이러한 면에서 보면 비판적 중국연구라는 방법론에 입각하여 중국을 이해하려는 시도에 주목해볼 필요가 있다. 이러한 시도는, 대국화하고 있는 중국을 위협적인 대상으로 간주하여 경계하고자 하는 관점에 비판적이다. 그렇다고 해서 대국화하고 있는 중국에 호의적인 것만은 아니다. 게다가 연구대상인 중국을 한국사회 현실과 분리하여 이해하거나 연구하는 태도에 대해 비판적이다. 요컨대 비판적 중국연구는 중국을 이해하는 데 무엇보다도 균형감각을 잃지 않을 것을 중시한다. 따라서 중국의 대국화에 비판적인 태도를 취하는 모든 관점을 미국발 중국위협론을 추수하는 것으로 치부하거나, 미국의 패권주의에 대한 경계와 비판의 당위성을 앞세워 중국과의 공동전선의 구축 필요성을 강조함으로써 중국에 대한 비판의 여지를 방기하는 편향으로 흐르는 것을 적극적으로 경계한다.[3] 미국의 일방주의에 비판적인 태도를 견지하며 중국과 연대, 협력의 가능성을 모색하는 자세를 취하지만 그렇다고 해서 중국 대국화가 파생시킬 문제를 간과하지는 않는다. 미국발 중국위협론에 휘둘리지 않은 선상에서 중국의 대국화의 패권화 내지는 권력화에 대해 경계와 비판의 태도를 견지하면서도 다양한 층위에서 시도되는 대안적 근대 모색의 가능성에 대해 열린 자세를 취하고 있는 것이다.

중국연구에서 비판성 회복을 그 누구보다 강조하는 백영서에게서도 균형성은 중시된다. 그는 비판적 중국연구가 갖추어야 할 요건으로 고전중국과 현실중국을 분리하는 관점 지양, 당대의 중국현실과 주류적 사유체계에 대한 비판적 거리유지 및 우리가 살고 있는 사회에 대한 인식의 재구성, 그리고 중국 중심주의의 해체 등을 강조한다.[4] 중국연구에서 회복해야 할 비판성은 연구대상을 현실과 분리하지 않는 균형감을 통해 확보되는데, 여기서 현실이란 연구대상, 즉 중국현실과 연구자가 속한 현실 등 두 가지 모두를 포함하는 것으로, 중국과 한국 두 현실 사회의 변혁에 개입하는 실천적 지향을 뜻하기도 한다.

흥미로운 점은, 백영서는 비판적 중국연구가 본격화한 시기로 냉전기에 주목하고 리영희와 민두기의 중국연구의 비판적 계승을 강조하고 있다는 점이다. 가령, 비판적 중국연구에서 가장 중요한 비판성 내지는 운동성은 리영희에게서 시작되었지만 그에게 그것이 쌍방향적으로 작동되지 않았다는 점을 문제 삼는다. 한국사회에 대한 비판과 그 변혁을 중시한 나머지 중국 현실에 대한 비판적 거리는 유지할 수 없었다는 것이다. 반면, 분과학문으로의 중국연구를 제도화하는 데 크게 기여한 민두기는 중국 현실에 대한 비판적 거리는 유지할 수 있었지만 연구대상을 현실과 구분하는 태도를 견지함으로써 중국연구의 비판성, 운동성을 확보하는 데는 한계를 보였다고 보았다.

그러면 비판적 중국연구는 대국화에 비판적인 관점과는 다른 어떠한 중국인식을 만들어내고 있는가? 비판적 중국연구는 중국을 새롭게 볼 수 있는 시각을 제공하지만, 그럼에도 서장에서도 언급한 바 있듯이 대국화하고 있는 중국에 대해 모호하고 유예적인 태도를 취하고 있음을 부인하기 어렵다. 이는, 중국연구에서 비판성과 운동성을 회복하려는 시도가, 중국을 위협적 대상으로 보는 관점과는 다른 유형의 새로운 중국 이해와 인식을 제시하지 않은 데서 기인한 것은 아닌가 생각한다. 비판적 중국연구는 왜 새로운 중국인식을 제시하지 못하는 것일까? 나는 중국에 대한 새로운 이해와 인식은 무엇보다도 근현대역사 전체를 시야에 넣은 역사서술과 그 재구성을 통해 가능하다고 생각한다. 말하자면, 비판적 중국연구를 통해 근현대역사를 새롭게 해석하고 재구성할 수 있을 때 비로소 대국화하고 있는 중국에 대한 새로운 해석과 평가, 그리고 인식을 드러낼 수 있다고 생각한다.

이러한 점에서 보면, 비판적 중국연구가 중국의 대국화를 모호하고 유예적인 태도로 본다는 비판에 대해, 비판적 중국연구는 복잡한 중국을 균형 있게 관찰하고 이해하려는 노력이라고 평가하면서 "근대적응과 근대극복이라는 이중과제"라는 이론체계를 활용할 필요가 있다고 강조한 것은[5] 적절한 답변이라 하기 어렵다. 이른바 이중과제론은 비판적 중국연구의 회복을 강조하는 연구자들에게 공유되고 있는 관점일 뿐만 아니라, 그 논리 자체만으로는 중국근현대사를 재구성할 수는 없기 때문이다. 중국의 대국화를 보는 관점이 모호하고 유예적이라는 비판에서 벗어나려면, 방법과 관점에 대한 제안보다는 근현대역사를 재구성할 수 있는 현실적인 방안을 제시하는 것이 바람직하다.

본문에서 보았듯이, 비판적 중국연구가 비판적 계승의 대상으로 지목한 리영희나 민두기는 근현대역사를 각자의 관점에 입각하여 재구성했다. 민두기는 주체적 근대화론에 입각하여 주체적으로 근대 국가의 수립을 모색해가는 과정으로 근현대사를 재구성했으며, 리영희는 근대화에 대한 비판에 입각하여 근현대사를 서구적 근대를 비판, 극복해가는 혁명운동의 과정으로 재구성했다. 근현대사에 대한 재구성은 서로 다른 유형의 중국인식을 만들어냈다. 주체적 근대화를 달성해가는 중국, 서구적 근대를 비판하며 새로운 문명을 창조해가는 중국 등 인식이 그것이었다.

비판적 중국연구의 회복을 강조하는 연구자들은 근대는 해방과 억압이라는 이중의 기능이 있다고 보아 민두기의 근대주의와는 다른 근대를 보는 관점을 제시한다. 또 리영희가 제시한 중국인식에 대해서는 그것이 중국의 현실과 유리된 이상적인 것이었다고 비판한다. 중국 현실의 해명은 물론 중국사회의 변혁과 관련한 논리와는 동떨어진 이상화된 중국인식이었다는 것이다. 이러한 비판을 통해 그들은 근대주의적 중국인식과 이상주의적 중국인식을 비판하고 새로운 관점들, 예컨대 이중과제론, 동아시아론, 복합국가론 등을 다양하게 제기하며 냉전에서 벗어나 새롭게 중국을 이해하고 해석할 수 있는 다양한 관점들을 제시했다.[6] 그러나 이러한 관점들을 활용한 근현대 중국사의 체계적인 서술과 그에 따른 새로운 역사상의 재구성은 아직 충분히 시도되지 않고 있다.

중국의 대국화를 위협과 경계의 대상으로 보는 인식이 사회적으로 확산되는 상황에서 이것과 다른 유형의 중국인식이 부각되지 않는 이유를 이와 같은 사정에서 찾을 수 있지는 않을까. 근현대를 보는 새로운 관점은 다양하게 제기되었지만 그러한 관점을 활용한 근현대사의 (재)구성이 아직 충실히 이루어지지 않음으로써 새로운 유형의 중국인식을 만들어내지 못하는 것은 아닐까 하는 것이다. 이러한 상황은, 한국사회, 좁게는 지식인의 중국인식이 아직 냉전으로부터 벗어나지 못한 반증은 아닐까 생각해본다. 반공주의, 근대주의, 이상주의에 입각한 중국인식에서 벗어나지 못한 채 그 안에서 버전을 달리하며 중국을 이해하고 인식하고 있는 것은 아닐까 하는 것이다. 중국인식에서 진정한 탈냉전은 냉전기 근현대 중국사 서술을 대체할 새로운 근현대사의 재구성이 시도될 때 가능해질 것이다. 비판적 중국연구에 입각한 새로운 역사서술과 그에 따른 역사의 재구성을 위한 본격적인 시도가 그 어느 때보다도 기다려지는 요즘이다.

냉전기 북한의 중국인식

한국전쟁 후 중국방문기를 중심으로

I. 들어가며

이 글은 냉전기 북한의 중국인식의 내용과 그 특징을 분석하는 것을 목적으로 한다. 북한의 중국인식이 가지는 냉전적 성격을 효과적으로 드러내기 위한 방안으로 한국전쟁에 주목할 필요가 있다고 생각한다. 한국전쟁에 주목하는 것은 비단 동아시아에서 냉전구도를 형성하는 데 한국전쟁이 결정적인 배경으로 작용했다는 사실 때문만은 아니다. 북한의 중국인식은 한국전쟁을 계기로 비교적 체계적으로 표출되었던 것은 아닌가 하는 판단 때문이기도 하다. 널리 알려져 있듯이 북한의 사회주의 건설과정에서 정치 사회 문화적으로 막대한 영향을 미쳤던 것은 중국보다는 소련이었다. 소련군정이 실시된 때문이기도 하지만, 문화교류라는 차원에서 보더라도 중국보다 소련과의 관계가 밀접했다.

소련과 북한의 문화교류의 주요 통로는 조-소문화협회(1945.11. 창립)
였다는 점은 잘 알려져 있다.[1] 이 협회는 소비에트 대외교육 총협회의
지부로서 1949년 말 130만 명의 회원을 거느릴 만큼 북한에서 가장
큰 사회단체였다. 기관지 『조-소문화』를 간행하여 소련의 문화작품과
문화 등과 관련한 각종 정보는 물론 소련의 긍정적인 이미지를 전달했
다. 이 협회와 기관지는 북한의 소련인식을 형성하고 그것을 표출시키
는 중요한 기구이자 매체였다.[2] 필자가 과문한 탓인지 모르겠지만,
조-소문화협회와 『조-소문화』에 필적할만한 중국 관련 조직과 매체는
북한에서 조직되거나 발행된 것 같지는 않다.

북한과 소련, 중국과의 이러한 관계에 큰 변화를 가져온 계기는
한국전쟁이었다. 중국은 한반도에 중국인민지원군(이하, 지원군)을
파견하여 괴멸상태에 놓였던 북한정권을 지원했을 뿐만 아니라 전쟁
을 반전시키고 휴전협정까지 체결하는 데 결정적인 역할을 했다. 게다
가 중국은 전쟁으로 파괴된 북한사회를 복구하는 데 작지 않은 역할을
수행하기도 했다. 한국전쟁을 계기로 북한에 대한 중국의 영향력은
그 이전에 비해 증대되었으며, 이에 따라 북한의 중국인식 또한 점차
체계적으로 표출되기 시작했던 것으로 이해된다.

한국전쟁을 계기로 본격적으로 표출된 북한의 중국인식을 검토하기
위해 이 글에서는 전후 북한 지식인의 중국방문기에 주목한다. 전후
다양한 방식으로 이루어진 북한 지식인의 중국방문에 주목, 그 내용을
분석하여 냉전기 북한의 중국인식의 일단을 드러내고자 한다. 그 첫
작업으로 이 글에서는 분석시기를 1960년대 초반까지로 한정한다.
이렇게 하고자 하는 일차적인 이유는 현재까지 이루어진 자료 조사의
제약 때문이다. 앞으로 좀 더 많은 자료 조사와 입수가 이루어지면
분석시기를 지속적으로 확대할 예정이다. 분석시기를 1960년대 초반

까지로 한정하고자 하는 것은 단순히 자료의 제약 때문만은 아니다. 1961년에 이르러 북한과 중국 사이에 「조선민주주의인민공화국과 중화인민공화국의 우호협조 및 호상원조에 관한 조약」이 체결됨으로써 "혈맹"으로 표현되는 정치 군사적 동맹관계가 제도화되었다는 사정도 감안한 때문이다.[3] 이때 제도화된 북한과 중국의 혈맹관계는 이후 부침은 있었지만 기본적으로 유지되다가 1990년대 후반 이른바 "전략적 협력관계"로 재정립된다. 전략적 협력관계가 탈냉전 상황을 반영한 변화된 북한-중국 관계라면 혈맹관계는 냉전기 동맹관계를 의미한다고 할 수 있다. 따라서 1960년대 초반까지 북한의 중국인식에 대한 분석을 통해 냉전기 북한-중국 관계와 그에 동반된 중국인식을 압축적으로 드러낼 수 있다고 판단한다.

II. "피로 맺어진 형제의 나라"

중국은 1949년 10월 1일 수립되었다. 북한은, 중국의 수립을 "수천래 봉건제도, 100년래의 제국주의 침략세력 그리고 22년래의 국민당 지주관료자본통치를 타도하고 전복시킨 중국 역사발전의 신기원"으로 "중국인민의 위대한 승리"일 뿐만 아니라 "동방 피압박민족의 해방운동을 고무 촉진시키고 세계민주진영의 역량까지 더욱 확대 강화시킨 세계인민의 승리"라고 높게 평가했다.[4] 중국의 건국이 갖는 의의를 이렇게 평가한 것은 중국이 북한과 같은 사회주의 국가였다는 이유 때문만은 아니었다. 1년 전, 즉 1948년 9월에 수립된 북한정권의 처지에서 보면 국경을 맞대고 있는 이웃나라에서 성공적으로 사회주의 혁명을 이루어 낸 것은 자신의 안정과 성공적인 사회주의사회 건설의

추진을 보장하는 유력하고도 든든한 지원세력이 탄생했다는 현실적 판단도 있었기 때문이었다. 중국의 수립으로 "우리(북한 | 인용자)는 많은 경험과 도움을 얻게 될 것을 확신한다."[5]고 한 것은 북한이 중국에 무엇을 기대했는지를 적절히 드러낸 것이었다.

중국의 건국이 북한에 각별한 의미를 가진 것은 중국지도부는 북한 지도부와 함께 민족해방운동을 함께 해 온 "동지"였기 때문이기도 했다. 널리 알려져 있듯이 북한지도부는 중국공산당과 함께 "대혁명", "대장정"에 참여했으며 만주지역에서는 항일전쟁까지 치른 역사적 경험을 가지고 있었다. 게다가 "국공내전"에서는 "독자적으로" 또는 중국공산당군에 소속되어 중국국민당을 상대로 한 전투에 참여했으며, 북한정권은 국공내전을 치르고 있는 중국공산당에 전략적 교통로를 제공하거나 전략 물자를 지원함으로써 중국공산당이 전략적 요충지인 만주를 확보하는 데 크게 기여하기도 했다.[6]

한국전쟁은 중국과의 동류, 연대의식을 더한층 강화시킨 계기였다. 북한과 중국은 "실로 1950년 10월 25일을 계기로 하여 더욱 더 피로써 맺어진 형제 관계를 갖게 되었다."는 언급이나[7], 1954년 9월 지원군 철군 소식을 접한 한 지식인이 "4년 동안 중국과 조선의 형제들이 한 마음 한 뜻으로 싸워온 경험"은 바로 "동포와 혈육의 정"이었다고 한 표현에서[8], 한국전쟁이 북한과 중국관계에 어떤 의미를 갖는지를 충분히 짐작하고 남음이 있다. 지원군은 비단 전쟁에만 참가한 것은 아니었다. 전쟁기간 동안 농업노동과 각종 건설 사업에도 참여했다. 게다가 농민들에게 의복과 신발, 일용품 등을 제공했다.[9]

한국전쟁을 거치면서 한층 강화된 중국과의 유대감은, 세 차례에 걸쳐 중국을 방문한 중국방문조선인민대표단(이하, 대표단)이 보인 태도와 표현에서도 어렵지 않게 확인할 수 있다. 즉 "조선 사람은 우리와 형제나 다름없으며 조선과 우리는 입술과 치아의 사이와 같다."는 자신의 남편을 지원군으로 보낸 한 중국인 여성의 말을 듣고 "불멸의 우의를 느꼈고"[10], 중국은 "공동의 원수를 쳐부수는 싸움에서 피로써 맺어진 형제의 나라"였다고 언급했다.[11] 아세아 및 태평양지역 평화대회에 참가하기 위해 1952년 9월 20일 베이징을 방문한 한설야 또한 한국전쟁을 "평화를 지키기 위한 전쟁"이었다며 중국의 "항미원조"를 "피의 원조"로 부르며 중국을 "평화의 동맹자"로 치켜세우기도 했다.[12]

"피로써 맺어진 형제의 나라"로 표현된 강한 유대의식과 양국 간의 우의와 친선의식은 비단 한국전쟁에서 지원군과 함께 "미국제국주의와 싸웠다."는 사실에서만 기인하는 것은 아니었다. "전쟁이 끝난 이후에도 중국인들은 항미원조의 손을 놓지 않아 8억 위안의 원조를 비롯하여 전후 복구 건설장에서 계속하여 고귀한 노력을 주고 있었다."는 사정도 있었다.[13] 사실 한국전쟁 때 미군의 폭격으로 북한사회는 중요 산업시설은 물론 농토 대부분까지 모두 폐허로 변했다.[14] 북한 전역에서 8,700여개의 공장, 70만호의 가옥, 5,000여개의 학교건물이 파괴되었으며, 인력손실은 물론 산업생산량도 격감했다. 전쟁이 끝난 1953년 공업총생산량은 전쟁 전에 비해 40%이상 감소했으며 농업생산량은 25%이상 줄어들었다. 전후복구는 북한이 직면한 중차대한 문제였다.

김일성이 휴전협정이 체결된 후 1953년 11월 중국을 방문하여 전쟁 지원에 감사의 뜻을 전하며 전후복구를 위한 원조를 요청한 것은 북한의 이러한 사정 때문이었다. 중국은 북한의 요청에 8만 위안에 달하는 대규모 원조로 답했다. 전후복구원조는 중국만 진행한 것은 아니었다. 소련을 비롯한 동유럽 사회주의국가들의 원조도 잇따랐다. 특히 소련은 전후복구를 위해 10억 루블에 상당하는 무상원조를 제공했으며 1954~56년 사이에 청진의 김책 금속공장과 수풍 수력발전소 등 20개 중요 공장 및 시설을 복구 또는 신축하도록 지원했다.[15] 중국과 소련 등의 원조로 북한의 전후복구는 빠른 속도로 진행되었다. 집중적인 투자가 이루어진 공업 분야의 경우 그 총생산액은 정전 다음해인 1954년에 이르러 1949년 수준에 근접했으며 1955년에는 이를 능가했다.

흥미로운 사실은 중국의 북한원조에는 지원군도 포함되었다는 점이었다. 34개 사단 이상의 지원군을 북한에 잔류시켜 건설현장에 투입하거나 농촌복구에 참여시켰으며 심지어는 노동력 지원을 위해 조선족 자치구의 일부 조선족을 이주시키기까지 했다.[16] 지원군은 학교와 운동장을 건설했으며 끊어진 다리를 잇고 새로 건설했고 제방을 수축하기도 했다.[17] 중국의 전후복구 지원에는 인력까지 포함되어 있었기 때문에 복구사업을 함께 수행한 양측 사이에는 남다른 유대감이 형성될 수 있었다. 철수하는 지원군을 향해 "육친의 정신으로 전설적 영웅으로 자기희생의 숭고한 정신의 상징으로 불리워지고 있다."고 한 찬사는 의례적인 발언만은 아니었다.[18]

한국전쟁을 계기로 한층 강화된 유대감은 지원군 철수에 맞추어 북한 내부에서 전개된 다양한 활동상을 통해서도 확인할 수 있다.[19] 1958년 2월 27일 통과시킨 「지원군의 우호적 활동을 영구히 기념하기 위한 결의안」에 근거하여 지원군 열사기념탑을 세운다든지 각지에 지원군 열사묘를 정비한다든지 했으며, 황해북도 사리원대로를 "중화인민지원군 거리"로 명명한다든지 "조국해방기념장"을 수여한다든지 했다. "조선-중국우호일"까지 지정하기도 했다. 이러한 활동은 1958년 10월에 최고조에 달했다.

북한과 중국이 1961년 7월 11일 「조선민주주의인민공화국과 중화인민공화국의 우호협조 및 호상원조에 관한 조약」을 체결하고 이른바 "혈맹관계"를 명문화한 것은, 한국전쟁 이후 지속적으로 확대 강화된 양국 간의 우호관계가 있어 가능한 것이었다.

III. "노동 인민이 주인된 나라"

1949년 10월 6일 북한은 중국과 정식 외교 관계를 수립했다. 수교 후 약 1개월이 지난 1949년 11월 16일부터 12월 1일까지 16일에 걸쳐 아세아 및 대양주 제국諸國 직업동맹대회가 베이징에서 개최되었다. 대회에 참가했던 북한대표단은 대회 후 주최국의 안배에 따라 각 도시와 공장들을 방문, 참관했다. 베이징에 위치한 중앙인민인쇄소, 중국체신국을 비롯하여 톈진 철도공장과 톈진 동구방직공장, 상하이 제창방직공장 등을 방문했다.[20] 견학에서 북한대표단은 "해방된 중국의 새로운 면모"와 "노동계급을 선두로 한 중국 인민들의 생기 있는 건설의욕"을 직접 목격했다. 중앙인민인쇄소 노동자들은 "저마다 자기 일에 열성이 높았고 활기 띤 어조로 '중국의 새로운 건설을 위하여'라는 구호를 일상적으로 부르짖는 소리"를 들었고, "장제스 통치 때보다 생산성을 700%나 높이고 있다."는 어떤 여성노동자의 결의까지 접했다. 또 톈진 철도공장에서는 노동자들이 자발적으로 생산성을 높이고 절약운동을 전개하는 모습을 보고 감탄을 감추지 못했다. 신생 "사회주의 형제국"의 도시와 공장을 직접 방문하여 새롭게 변화해가는 모습을 보는 것 자체만으로도 흥분되는 일이었을 테지만, 노동자들의 자발성뿐만 아니라 고양된 애국, 국가의식까지 목도하고는 멀지 않아 중국은 "낙후한 농업국에서 선진 공업국가로 발전해 나아갈 것"이라며 희망찬 전망을 피력하기도 했다.

북한과 중국 사이에 여러 명목의 대표단 교류는 이후에도 지속적으로 이루어졌다. 1951년부터 중국 측에서 북한으로 각종 위문단을 파견하여 "항미원조"를 했고 북한에서도 이에 대한 대응으로 각종 예술단을 중국에 파견하여 고마움을 표했다. 이러한 양측의 문화교류는 중국에서 문화대혁명이 발생하기 이전까지 활발히 전개되었는데, 북한에서 중국으로 파견한 예술단들은 거의 예외 없이 베이징, 톈진, 난징, 상하이 등 대도시뿐만 아니라 농촌 등지까지 찾아가 다양한 공연예술을 펼쳤다.[21]

북한과 중국 사이에 이루어진 이와 같은 활발한 문화교류는 양측을 더욱 더 가까운 관계로 발전시켰고 이 과정에서 북한의 중국인식 또한 명료해지고 체계화되었다. 한국전쟁 이후 중국에 세 차례에 걸쳐 파견된 예의 대표단의 중국방문기는 당시 북한이 중국을 어떻게 인식하고 있었는지를 보여준다. 대표단의 눈에 비쳐진 중국의 모습을 통해 북한의 중국인식의 일단을 드러내보자.

첫째, "해방"과 "인민정권"의 수립으로 주인의식을 갖게 된 노동자들은 사회주의 사회 건설을 위해 열정을 다하는 등 헌신적이었다. 노동자들의 열정과 헌신으로 노동생산성은 높아졌다. 1954년 안산 공업도시를 방문한 대표단은 1950년부터 1953년까지 노동자들이 제출한 창의적 제안이 약 8만 건에 이르렀으며 그 가운데 4천여 건이 직접 생산현장에 적용되었고 그 결과 생산량은 1949년의 4배를 상회했음을 목격했다.[22] 생산성 증대는 노동자의 삶의 질을 향상시켰다. 주택사정이 개선되고 병원과 요양원이 설치되었으며 탁아소, 도서관, 구락부 등이 구비됨으로써 삶의 질이 높아지기도 했다. 건국 이후 변화된 노동자의 일상생활을 "5다五多"로 요약한 대표단 일원도 있었다. 그는 "주택 소유

자, 자전거 이용자, 시계 소유자, 결혼, 자식" 등 다섯 가지가 "해방
전"에 비해 많아졌다고 소개했다. 사회주의 중국의 건설의 주역으로
등장한 노동자가 보인 "분투"와 그에 따라 개선된 "생활 여건"의 면면을
보고 대표단은 감탄해 마지않았다.

둘째, 목도된 변화상은 단지 노동 현장과 생활 여건의 개선에 국한되
지 않았다. 도시 자체가 "근로 인민의 도시"로 변모한 것이었다. 전통
도시 베이징의 고궁, 천단과 이화원은 더 이상 과거의 "제왕과 집권자
의 소유물"이 아니었다. 근로 인민들의 휴식처와 공원으로 그리고
청소년들의 문화궁전으로 새롭게 변모되고 있었다.[23] 고궁박물관을
찾은 한 시인은 "황금빛 기와지붕, 붉은 빛 둥근 기둥/ 채색도 호화로운
그 옛날의 『대궐』엔/ 궁전 누각에 가지가지 보물도 많아라/ 그 좋은
것들 오늘은 모두가 인민의 것"이라며 감격에 차 노래했다.[24]

대표단에 의해 목도된 도시의 변화 중 가장 드라마틱한 사례는
상하이였다.[25] 대표단 가운데 상하이의 변모에 가장 놀라워했던 것은
윤시철이었다. 그는 자신이 알고 있었던 상하이란, "암흑의 거리, 기아
와 빈민의 거리, 도박과 범죄의 거리"였다고 했다. 이러한 도시는
"제국주의 열강의 침략"에서 기인하는 것이었다. 영국, 프랑스, 일본
등 제국주의 열강이 "중국 대륙 침범의 관문이자 대본영"으로 삼아
중국 대륙의 풍부한 상품 원료들을 본국으로 실어 나르는 대신 자신들
의 잉여물자와 반제품들을 들여왔으며, 이 과정에서 회사와 은행들이
건설되었으며 도박방과 매음굴, 온갖 유락장, 댄스홀, 경마장 등까지
건설되었다는 것이었다. 화려함과 번화함 뒤에 숨겨진 퇴폐적 소비,
기아, 그리고 도박과 범죄야말로 상하이의 진면목이었다.

그러나 그가 대표단의 일원으로 다시 찾은 상하이는 이전과는 완전
히 딴판이었다. 동양의 마천루로 알려질 만큼 다양한 고층건물이 시가

지 여기저기에 솟아 올라있고 화려한 네온과 샹들리에가 눈을 부시게 하였으며 자동차와 전자 그리고 삼륜차 행렬이 밤늦도록 물결처럼 흐르고 있는 것은 여전했지만, 상하이는 더 이상 "제국주의 열강의 도시"가 아니라 "근로 인민의 도시"로 탈바꿈했다. 유락장은 근로자들의 구락부와 문화궁전으로, 외국인의 호화로운 개인주택과 사무실은 아동과 청소년의 궁전으로 변했으며, 빈민과 걸인 유랑민의 임시 도피처였던 불결하고 비좁았던 빈민가는 하수도와 수도, 전기시설까지 갖춘 청결하고 밝은 거주지로 바뀌었다. 도심 주변에는 노동자들을 위한 쾌적하고 안정된 주택구역이 개발되었고, 도심 한 가운데 위치한 노동자들의 구락부에는 영화관, 체육관, 도서관, 식당 등 각종 편의시설이 구비되었다. 그의 눈에, "모험가의 낙원"이자 "향락과 소비의 도시" 상하이는 자취를 감추고 그 대신 사회주의적 노동과 생산 그리고 문화의 도시가, "기아와 빈민의 도시"가 사라지고 수도와 하수도 시설은 물론 새로운 주택지역까지 고루 갖춘 노동 인민의 시가지가 새로이 탄생했다. 기존 "약탈자와 매판 자본주의의 도시"에서 "노동 인민의 도시"로 탈바꿈했다. 1960년대 초반 상하이를 방문한 소설가 리근영의 눈에도 상하이는 더 이상 "모험가의 낙원"이 아니었다. 그것은 "로동자의 낙원"이었다.[26]

셋째, 도시 기반시설의 새로운 확충과 함께 다양한 대규모 건설사업도 정력적으로 추진되었다. 특히 대표단의 시선을 끈 것은 우한대교武漢大橋 건설 현장이었다.[27] 양자강을 가로지르는 다리를 건설하고 있는 현장을 방문하고 이 건설사업을 중국의 남북과 서남북을 하나로 잇는 첫걸음이라며 "획기적이며 거대한, 사회주의 건설 시도"라고 높게 평가했다.

Ⅳ. "농업집단화에 성공한 나라"

대표단이 방문한 지역은 도시에 국한되지 않았다. 그들은 농촌도 방문했다. 농촌에서 그들이 주목한 것은 토지개혁과 농업집단화의 진행과 그 성과였다. 그러나 1946년 3월에 불과 20일 만에 토지개혁을 신속하게 완결했던 북한으로서는 중국에서 전개된 토지개혁 자체는 그리 흥미로운 사안은 아니었던 모양이다. 시안西安에서 약 80리 떨어진 교외에 위치한 왕만촌에서는 건국 이전 약 80%정도를 차지한 소작농이 고율의 소작료와 이자 때문에 "굶고 헐벗었지만 토지개혁이 단행된 이후 토지의 주인이 되었다."거나[28], 청두成都 지역 농촌에서는 "빈고농에 의거하고 중농과 단결하고 부농을 중립시키는 방식에 따라 3단계 토지개혁이 진행"되었으며 이와 함께 농촌에서 "민주정권의 건립되었다."는 사실을 담담한 어조로 소개하는 정도에 그쳤다.[29]

그러나 토지개혁 이후 진행된 농업집단화에 대해서만큼은 달랐다. 난징 교외에 위치한 광명 소재 농업합작사를 찾은 대표단은 "동무들 당신들의 합작사 이야기를 들려주시오. 우리는 조선에 돌아가서 중국 형제들의 경험을 조선 농민에게 전하려 합니다."[30]라며 적극적인 태도를 보였다. 농업집단화는 당시 북한사회가 직면한 해결을 요하는 절실한 사안이었기 때문이었다.

북한은 1950년대 전후 복구사업을 아래와 같이 시도하고 있었다. 중공업 중심의 사회주의 공업화를 실현하기 위해 자립적 경제구조를 갖추는 데 초점을 맞추고 이를 뒷받침하기 위해 농업을 협동화하는 방법을 선택했다. 중공업의 우선적 성장을 보장하면서 동시에 전쟁으로 파괴된 농업생산력을 복구하기 위한 농협협동화의 길을 선택했다. 이러한 선택은 복잡한 당내 권력투쟁을 동반한 것이었는데, 권력투쟁

에서 승리한 김일성 중심의 권력의 전후 복구건설이자 사회주의 건설 전략노선이었다.[31]

농협협동화는 1954년부터 일부 지역에서 시험적으로 시도되다가 이 시도가 성공적으로 평가되자 같은 해 11월 대중적 전개가 결의되어 추진되었다. 이른바 대중화단계의 농업협동화는 세 형태로 진행되었다. 개인의 토지소유를 인정한 상태에서 축력과 중요 농기구만을 공동으로 이용하는 방식의 "농촌노력협조반", 토지와 생산도구를 공동출자하여 공동 경작하되 출자한 토지와 노동일에 따라 분배하는 "반사회주의 성격의 협동조합", 그리고 오직 노동일에 따라 수확물을 분배하는 "사회주의적 성격의 협동조합"이 그것이었다.[32] 사회주의적 성격의 농업협동화는 1958년에 완결되었다. 동시에 개인 상공업의 국영화까지 완료되어 전사회의 사회주의적 개조는 일단락되었고, 이로써 북한사회는 사회주의사회로 변화했다.[33]

이상과 같은 농업협동화 과정에서 북한사회는 크고 작은 갈등에 직면해야 했다. 참여를 기피하거나 참여하더라도 출자를 피했으며, 또는 조합출근보다는 텃밭에 매달리는 등 다양한 일탈행위가 드러난 것이었다.[34] 이에 대해 북한당국은 협동조합을 집중 지원하면서 개인농을 고립화하는 정책을 추구함으로써 협동조합에의 농민의 참여를 성공적으로 유도했지만, 그러나 그 과정은 순탄치 않았다.

대표단 일행이 중국 농촌에서 진행되고 있던 농업집단화 과정에 특별한 관심을 표명한 것은 바로 이와 같은 북한사회의 내부 사정 때문이었던 것으로 보인다. 그들은 자신들이 방문한 농촌지역에서 토지개혁 이후 개인영농에서 호조조互助組로, 호조조에서 합작사合作社로 집단화의 규모를 키워간 과정을 소개받으면서 그 과정에서 직면해야 했던 다양한 난관과 애로를 경청했다. 가장 큰 애로는 농업집단화의 유리한 점을 농민들이 믿고 따르지 않았다는 점이었다. 이러한 문제점을 해결하기 위해 지도부는 인내심을 가지고 농민들을 지도하고 설득했으며, 게다가 꾸준히 생산을 증대시켜 합작사에 대한 농민들의 불신과 회의를 불식시켰으며 그 결과 농민들의 합작사 가입률을 높일수 있었다는 경험을 들었다. 1954년 왕만촌 전농가 호수의 83%가합작사에 가입한 사정[35], 난징 교외 광명 소재의 농업합작사에서는합작사 이후 조합원들의 현금 분배액이 해마다 늘어 1954년에 인민폐1,000위안에 달했던 사정들을 주의 깊게 들었다.[36] 나아가서는 광명소재의 농업합작사는 농가를 새로이 신축하여 생활여건을 크게 개선하는 한편 농민업여학교農民業餘學校를 창설하여 농민들의 문화적 욕구까지 크게 충족시켰음을 들었다. 그리고 병원을 신축하여 위생과 건강문제도 해결하는 다방면에 걸친 성과를 거둘 수 있었음을 면밀히관찰했다.

중국은 1950년대 말에 이르러 기존 합작사를 인민공사人民公社로 확대 개편했다. 대약진운동의 일환으로 전개된 인민공사는 기존 합작사를 통합하여 집단화의 규모를 확대하는 한편 농업뿐만 아니라 공업, 상업 나아가서는 교육과 자위 기능까지 갖춘 말하자면 하나의 독립적인 자급자치공동체 조직을 추구한 것이었다. 인민공사는 중소갈등으로 소련의 지원을 더 이상 바랄 수 없는 상황에서 소련 모델로부터의결별을 전제로 "독자적인 일국의 완성된 사회주의사회 건설"을 지향하고자 했던 지도부의 의지를 반영한 것이었다. 농민들은 토지와 생산도구를 인민공사에 헌납하고 토지를 공공으로 경작했으며, 주택과 식당까지 공유했다. 1958년 봄에 시작된 인민공사의 조직화는 10월에 이르러 전농민의 약 99%가 가입할 정도로 급진전되었으며 때마침 1958년도 풍작으로 "공산주의의 싹"이 형성되기 시작했다고 선전될 정도로 과열되었다.

진작부터 중국의 농업집단화 경험에 주목하고 있었던 북한 지식인들에게 인민공사는 주목의 대상에서 벗어날리 없었다. 1960년 12월부터 1961년 1월에 걸쳐 중국을 방문한 소설가 리근영에게 인민공사는 아래와 같이 주목되었다. 먼저 베이징의 한 인민공사를 방문한 그는 백발의 할머니가 세탁소에서 다림질을 하고 있는 모습을 목격하고 대약진운동과 인민공사는 베이징의 인민들의 일상을 지배하고 있으며 "중국 노동자들의 건설 의욕과 희열에 감명받았다."고 전했다.[37] 또 정저우鄭州에서 약 20km 떨어진 고신 인민공사를 참관하고서는 1959년부터 1960년에 걸친 "100년 만의 자연재해"를 이겨낸 농민들의 모습을 전달하며 "이것이야말로 사회주의적 협동 경리의 위대한 힘"이라고 치켜세웠다.[38] 게다가 자신의 중국방문, 특히 인민공사 참관의 경험을 총괄하면서 "해방 전 낙후되고 빈궁한 중국의 모습, 제국주의 열강의 침략의 대상이었던 모습은 이제 중국농촌에서는 찾아볼 수 없다."고 단언까지 했다.[39] 더 이상의 구체적인 소개가 없어 인민공사에 대한 그의 판단을 온전히 파악할 수 없지만, 분명한 것은 인민공사운동에 능동적으로 참여하고 있는 노동자의 모습이나 대약진운동으로 거둔 성과를 높이 평가하고 있는 점으로 미루어 볼 때 인민공사를 중국사회주의사회 건설을 한 단계 끌어올린 시도로 높게 평가하고 있음을 알 수 있다.

리근영의 이상과 같은 인민공사에 대한 관심과 평가는 피상적인 것이었다. 리근영 자신도 언급했듯이 중국은 1959년과 1960년에 걸쳐 "100년 만의 자연재해"라 할 만큼 심각한 자연재해에 시달려야 했다. 당시 생산량은 현격히 줄었으며 식량난으로 인하여 특히 어린이를 중심으로 한 아사자도 속출하기도 했다. 자연재해뿐 아니었다. "대풍

작"으로 선전되었던 1958년 작황은 사실 과장된 허위보고에 근거한 것이었다. 합작사에서 인민공사로의 확대개편은 현실을 무시한 무모하고도 급진적인 시도였음은 이미 1959년 여름 루산회의廬山會議에서 펑더화이彭德懷(1898~1974)의 마오쩌둥 비판에서 드러난 바 있었다. 그러나 리근영은 중국 농민들은 100년만의 자연재해를 "사회주의적 협동과 경리의 위대한 힘으로 성공적으로 극복"했을 뿐만 아니라, 대약진운동으로 중국 농촌은 "빈궁과 낙후에서 벗어날 수 있었다."고 평가했던 것이다.

인민공사에 대한 그의 긍정적 시선은 무엇을 반영하는 것일까. 그는 북한문학사에 농촌소설의 장을 개척한 대표적인 작가로 알려져 있다.[40] 1935년 『신가정』에 「금송아지」로 문단에 데뷔한 후 8·15해방 이전까지 주로 농촌사회의 소작농의 삶이나 신여성의 허영, 그리고 부패해가는 도시에 적응하지 못한 소시민의 내적인 갈등 등을 작품화했으며, 월북 이후에는 「청천강」(1953), 「첫수확」(1956), 「별이 빛나는 곳」(1966) 등 작품을 발표했다. 특히 그의 작품 중 「첫수확」은 농업협동화의 대중화 단계의 상황을 문학적으로 형상화하고 그 성공을 보여줌으로써 농촌이 새로이 나아가야 할 방향을 제시했다. 그에게 농업협동화는 바로 북한 사회주의사회 건설의 성공여부를 결정짓는 관건이었다. 그에게 농업협동화 성공의 열쇠는 공산당의 지도, 그리고 이에 대한 농민들의 능동적 참여 여부였다.

그가 각지 인민공사를 참관하면서 "노동자들의 건설 의욕"과 "영웅적인 노동생산성"에 눈길을 주고[41] 인민공사운동이 거둔 성취의 원인으로 "공산당의 지도"에 주목[42]했던 것은 바로 이와 같은 농업집단화에 대한 그의 남다른 관심을 반영한 것이었다. 나아가서는 리근영의 시선을 통해 주목된 "노동자, 농민의 능동성"과 "당의 지도"라는 인민공사의 성공 요인에 대한 강조는 당시 북한 당국이 추구하고자 했던 사회주의 건설방식과도 긴밀히 연관된 것이기도 했다.

앞서도 언급했듯이 1958년 농업집단화는 물론 개인상공업의 사회주의적 개조가 완성되었다. 이 성과를 바탕으로 북한 지도부는 조선민주주의인민공화국 인민경제발전 제1차 5개년계획안(이하, 5개년계획)을 발표하고 본격적인 경제발전을 추구했다. 그런데 주목되는 것은 이 계획을 앞당기기 위해 노동자, 농민들을 적극적으로 독려하고 나섰다는 점이었다. 이 과정에서 공산주의 교육과 공산주의 의식이 강조되기 시작했다. 말하자면 생산력 증대를 위해 사상의식을 강조하기 시작했던 것인데, 공산주의교양운동을 강화하고 이를 집단적 혁신운동과 결합시켜 "천리마운동"으로 발전시켜 나가고자 하는 전략을 구상했던 것이다.[43]

흥미로운 사실은 이러한 경제발전 전략은 다분히 인민공사화 방식을 의식하면서 추구되었다는 점이다. 인민공사화는 일국의 완결된 사회주의의 건설을 달성하기 위해 대중동원이라는 방식과 노동대중들의 사상의식교육을 강조하면서 추구되었다는 특징을 가진다. 급속한 경제개발을 통해 공산주의사회로의 이행을 전망하기도 했다. 이른바 대약진운동이었다. 이 시기 북한의 경제발전 전략은 다분히 대약진운동을 의식하면서 추구되었다는 점은 "사회주의혁명을 빨리 완성하고 형제국가 인민들이 공산주의사회로 들어갈 때 우리들도 뒤떨어지지 말고 그들과 함께 공산주의로 들어가야 한다."는 1959년도 김일성의 호소[44]에서도 확인할 수 있다.

요컨대 북한의 급속한 집단화 방침은 중국의 농업집단화, 특히 인민공사화를 의식하고 사회주의단계에서 꼬뮌적 요소를 적극 도입, 급속하게 공산주의로 이행하려는 전략이었던 것으로 이해된다.[45] 이러한 사정이 북한의 전후 복구사업이 기본적으로 중국의 격려 속에서 이루어진 것이었다는 사정과 관련이 깊다. 소련은 중공업과 경공업의 균형 발전 또는 기계화 후 농업집단화 실행 등을 주장하며 북한의 전후 복구를 위한 전략과 그 정책에 비판적이었으나, 반면 농업집단화를 추구하고 있었던 중국은 호의적이었기 때문이었다. 김일성은 마오쩌둥의 격려와 지원 속에서 농업집단화에 나섰던 것이다.[46]

V. 나가며

한국전쟁을 전후하여 북한과 중국은 서로 대표단을 파견했다. 특히 한국전쟁을 계기로 이른바 항미원조와 그에 대한 답례의 방식으로 활발하게 문화교류를 했다. 문화교류의 과정에서 양측은 다양한 형식의 방문기를 간행한 것으로 파악된다. 이들 방문기는 한국전쟁을 전후한 시기의 양측의 상호인식을 해명하는 데 중요한 자료가 된다. 이 글은 우선 북한에서 간행된 중국방문기 일부를 검토하여 북한 지식인들은 중국에서 무엇을 보고자 했고 알고자 했는지를 드러냄으로써 당시 북한의 중국인식의 일단을 해명하고자 했다.

한국전쟁 직후 중국을 방문한 북한 지식인들에게 중국은 "피로 맺어진 형제의 나라"로 인식되었다. 과거 항일운동을 함께 한 데서 기인한 동지적 유대의식은, 한국전쟁을 계기로 한층 더 두터워졌다. 중국은 지원군 파견을 통해 괴멸상태에 처한 북한정권을 지원하고 전쟁을 반전시켰으며 휴전협정까지 체결하는 데 결정적인 역할을 했다. 게다가 전후 복구를 위해 다양한 지원을 아끼지 않았다. 중국방문단을 맞아 다양한 중국인들이 보여준 열성적인 태도와 지극한 환대는 "피로 맺어진 형제의 나라"로서 손색이 없는 것이었다.

신생 중국은 사회주의 건설을 정력적으로 추구하는 이웃나라이기도 했다. 대도시와 공장을 방문한 북한 지식인들은 중국 노동자들이 생산력을 높이기 위해 얼마나 열정적, 헌신적으로 생산에 참여하고 있는지, 그 결과 얼마나 생산력이 증대되고 있는지 노동자의 생활 여건은 얼마나 변화되고 개선되고 있는지를 직접 목격했다. 노동자들은 더 이상 과거와 같이 억압받고 착취당하는 피동적인 계급이 아니었고, 사회주의 사회의 건설의 주역이었다. "근로 인민이 주인된 나라"의 대도시는 더 이상 과거와 같이 "제왕과 집권자" 또는 "약탈자와 매판 자본가"의 도시일 수 없었다. "근로 인민의 도시"로 재탄생했다.

북한 지식인들은 중국을 "농업집단화를 성공적으로 이루어 가는 나라"로 주목하기도 했다. 호조조에서 합작사로 다시 합작사에서 인민 공사로 집단화의 수위를 높여가고 있었던 중국 농촌 사정에 깊은 관심을 보였으며 중국의 농업집단화의 경험에 귀 기울였다. 이 과정에서 성공적인 농업집단화를 통해 점차 "공산주의사회로 진입하고 있는 형제국"이라는 이미지도 형성되었다. 이러한 중국인식은 당시 북한의 전후 복구 사업의 방향과 내용을 반영한 것이었다. 사회주의 공업화를 뒷받침하면서 파괴된 농업생산력을 복구하기 위한 전략으로 농업협동화를 선택, 추진했던 북한으로서는 농업집단화의 성공적 사례로 중국에 주목했던 것이었다. 소련에 비해, 북한의 전후 복구사업의 방향에 호의적이었던 중국의 입장은 북한 지식인의 이상과 같은 중국인식을 형성하는 데 중요한 배경으로 작용했다.

이 글은 1960년대 초반 북한과 중국 사이에 혈맹으로 상징되는 정치 군사적 동맹관계가 제도화될 때까지를 하한으로 하여 북한의 중국인식의 내용과 그 특징을 분석해 보았다. 양국 사이의 이른바 혈맹관계가 부침은 있었으나 기본적으로 1990년 후반까지 지속되었다는 점을 감안할 때 본문에서 분석된 중국인식은 냉전기 북한의 중국인식을 압축적으로 보여준다고 할 수 있다. 그럼에도 냉전기 북한의 중국인식이 온전히 해명되기 위해서는 1960년대 중반부터 1990년대 후반까지 양국 사이의 관계와 문화교류의 양상을 검토하는 작업이 뒤따라야 할 것이다.

참고문헌

| 자료 |

▪ 일간지 및 잡지
『경향신문』, 『동아일보』, 『매일경제』, 『조선일보』, 『한겨레신문』
『사상계』, 『세대』, 『신동아』, 『정경연구』

▪ 기타 자료
『高麗大學校亞細亞問題硏究所 二十年誌』(서울 : 아세아문제연구소, 1977).
길현익, 「중공에 있어서의 급진파 온건파의 투쟁과 그 사상적 배경」, 『동양사
　　　학연구』 12·13(1978.8.).
김영석, 「위대한 우의」, 『조선문학』(1955.10.).
김영준, 「중공의 분파투쟁과 모택동 후계자에 관한 연구」, 『아세아연구』
　　　27(1967.9.).
김준엽 편, 『중공권의 장래』(서울 : 범문사, 1967).
김준엽, 「신해혁명의 의의」, 『중국학보』 22(1981.12.).
김준엽, 『孫文·胡適』(서울 : 지경사, 1968).
김준엽, 『역사의 신』(서울 : 나남, 1990).
김준엽, 『장정 - 나의 광복군시절(상)』(서울 : 나남, 1989).
김준엽, 『장정 - 나의 광복군시절(하)』(서울 : 나남, 1989).
김준엽, 『장정3 - 나의 대학총장시절』(서울 : 나남, 1990).
김준엽, 『장정4 - 나의 무직시절』(서울 : 나남, 1990).
김준엽, 『장정5 - 다시 대륙으로』(서울 : 나남출판, 2001).
김준엽, 『중공과 아시아』(서울 : 일조각, 1979).

김준엽, 『중국공산당사』(서울 : 思想界社, 1958).

김준엽, 『중국최근세사』(서울 : 思想界社, 1963/ 1975년 재판).

리근영, 「대약진속의 한 로동자를 만나고(4)−중국기행문 중에서」, 『문학신문』(1961.2.25.).

리근영, 「로동자의 락원(1)−중국기행문 중에서」, 『문학신문』(1961.2.21.).

리근영, 「북경사람들(1)−중국기행문 중에서」, 『문학신문』(1961.2.17.).

리근영, 「세상은 달라졌다−중국기행문 중에서」, 『문학신문』(1961.2.28.).

리근영, 「중국공산당 창건 40주년을 맞이하여−영원한 불씨」, 『문학신문』(1961.6.30.).

리영희 | 김동춘 대담, 「리영희−냉전이데올로기의 우상에 맞선 필봉」, 『역사비평』 31(1995 여름).

리영희 | 백영서 대담, 「비판적 중국학의 뿌리를 찾아서」, 『중국의 창』(2003).

리영희 | 백영서·정민 대담, 「전환시대의 이성 리영희선생의 삶과 사상」, 『리영희선생화갑기념문집』(서울 : 두레, 1989).

리영희 | 임헌영 대담, 『대화』(서울 : 한길사, 2005).

리영희 편, 『10億人의 나라』(서울 : 두레, 1983).

리영희 편, 『8억 인과의 대화』(서울 : 창비, 1977).

리영희, 『리영희저작집 10 : 반세기의 신화』(서울 : 한길사, 2006).

리영희, 『리영희저작집 2 : 우상과 이성』(서울 : 한길사, 2006).

리영희, 『리영희저작집 7 : 自由人, 자유인』(서울 : 한길사, 2006).

리영희, 『리영희저작집 8 : 새는 '좌우'의 날개로 난다』(서울 : 한길사, 2006).

리영희, 『전환시대의 논리』(서울 : 창비, 2006년 제2판).

막스 베버 | 전성우 번역, 「직업으로서의 학문」, 『막스베버 사상전집 I : '탈주술화' 과정과 근대−학문·종교·정치』(서울 : 나남출판, 2002).

민두기 편, 『중국국민혁명 지도자의 사상과 행동』(서울 : 지식산업사, 1988).

민두기 편, 『중국국민혁명운동의 구조분석』(서울 : 지식산업사, 1990)

민두기, 『역사의 창』(서울 : 지식산업사, 1977년 재판).

민두기, 『중국근대개혁운동의 연구』(서울 : 일조각, 1985).

민두기, 『중국근대사론 I』(서울 : 지식산업사, 1976년 초판/ 1985년 3판).

민두기, 『중국근대사연구』(서울 : 일조각, 1973).

민두기, 「80년대 일본에서의 중국사연구와 중국현실에의 대응」, 『동아문화』 22(1984.12.).

민두기, 『누가 승자인가』(서울 : 지식산업사, 1985).

민두기, 『시간과의 경쟁』(서울 : 연세대학교출판부, 2001).

민두기, 『신언준 현대중국관계 논설선』(서울 : 문학과지성사, 2000).

민두기, 『중국에서의 자유주의의 실험』(서울 : 지식산업사, 1997).

민두기, 『중국의 공화혁명(1901~1913)－신해혁명사개제』(서울 : 지식산업사, 1999).

민두기, 『중국초기혁명운동의 연구』(서울 : 서울대학교출판부, 1997).

민두기, 『한 송이 들꽃과 만날 때』(서울 : 지식산업사, 1998).

박원술, 「중국로동자들의 증산투쟁」, 『로동자』 3-1(1950.1.25.).

비트포겔 | 나현수 역, 「동양적 전제주의론과 시대구분」, 『중국사시대구분론』(서울 : 창작과 비평사, 1984).

일심, 「중국인민들의 위대한 승리－중화인민공화국 탄생」, 『로동자』 11(1949.11.25.).

임순득, 「수고하였습니다!－떠나는 중국인민지원군들에게」, 『조선문학』(1954.10.).

중국공산당 중앙문헌연구실 편 | 허원 옮김, 『정통 중국현대사 : 중국공산당의 역사문제에 관한 결의』(서울 : 사계절, 1990).

최명, 『현대중국의 정치』(서울 : 법문사, 1974).

하앙천, 「중화인민공화국 창건을 위한 중국 인민들의 투쟁」, 『근로자』 41(1949.10.15.).

한설야, 「북경평화대회의 인상」, 『문학예술』 5-12(1952.12.30.).

황건, 박팔양, 윤시철, 김북원, 주진경, 『중국방문기』(평양 : 국립출판사, 1956).

閔斗基, 「1920年代の韓國人の孫文觀」, 『孫文とアジア』(東京 : 汲古書店, 1993).

閔斗基, 「中華民國史と中國現代史」, 『近きに在りて』 15(1989.5.).

Min, Tu-ki, *National Polity and Local Power : The Transformation of Late Imperial China* (Harvard University Press, 1989).

| 연구서 |

M. Robinson | 김민환 역, 『일제하 문화적 민족주의』(서울 : 나남, 1990).

고병익, 『동아사의 전통』(서울 : 일조각, 1976).

김건우, 『사상계와 1950년대 문학』(서울 : 소명출판사, 2003).

김민환, 『한국언론사』(서울 : 사회비평사, 1997).

김성보, 『남북한 경제구조의 기원과 전개』(서울 : 역사비평사, 2000).

김하룡, 『중공 문화혁명 연구』(서울 : 고려대학교출판부, 1975).

배경한, 『쑨원과 한국』(서울 : 한울, 2007).

배경한, 『중국과 아시아』(서울 : 한울, 2016).

백승욱, 『문화대혁명』(서울 : 살림, 2007).

백영서, 『동아시아의 귀환』(서울 : 창비, 2000).

백영서, 『핵심현장에서 동아시아를 다시 묻다』(서울 : 창비, 2013).

베른트 슈퇴버 | 최승완 옮김, 『냉전이란 무엇인가』(서울 : 역사비평사, 2008).

비트포겔 | 구종서 역, 『동양적 전제주의』(서울 : 법문사, 1991).

서동만, 『북조선사회주의체제성립사, 1945-1961』(서울 : 선인, 2005).

서동만, 『북조선연구』(서울 : 창비, 2010).

이시카와 쇼지·히라이 가즈오미 | 최덕수 옮김, 『끝나지 않은 20세기』(서울 : 역사비평사, 2008).

이욱연, 『포스트사회주의시대 중국지성』(서울 : 서강대학교출판부, 2017).

이종석, 『북한-중국관계, 1945-2000』(서울 : 중심, 2001).

이종석, 『현대북한의 이해』(서울 : 역사비평사, 2000).

전인갑, 『현대중국의 제국몽』(서울 : 학고방, 2016).

전해종, 『한국과 중국』(서울 : 지식산업사, 1982년 재판).

정재서, 『동아시아연구』(서울 : 살림, 1999).

조경란, 『국가, 유학, 지식인』(서울 : 책세상, 2016).

최원식·백영서 편, 『대만을 보는 눈』(서울 : 창비, 2012).

폴 A. 코헨 | 이남희 옮김, 『학문의 제국주의』(서울 : 산해, 2003).

하세봉, 『동아시아 역사학의 생산과 유통』(서울 : 아세아문화사, 2001).

허영섭, 『대만, 어디에 있는가』(서울 : 채륜, 2011).

현광호, 『한국근대사상가의 동아시아 인식』(서울 : 선인, 2009).
황원구, 『동아세아사연구』(서울 : 일조각, 1976).

王晴佳, 『臺灣史學五十年(1950~2000) : 傳統·方法·趣向』(臺北 : 麥田出版社, 2002).
劉靑峰 編, 『文化大革命 : 史實與硏究』(香港 : 中文大學出版社, 1996).
張朋園, 『郭廷以 費正淸 韋慕庭』(臺北 : 中央硏究院近代史硏究所, 1997).
中朝關係通史編寫組 編, 『中朝關係通史』(長春 : 吉林人民出版社, 1996).

管英輝 編, 『冷戰史の再檢討』(東京 : 法政大學出版局, 2010).
貴志俊彦·土屋由香 編, 『文化冷戰の時代－アリカとアジア』(東京 : 國際書院, 2009).

| 연구논문 |

강진아, 「G2시대의 중국사회주의 : 역사적 관점에서 본 중국의 개혁개방」,
    『역사비평』 106(2014 봄).
김건우, 「1964년의 담론 지형」, 『대중서사연구』 22(2009.12.).
김경동, 「근대화론」, 『한국사 시민강좌』 25(1999.8.).
김세호, 「1920년대 한국 언론의 중국국민혁명에 대한 반응」, 『중국학보』
    40(1999).
김인걸, 「현대한국사학의 과제」, 『20세기 역사학 21세기 역사학』(서울 : 역사
    비평사, 2000).
김태승, 「신해혁명에서 공화혁명으로 : 민두기, 『신해혁명사－중국의 공화
    혁명(1901-1913)』」, 『창작과 비평』 22-4(1994 겨울).
김태승, 「중국근대사 인식의 계보와 유산」, 『20세기 역사학, 21세기 역사학』
    (서울 : 역사비평사, 2000).
김형종, 「고 민두기 선생의 학문적 업적」, 『동양사학연구』 74(2001.4.).
김희교, 「동양사연구자들의 '객관주의' 신화비판」, 『역사비평』 51(2000 여름).
김희교, 「한국의 비판적 중국담론, 그 실종의 역사」, 『역사비평』 57(2001
    겨울).

박영재, 「동아시아의 근대화와 인문학」, 『인문과학』 71(1994.6.).

박태균, 「1960년대 일본중심의 동아시아 질서 형성과정」, 『동아시아의 지역
질서』(서울 : 창비, 2005).

배경한, 「민두기 선생의 중국근현대사 연구와 그 성과」, 『중국근현대사의
재조명 1』(서울 : 지식산업사, 1999).

배경한, 「민두기 선생의 중국근현대사연구와 그 계승방향」, 『중국근현대사연
구』 9(2000.9.).

배경한, 「종전 전후 시기 국민정부의 대한정책」, 『중국근현대사연구』 76
(2017.12.).

백영서, 「중국의 '동북공정'과 한국인의 중국인식의 변화」, 『중국근현대사연
구』 58(2013.6.).

백영서, 「중국학의 궤적과 비판적 중국연구」, 『대동문화연구』 80(2012.12.).

서진영, 「김준엽과 중국연구, 그리고 한반도 통일문제」, 『김준엽과 중국』(서
울 : 2012).

손석춘, 「리영희 비판과 반비판의 논리적 비판」, 『한국언론정보학보』 61
(2013.2.).

손승회, 「'금구'에 대한 도전」, 『역사학보』 191(2006.9.).

손준식, 「동아일보(1920-1940)기사를 통해 본 식민지 조선의 대만인식」, 『중
국학보』 61(2010.6.).

손준식, 「식민지 조선의 대만인식」, 『중국근현대사연구』 34(2007.6.).

신주백, 「1960년대 '근대화론'의 학계 유입과 한국사연구」, 『사학연구』 125
(2017.3.).

오병수, 「아시아재단과 홍콩의 냉전(1952-1961)」, 『동북아역사논총』 48
(2015.6.).

유용태, 「중국의 지연된 근대외교와 한중관계」, 『한중관계의 역사와 현실』(서
울 : 한울, 2013).

윤남한, 「동양사연구의 회고와 전망」, 『역사학보』 68(1975.12.).

이경란, 「1950-60년대 초반의 잡지와 지식인-사회운동 관계망」, 『1950-60년
대 동아시아 지식·지식장의 재구성』(연세대학교 국학연구원HK사업
단 제11차 사회인문학 포럼, 2010).

이경란, 「1950-70년대 역사학계와 역사연구의 사회담론화」, 『동방학지』 152 (2010.12.).

이남주, 「중국의 변화를 어떻게 볼 것인가」, 『창작과 비평』 157(2012 가을).

이병인, 「중국현대사」, 『역사학보』 199(2008.9.).

이상록, 「1960-70년대 비판적 지식인들의 근대화인식」, 『역사문제연구』 18 (2007.10.).

이석희, 「서양학자들의 동양사회국가관에 관한 고찰」, 『한국행정사학지』 3(1994.11.).

이성구, 「민두기 선생의 중국고대사연구」, 『고대중국의 이해 4』(서울 : 지식 산업사, 1998).

이성규, 「김상기」, 『한국의 역사가와 역사학 하권』(서울 : 창비신서, 1994).

이재령, 「미소군정기 중국공산당 언론의 남한인식」, 『동양학』 60(2015.9.).

이재령, 「미소군정기 중국공산당의 한국인식」, 『동양사학연구』 126(2014. 3.).

이종원, 「동북아 국제질서 속에서의 한국의 좌표와 전망」, 『열강의 점령정책 과 분단국의 독립·통일』(서울 : 건국대학교출판부, 1999).

이학로, 「중국근대사연구의 회고와 전망」, 『역사학보』 199(2008.9.).

임대식, 「1950년대 미국의 교육원조와 친미 엘리트의 형성」, 『1950년대 남북 한의 선택과 굴절』(서울 : 역사비평사, 1998).

임대식, 「1960년대 초반 지식인들의 현실인식」, 『역사비평』 65(2003 겨울).

임상범, 「민두기 사학의 일면」, 『동양사학연구』 107(2009.9.).

장규식, 「1950-70년대 사상계 지식인의 분단인식과 민족주의론의 궤적」, 『한 국사연구』 167(2014.12.).

정문상, 「'역사전쟁'에서 '역사외교'로」, 『아시아문화연구』 15(2008.11.).

정문상, 「'중공'과 '중국' 사이에서」, 『동북아역사논총』 33(2011.9.).

정문상, 「『역사비평』과 한국의 중국학 연구」, 『역사비평』 100(2012 가을).

정문상, 「김준엽의 근현대 중국론과 동아시아 냉전」, 『역사비평』 87(2009 여름).

정문상, 「냉전기 북한의 중국인식」, 『우리어문연구』 40(2011.5.).

정문상, 「냉전기 한국인의 대만인식」, 『중국근현대사연구』 58(2013.6.).

정문상, 「문화대혁명을 보는 한국사회의 한 시선」, 『역사비평』 77(2006 겨울).

정문상, 「한국의 냉전문화 형성과 문화대혁명」, 『중국근현대사연구』 48 (2010.12.).

정용욱, 「1940-1950년대 미국의 한국 민족주의 인식 및 연구」, 『우리 학문 속의 미국』(서울 : 한울, 2003).

정일준, 「한국 사회과학 패러다임의 미국화-근대화론의 한국전파와 한국에서의 수용」, 『아메리카나이제이션』(서울 : 푸른역사, 2008).

정진아, 「북한이 수용한 '사회주의 쏘련'의 이미지」, 『통일문제연구』 54 (2010 하반기).

조은경, 「《東方戰友》를 통해 본 李斗山의 국제연대 인식과 활동」, 『한국독립운동사연구』 37(2010.12.).

지만수, 「한중 경제관계를 바라보는 시각」, 『한국과 중국, 오해와 편견을 넘어서』(서울 : 제인앤씨, 2006).

찰스 암스트롱, 「북한 문화의 형성, 1945-1950」, 『북한현대사 1』(서울 : 한울, 2004).

최소자, 「임진난시 조선지배층의 대명의식」, 『미술사학연구』 136·137(1978. 3.).

하남석, 「중국의 고민을 어떻게 이해할 것인가」, 『황해문학』 82(2014.3.).

하세봉, 「우리들의 자화상 : 최근 한국의 중국 근현대사연구」, 『한국사학사학보』 21(2010.10.).

한기형, 「근대초기 한국인의 동아시아인식」, 『대동문화연구』 50(2005.6.).

한영우, 「이병도」, 『한국의 역사가와 역사학 하권』(서울 : 창비신서, 1994).

함홍근, 「회고와 전망」, 『역사학보』 39(1968.10.31.).

홍혜미, 「전후 북한 농업협동화의 문학적 수용」, 『배달말』 36(2005).

徐友漁, 「西方學者對中國文革的硏究」, 『二十一世紀』 31(1995).

楊鳳城, 「中國大陸史學界の文革硏究」, 『アジア遊學』 65(2004).

李月軍·趙永洪, 「"文化大革命"硏究之現狀」, 『許昌學院學報』 2003-3.

陳姃湲, 「處於〈東洋史〉與〈國史〉之間」, 『臺灣史硏究』 18-3(2011.9.).

大保田文次, 「閔斗基教授の新著を手にして－その歴史像を見る」, 『近きに在りて』27
    (1995.5.).

白永瑞, 「中國現代史の再構築と東アジア的視覺: 韓國からの發信」, 『周邊から見た
    20世紀中國』(福岡: 中國書店, 2002).

並木賴壽, 「日本における中國近代史研究の動向」, 『近代中國研究案內』(東京: 岩
    波書店, 1993).

森悅子, 「書評: 閔斗基 編, 『中國國民革命指導者의 思想과 行動』」, 『史林』72-5
    (1989).

吳金成, 「韓國における中國史研究の半世紀」, 『中國－社會と文化』15(2000).

吳金成, 「韓國の明淸時代史研究の現狀と課題」, 『中國－社會と文化』4(1989).

李成珪, 「韓國における中國史研究の現狀」, 『東洋文化研究』(學習院大) 3(2001.
    3.).

鄭文祥, 「閔斗基教授(1932-2000)の中國近現代史研究とその歷史像」, 『近きに在
    りて』44·45(2004.6.).

Chung, Moonsang, "How South Koreans Interpreted Modern China: South
    Korean Studies of Modern Chinese History during the Cold War
    Era", *Korea Journal* Vol.58, No.1 (Spring 2018).

Esherick, Joseph W., Paul G. Pickowicz, and Andrew G. Walder, "The
    Chinese Cultural Revolution as History: An Introduction", *The
    Chinese Cultural Revolution as History* (Stanford: Stanford University
    Press, 2006).

Hwang, Dongyoun, "The Politics of China Studies in South Korea: A Critical
    Examination of South Korean Historiography of Modern China
    since 1945", *Journal of Modern Chinese History* Vol.6, No.2 (December
    2012).

Koschmann, Victor J., "Mao Zedong and the Postwar Japanese Left", *Critical
    Perspectives on Mao Zedong's Thought*, edited by Arif Dirlik, Paul
    Healy and Nick Knight (New Jersey: Humanities Press, 1997).

McCarthy, Kathleen D., "From Cold War to Cultural Development : The International Cultural Activities of The Ford Foundation, 1950-1980", *Daedalus* (Winter 1987).

Sutton, Francis X., "The Ford Foundation : The Early Years", *Daedalus* (Winter 1987).

미주

서장

1 지만수, 「한중 경제관계를 바라보는 시각」, 『한국과 중국, 오해와 편견을 넘어서』(서울 : 제인앤씨, 2006), 288~289쪽.

2 동북공정에 대해 한국사회가 보인 대응양상에 대한 설명은 정문상, 「"역사전쟁"에서 "역사외교"로－동북공정에 대한 한국인의 대응양상」, 『아시아문화연구』 15(2008.11.) 참고.

3 동북공정에 대한 『역사비평』에 실린 논문들에 대한 소개와 분석은 정문상, 「『역사비평』과 한국의 중국학 연구」, 『역사비평』 100(2012 가을) 참고.

4 백영서, 「중국의 "동북공정"과 한국인의 중국인식의 변화－대중과 역사학계에 미친 영향을 중심으로－」, 『중국근현대사연구』 58(2013.6.) 참고.

5 중국 부상에 대한 국내외 학계의 동향, 특히 한국 학계의 관점을 간결하게 소개, 비평한 글로는 강진아, 「G2시대의 중국사회주의 : 역사적 관점에서 본 중국의 개혁개방」, 『역사비평』 106(2014 봄) 참고.

6 중국근현대사를 전공한 한국의 연구자들에게 동북공정은 중화민족주의, 다민족통일국가론 등과 같은 논리뿐만 아니라, 한중간 영토, 국경문제에 대한 관심을 증대시켰다. 이러한 학계 동향에 대해서는 손승회, 「'금구'에 대한 도전」, 『역사학보』 191(2006.9.) ; 이학로, 「중국근대사연구의 회고와 전망」, 『역사학보』 199(2008.9.) ; 이병인, 「중국현대사－연구영역의 확대·격원과 새로운 방향의 모색」, 『역사학보』 199(2008.9.) 등 참고.

7 유용태, 「중국의 지연된 근대외교와 한중관계」, 『한중관계의 역사와 현실』(서울 : 한울, 2013) 참고.

8 전인갑, 『현대중국의 제국몽 : 중화의 재보편화 100년의 실험』(서울 : 학고방, 2016) 참고.

9 조경란, 『국가, 유학, 지식인－현대 중국의 보수주의와 민족주의』(서울 : 책세상, 2016) 참고.

10 백영서, 「중화제국론의 동아시아적 의미 : 비판적 중국연구의 모색」, 『핵심 현장에서 동아시아를 다시 묻다』(서울 : 창비, 2013), 289~291쪽. 이와 유사한 문제의식은 이남주, 「중국의 변화를 어떻게 볼 것인가 : 한중수교 20주년을 맞이하여」, 『창작과 비평』 157(2012 가을) ; 하남석, 「중국의 고민을 어떻게 이해할 것인가」, 『황해문학』 82(2014.3.) ; 이욱연, 「'중국' 재발견의 지적 조류와 한국의 비판적 중국학의 길」, 『포스트사회주의시대 중국지성』(서울 : 서강대학교출판부, 2017) 등 참고.

11 한국학계의 비판적 중국연구의 계보와 그 의의에 대한 자세한 분석은 백영서, 「중국학의 궤적과 비판적 중국연구 : 한국의 사례」, 『대동문화연구』 80(2012.12.) 참고.

12 강진아, 앞의 논문, 313~314쪽.

13 사회진화론을 수용했다고 해서 중국을 열등한 존재로만 인식하지는 않았다. 동아시아3국간 세력균형의 한 축으로 중국을 인정하거나 개혁모델로 중국을 인식하기도 했다. 그러나 전통시대와는 다르게 중국을 상대화한 것은 열등한 존재로 중국을 인식한 경우였다. 이에 대해서는 백영서, 「대한제국기 한국언론의 중국인식」, 『역사학보』 153집(1997.3.) 참고.

14 일제강점기 다양했던 한국인의 중국인식을 보여주는 연구성과로는, 김세호, 「1920년대 한국 언론의 중국국민혁명에 대한 반응」, 『중국학보』 40(1999) ; 민두기, 「신언준(1904~38)과 그의 중국관계 논설에 대하여」, 『신언준 현대 중국관계 논설선』(서울 : 문학과지성사, 2000) ; 민두기, 「이윤재(1888~1942)의 중국경험과 한국」, 『시간과의 경쟁』(서울 : 연세대학교출판부, 2001) ; 한기형, 「근대초기 한국인의 동아시아인식」, 『대동문화연구』 50 (2005.6.) ; 배경한, 「박은식의 중국 인식과 쑨원 이해」, 『쑨원과 한국』(서울 : 한울, 2007) ; 조은경, 「《東方戰友》를 통해 본 李斗山의 국제연대 인식과 활동」, 『한국독립운동사연구』 37(2010.12.)등 참고.

15 閔斗基, 「韓國における中國現代史硏究について」, 『近きに在りて』 10(1986.11.), 2~3쪽.

16 윤남한, 「동양사 연구의 회고와 전망」, 『역사학보』 68(1975.12.), 108쪽.

17 이와 같은 관점에 대해서는 이시카와 쇼지·히라이 가즈오미 엮음ㅣ최덕수 옮김, 『끝나지 않은 20세기』(서울 : 역사비평사, 2008) 참고.

18 대표적인 연구만 추리면 다음과 같다. 고병익, 「이조인의 외국관」, 『동아사의 전통』(서울 : 일조각, 1976) ; 황원구, 「한중관계로 본 한국인의 대외의식」, 『동아세아사연구』(서울 : 일조각, 1976) ; 전해종, 『한국과 중국─동아사논집』(서울 : 지식산업사, 1982년 재판) ; 민두기, 「열하일기의 일연구」, 『역사학보』 20(1963) ; 최소자, 「임진난시 조선지배층의 대명의식」, 『미술사학연구』 136/

137(1978.3.).

19 백영서, 「한국인의 역사적 경험 속의 '동양' : 20세기 전반」, 『동방학지』 106 (1996.12.) ; 백영서, 「대한제국기 한국언론의 중국 인식」, 『역사학보』 153집 (1997.3.) ; 현광호, 『한국근대사상가의 동아시아 인식』(서울 : 선인, 2009).

20 민두기, 「1920年代の韓國人の孫文觀」, 『孫文とアジア』(東京 : 汲古書店, 1993) ; 배 경한, 『쑨원과 한국』 ; 배경한, 『중국과 아시아』(서울 : 한울아카데미, 2016).

21 1940년대 중반 한중관계를 다룬 연구로는 이재령, 「미소군정기 중국공산당 의 한국인식」, 『동양사학연구』 126(2014.3.) ; 이재령, 「미소군정기 중국공산 당 언론의 남한인식」, 『동양학』 60(2015.9.) ; 배경한, 「종전 전후 시기 국민정 부의 대한정책」, 『중국근현대사연구』 76(2017.12.) 등이 있다.

22 노명준, 「동북아 세력균형과 포드방한-70년대 국제정치와 한반도의 평화」, 『세대』 13-1(1975.1.), 148쪽.

23 사회적 데탕트, 아래로부터의 데탕트 개념과 그에 관련한 연구 성과에 대한 간략한 소개에 대해서는 管英輝, 「變容する秩序と冷戰の終焉」, 『冷戰史の再檢討』 (東京 : 法政大學出版局, 2010), 17~19쪽 참고.

제1장 "반공 냉전형 중공인식"의 전개와 동요

1 냉전형 국민국가 개념에 대해서는 이종원, 「동북아 국제질서 속에서의 한국 의 좌표와 전망」, 『열강의 점령정책과 분단국의 독립·통일』(서울 : 건국대학 교출판부, 1999) 참고.

2 김건우, 『사상계와 1950년대 문학』(서울 : 소명출판사, 2003), 제2장 참고. 1950년대~1960년대 초반 『사상계』의 지식인 사회에서의 영향력과 그 사회운 동 관계망에 대해서는 이경란, 「1950-60년대 초반의 잡지와 지식인-사회운 동 관계망」, 『1950-60년대 동아시아 지식·지식장의 재구성』(연세대학교 국학 연구원HK사업단 제11차 사회인문학 포럼, 2010) 참고.

3 김민환, 『한국언론사』(서울 : 사회비평사, 1997), 520쪽. 『신동아』와 『세대』는 『사상계』, 『월간중앙』 등과 함께 1960년대에 각축을 벌였던 대표적인 월간잡 지였으며, 특히 『세대』는 정책적인 대안을 제시하여 새로운 독자층을 개발하 는 데 상당한 성공을 거두었다(김민환, 앞의 책, 515쪽).

4 류소당 | 김광주 번역, 「중공권내의 지식인」, 『사상계』 1-3(1953.6.) ; 마아크 데니안 | 민석홍 번역, 「중공의 종교정책」, 『사상계』 1-5(1953.8.) ; 어어네스 트 A. 그로스, 「중공승인반대의 논거」, 『사상계』 2-4(1954.6.) ; CHANG KUO

-SIN, 「소위 중공의 지적 자유」, 『사상계』 3-9(1955.9.).

5 김준엽, 『중국공산당사』(서울 : 思想界社, 1958), 서문 참고.

6 김준엽의 중국공산당, 중화인민공화국에 대한 연구와 평가에 대한 자세한 분석은 본서 제4장 참고.

7 김건우, 앞의 책, 61쪽.

8 칼 A. 비트포겔ㅣ이시호 역, 「중공의 강제노동」, 『사상계』 4-11(1956.11.), 226쪽.

9 W. 라데진스키ㅣ이시호 역, 「중공의 농촌과 농민」, 『사상계』 6-3(1958.3.), 180~191쪽.

10 홍승면, 「중공의 對자유진영 외교정책」, 『사상계』 9-9(1961.9.), 119~124쪽.

11 C. M. 장ㅣ이시호 역, 「중공의 현실」, 『사상계』 5-3(1957.3.).

12 편집자, 「움직이는 세계 : 혹사에 신음하는 중공학생들」, 『사상계』 4-10 (1956. 10.).

13 편집자, 「움직이는 세계 : 중공사회의 狂症」, 『사상계』 4-11.(1956.11.).

14 편집자, 「움직이는 세계 : 點描東西」, 『사상계』 6-3(1958.3.).

15 편집자, 「시사단편(공산세계단신) : 중공의 농촌 콤뮨운동」, 『사상계』 6-12 (1958.12.).

16 管英輝 編, 앞의 책, 21쪽. 흐루쇼프가 스탈린을 비판한 1956년을 중소관계의 분수령으로 이해한 관점에 대해서는 Qiang Zhai, 「深まる中ソ對立と世界秩序」, 管英輝 編, 앞의 책, 참고.

17 金大洙, 「중소논쟁과 統韓의 전망」, 『세대』 2-10(1964.10.).

18 편집자, 「좌담회 : 전후20년의 세계」, 『정경연구』 1-9(1965.9.), 195쪽.

19 편집자, 위의 글, 151쪽.

20 李基鐸, 「중소분쟁과 남북한 관계」, 『신동아』 102(1973.2.), 121쪽.

21 김영배, 「모택동의 세계혁명노선」, 『신동아』 19(1966.3.).

22 김영준, 「죽의 장막을 깨뜨린 탁구공의 파장─미중공접근이 한국안보에 미치는 영향」, 『세대』 9-6(1971.6.), 136쪽.

23 서동구, 「전후 후기의 최대 '이슈' 미·중공 관계─A. 토인비의 협상론을 중심으로─」, 『세대』 3-9(1965.9.) ; 편집자, 「특집 : 도전하는 붉은 대륙─미국의 대중공정책논쟁」, 『신동아』 21(1966.5.) 등 참고. 본문에서 다룬 미상원 외교위원회 청문회의 내용은 후자의 논설에 따랐다.

24 편집자, 「특집 : 도전하는 붉은 대륙─미국의 대중공정책논쟁」, 『신동아』 21 (1966.5.), 138쪽.

25 양흥모, 「현대 중공의 내막─대외정책과 군사면을 중심으로」, 『세대』 4-5

(1966.5.), 278쪽.

26 조정자, 「두개의 중국론-역사적 배경과 문제의 초점」, 『정경연구』 2-6(1966. 6.), 141쪽.

27 민두기, 「특집 중공연구의 신전개 : 亞 植民地와 近代化-共産中國에의 노선소 묘를 중심으로」, 『세대』 4-7(1966.7.).

28 박영재, 「동아시아의 근대화와 인문학」, 『인문과학』(연대 인문과학연구소) 71(1994.6.), 108쪽.

29 민두기의 중국근대사연구에 대한 자세한 분석은 이 저서의 제5장을 참고.

30 문혁은 지식인을 마오쩌둥 사상에 귀일시키려는 지식인 개조운동이라고 본 논설이 대표적이었다. 오종식, 「중국, 중국인, 중국풍토-중공의 문화인 숙청을 중심으로」, 『정경연구』 2-6(1966.6.), 106쪽 ; 이윤중, 「중공의 지식인 개조정책-모택동사상과 지식인의 의식구조」, 『정경연구』 2-6(1966.6.), 161 쪽 등 참고.

31 편집자, 「세계의 테라스 : 심각한 중공의 '정풍'」, 『세대』 4-7(1966.7.).

32 양흥모, 「중공연구의 신전개 : 정풍운동의 배경과 성격」, 『세대』 4-7(1966. 7.), 292쪽.

33 팽원순, 「중공 홍위병 광풍의 배후-모택동·임표독재체제를 위한 쿠데타」, 『신동아』 26(1966.10.) ; 길현익, 「중공내분과 홍위병운동의 성격-표면화한 反毛·親毛의 권력투쟁」, 『신동아』 30(1967.2.) 등 참고.

34 편집자, 「세계의 조류 : 격동하는 중공의 문화혁명」, 『정경연구』 3-9(1967. 9.), 108쪽 ; 박무승, 「중공 문화대혁명과 毛사상」, 『정경연구』 3-11(1967.11.), 208쪽 등 참고.

35 편집자, 「세계의 테라스 : 중공의 제5차 핵실험」, 『세대』 5-2(1967.2.) ; 편집 자, 「세계의 테라스 : 중공 최초의 수폭실험」, 『세대』 5-8(1967.8.) 등.

36 안경준, 「중공의 잠재력-석유공업의 발전상을 중심으로」, 『세대』 7-5(1969. 5.), 141쪽.

37 편집자, 「특집 오늘의 동아시아 : 토론, 동아시아정치의 재편성과 전망」, 『정 경연구』 7-8(1971.8.), 106쪽.

38 이러한 대표적인 분석은 고승균, 「미·중공 관계 호전의 안팎-세계정치의 중점 주변」, 『정경연구』 7-4(1971.4.) 참고.

39 홍승면, 「상해공동성명과 새 세계질서」, 『신동아』 93(1972.5.), 57쪽.

40 노명준, 「동북아 세력균형과 포드방한-70년대 국제정치와 한반도의 평화」, 『세대』 13-1(1975.1.), 148쪽.

41 최종기, 「세계정치와 세계기구」, 『신동아』 88(1971.12.).

42 홍승면, 앞의 글, 65쪽.

43 편집자, 「좌담회 : 닉슨의 중공방문 이후」, 『신동아』 92(1972.4.), 77쪽과 79쪽.

44 조좌호, 「중국의 민족과 문화」, 『신동아』 92(1972.4.), 87쪽.

45 편집자, 「좌담 : 모택동과 중국의 전통」, 『신동아』 88(1971.12.)에서 민두기는, 중공은 전통을 부정, 파괴 그리고 공격의 대상으로 삼고 있다고 본 양호민에 대해, 중공의 제반 현상들은 역사적 배경이나 전통적 사고양식의 테두리에서 이해해야 한다는 입장을 개진하며 중공과 전통과의 깊은 관계를 강조했다. 민두기의 이러한 입장은 피터 J 오피츠와의 대담에서 또 다시 강조되었다. 피터 J 오피츠와 민두기의 대담에 대해서는 편집자, 「대담 : 중국의 전통과 현대적 전개」, 『신동아』 104(1973.4.) 참고.

46 리영희, 「특집 중공정치의 인식문제 – 세계문제로서의 중공의 국제관계를 논함」, 『정경연구』 7-1(1971.1.) 참고.

47 편집자, 「대담 : 특집 천하대란 속의 중공, 중공연구의 허실」, 『신동아』 148 (1976.12.), 126쪽.

48 이성근, 「특집 중공정치의 인식문제 : 중국공산당의 생성과 생성과정의 사적 배경」, 『정경연구』 7-1(1971.1.) 참고.

49 편집자, 「中國問題 六十問 六十答」, 『신동아』 114(1974.2.), 235쪽.

50 스텐리 스펙터, 「중소분쟁과 아시아의 세력 균형」, 『신동아』 137(1976.1.).

51 김영희, 「미·중공 대사회담136차의 비밀」, 『세대』 8-4(1970.4.).

52 리영희, 「중국이란 어떤 나라인가」, 『세대』 11-7(1973.7.).

53 신승권, 「중소분쟁과 외교적 딜레마」, 『세대』 14-2(1976.2.).

54 마크 게인, 「모택동의 영광과 비극」, 『세대』 14-12(1976.12.).

55 리영희의 문혁이해에 대한 자세한 분석은 본서 제6장 참고.

56 리영희 | 김동춘 대담, 「리영희 – 냉전이데올로기의 우상에 맞선 필봉」, 『역사비평』 31(1995 여름), 197쪽.

제2장 문화대혁명과 "반공 냉전형 중공인식"

1 백승욱, 『문화대혁명 : 중국현대사의 트라우마』(서울 : 살림, 2007), 31쪽.

2 「사설 : 중공 권력투쟁의 성격」, 『동아일보』(1966.6.7.).

3 「죽의 장막 휩쓰는 정풍」, 『경향신문』(1966.5.9.) ; 「세계의 테라스 : 중공정권의 정치우선주의」, 『세대』(1966.6.).

4　「병석의 히스테리-모택동 후계 경쟁 속에서」, 『조선일보』(1966.7.5.) ; 「세계의 테라스 : 심각한 중공의 정풍」, 『세대』(1966.7.).

5　「사설 : 중공의 제3차 핵실험」, 『동아일보』(1966.5.10.).

6　「중공의 수폭(水爆) 시험은 평화에의 도전」, 『한국일보』(1966.5.11.).

7　"마오쩌둥의 후원으로 린뱌오가 저우언라이, 덩샤오핑과 제휴하여 류사오치 공격"(「사설 : 중공지도층의 권력투쟁」, 『경향신문』 1966.6.14.) ; "마오쩌둥과 린뺘오 등의 합리주의파, 근대파, 관료파 등에 대한 승리 예측"(「중공의 고민 : 권력투쟁」, 『동아일보』 1966.9.8.) ; "류사오치, 덩샤오핑계 반마오파 장교 20여명 체포"(「중공군부, 반마오 숙청 강행」, 『한국일보』 1967.1.15.) ; "류사오치의 북경탈출과 마오쩌둥에 대한 전면전 준비 돌입"(「마오(毛)·류(劉) 정면대결」, 『경향신문』 1967.1.16. ; 「반마오파 전면 반격 준비」, 『동아일보』 1967.1.17.) ; "저우언라이와 린뱌오 사이의 치열한 암투 전개"(「저우(周)·린뱌오(林彪) 암투」, 『한국일보』 1967.3.19.) ; "마오쩌둥과 마지막 권력투쟁을 벌리려는 류사오치"(「마오파와 마지막 대결」, 『동아일보』 1967.4.15.) ; "류사오치 주석 실각 공식화"(「류사오치 주석 실각」, 『경향신문』 1967.7.3.) ; "린뱌오의 마오쩌둥후계자 지명"(「마오쩌둥 후계로 린뱌오 지명」, 『동아일보』 1969.4.2.) 등이 대표적이었다.

8　「중공을 휩쓰는 폭풍」, 『조선일보』(1966.7.5.).

9　「사설 : 중공의 격화된 권력투쟁을 주시한다」, 『조선일보』(1967.1.11.).

10　「중공의 오늘 : 종합분석과 비판⑤」, 『동아일보』(1966.9.7.).

11　「중공문화혁명 내란상태」, 『동아일보』(1967.1.9.).

12　「사설 : 중공지도부의 권력투쟁과 홍위병」, 『경향신문』(1966.8.26.).

13　「사설 : 중공의 격화된 권력투쟁을 주시한다」, 『조선일보』(1967.1.11.).

14　홍위병의 "난동"을 보도한 대표 기사로는 「10대 난동 15화(話)」, 『한국일보』(1966.8.28.) 참고.

15　「홍위병 광난 중공 전역에 확대」, 『경향신문』(1966.8.29.) ; 「홍위대 광란-공포의 정풍」, 『한국일보』(1966.8.30.).

16　「광풍을 부른 정풍」, 『동아일보』(1966.8.25.).

17　「사설 : 중공의 권력투쟁」, 『동아일보』(1966.8.4.).

18　「난동에 통제조처」, 『한국일보』(1966.8.30.).

19　「북경천안문서 홍위대 해산대회」, 『한국일보』(1966.9.16.).

20　「중공문화혁명 내란상태」, 『동아일보』(1967.1.9.).

21　「중공군부의 분열위기」, 『경향신문』(1967.1.10.).

22 「새 단계에 들어선 중공의 문화혁명」, 『동아일보』(1967.1.10.).

23 「사설 : 중공내분의 신 단계」, 『동아일보』(1967.1.28.).

24 「지도층내분은 분명, 반마오파 전략 등 불명」, 『경향신문』(1967.1.12.).

25 「대자보의 정체」, 『조선일보』(1967.1.11.).

26 「마오 지위는 확고부동」, 『동아일보』(1967.1.13.).

27 「반마오파 전면 반격 준비」, 『동아일보』(1967.1.17.).

28 「린뱌오, 만주서 군규합」, 『한국일보』(1967.1.18.) ; 「중공 내홍 변경서도」, 『경향신문』(1967.1.18.) ; 「친마오·반마오파 만주도처서 유혈충돌」, 『동아일보』(1967.1.20.) ; 「내몽골주둔군, 마오에 반기」, 『한국일보』(1967.1.27.) ; 「각지에서 마오에 반기」, 『한국일보』(1967.1.28.).

29 「린뱌오, 반마오파에 공격령」, 『동아일보』(1967.1.21.)

30 「사설 : 내전으로 번진 중공의 권력투쟁」, 『동아일보』(1967.2.18.).

31 「중공을 지켜보는 세계의 눈」, 『경향신문』(1966.8.31.).

32 「소대사관을 포위」, 『동아일보』(1967.1.28.) ; 「주베이징 소외교관가족 철수 개시」, 『한국일보』(1967.2.3.) ; 「소, 중공외교관 보복 추방」, 『동아일보』(1967.3.20.) ; 「소대사관에 난입」, 『경향신문』(1967.8.18.) ; 「소, 중공과 단교불사」, 『동아일보』(1967.8.19.) 등 참고.

33 「폭주 내정 고립 외교」, 『한국일보』(1966.9.6.).

34 「중공, 김일성을 규탄」, 『조선일보』(1967.2.21.) ; 「북괴, 중공에 응수」, 『동아일보』(1967.2.27.).

35 「문혁은 반사회주의적」, 『조선일보』(1967.10.10.).

36 「세계의 테라스 : 중공·일본공산당의 단교」, 『세대』(1967.9.), 352~354쪽.

37 「세계의 테라스 : 인도네시아·중공의 단교」, 『세대』(1967.12.), 235~236쪽.

38 「홍위병, 영대사관에 방화」, 『동아일보』(1967.8.23.) ; 「영, 중공과 단교설」, 『동아일보』(1967.8.23.) ; 「북경 영대사관에 방화」, 『경향신문』(1967.8.23.).

39 「사설 : 중공의 '홍위병외교'」, 『동아일보』(1967.8.26.).

40 「문혁3년의 끝장」, 『경향신문』(1969.4.2.).

41 우재윤, 「중공9전 대회의 저변과 정점」, 『정경연구』(1969.5.), 160~161쪽.

42 길현익, 「중공내분과 홍위병운동의 성격 – 표면화한 반마오·친마오의 권력투쟁」, 『신동아』(1967.2.).

43 김준엽, 「중공의 문화혁명」, 『한국사회과학논집』 제6집(1967.4.) (김준엽, 『중공과 아시아』, 서울 : 일조각, 1979에 재수록) 참고.

44 「중공문화대혁명의 분석 - 양호민 교수와의 대담」, 『사상계』(1966.10.) (김준엽, 『중공과 아시아』에서 재인용), 276쪽.

45 앞의 글, 276쪽과 306쪽.

46 「중공의 비공비림운동」, 『고대신문』(1974.4.30.) (김준엽, 『중공과 아시아』에서 재인용) 참고.

47 김영준, 「중공의 분파투쟁과 모택동 후계자에 관한 연구 - 문화대혁명을 중심으로」, 『아세아연구』 27(1967.9.).

48 김준엽은 중공을 민족주의적 성향이 없는 소련의 충실한 노예로 보았으며 (김준엽, 『중국공산당사』, 서울 : 사상계사, 1958), 양호민은 중공의 공산주의 혁명방식이나 모택동사상도 소련의 그것과 스탈린사상과 동일한 것으로 간주했다(「중공문화대혁명의 분석 - 양호민 교수와의 대담」, 『사상계』(1966. 10.) 이러한 시선은, 한국인 대부분은 중소논쟁조차 동일한 공산체제를 가진 양국 사이의 근소한 이념논쟁에 불과한 것으로 언젠가는 타협할 것이라고 보았다고 한 지적에서도 확인된다(이기탁, 「중소분쟁과 남북한 관계」, 『신동아』(1973.2.), 121쪽).

49 金俊吉, 「중공홍위병운동의 분석 - 문화혁명의 사회학적 사례」, 『정경연구』(1969.1.).

50 김영준, 「서평 : 김하룡 저 《중공문화혁명연구》」, 『亞細亞研究』 54(1975.7.), 240쪽.

51 김하룡, 『중공 문화혁명 연구』(서울 : 고려대학교출판부, 1975), 서문 i.

52 김하룡, 앞의 저서, 281쪽.

53 김하룡, 앞의 저서, 서문 i.

54 길현익, 「중공에 있어서의 급진파 온건파의 투쟁과 그 사상적 배경」, 『동양사학연구』 12·13(1978.8.), 특히 제4장 참고.

55 최명, 「중공에 있어서의 정치적 숙청」, 『현대중국의 정치』(서울 : 법문사, 1974), 120~121쪽. 이하 본문의 문혁에 대한 최명의 분석은 전거를 밝히지 않는 한 이 글에 따랐음을 밝혀둔다.

56 최명, 「모의 계승과 모사상의 향방」, 『현대중국의 정치』, 12~13쪽.

57 리영희의 문혁이해에 대한 자세한 분석은 본서 제6장 참고.

58 리영희, 「주은래 외교의 철학과 실천」(1974), 『리영희저작집 2 : 우상과 이성』(파주 : 한길사, 2006), 192~193쪽.

1   한국 역사학자들의 타이완사 연구에 대한 요령있는 정리로는 陳姃湲, 「處於
    〈東洋史〉與〈國史〉之間 : 戰後韓國歷史學界中的臺灣史硏究」, 『臺灣史硏究』 18-3
    (2011.9.) 참고. 그녀의 분석에 따르면, 한국 역사학계의 타이완사연구는
    1990년대부터 점차 시작되다가 2006년에 들어서 현저히 늘어났다.

2   허영섭, 『대만, 어디에 있는가』(서울 : 채륜, 2011) ; 최원식·백영서 편, 『대만
    을 보는 눈』(서울 : 창비, 2012).

3   손준식, 「식민지 조선의 대만인식-조선일보(1920~1940) 기사를 중심으로」,
    『중국근현대사연구』 34(2007.6.) ; 손준식, 「동아일보(1920~1940) 기사를 통
    해 본 식민지 조선의 대만인식」, 『중국학보』 61(2010.6.).

4   본문에서 분석 대상으로 삼은 5종 일간지의 타이완 관계 기사에 드러난
    공통된 시선과 아울러 그 차이에도 주의를 기울이는 것은 마땅하다. 그러나
    이 글에서 분석 대상으로 삼은 시기의 타이완 관계 기사를 검토해 본 결과
    그 차이를 드러내기는 어려웠다. 해당 시기 타이완은 한국인의 집중적인
    관심이나 논쟁을 불러일으킬만한 대상이 아니었기 때문은 아닐까 생각한다.
    다만 『매일경제』의 경우 경제관련 기사가 상대적으로 많았다는 점, 『한겨레
    신문』의 경우 "타이완의 민주화"와 관련되어 시민사회의 움직임을 상대적으
    로 비중 있게 다루었다는 점에서 특징적이었다. 이상과 같은 점을 감안할
    때, 이 글은 해당시기 한국의 타이완인식의 내용과 그 추이를 드러내는 데
    만족하지 않을 수밖에 없다. 좀 더 면밀한 검토와 분석은 추후의 과제로
    남긴다.

5   「미중립정책 해제 후의 국부동향(상) : 대륙수복은 가능한가?」, 『경향신문』
    (1953.07.16.).

6   「미중립정책 해제 후의 국부동향(하) : 비약적인 육해공군의 발전」, 『경향신
    문』(1953.07.17.).

7   「중공의 대만침공설과 그 대비책」, 『조선일보』(1954.08.19.).

8   「韓中의 共同鬪爭의 展望」, 『동아일보』(1953.12.06.).

9   「自由中國의 奮起를 促함」, 『동아일보』(1953.11.15.).

10 閔載禎, 「臺灣」, 『경향신문』(1952.4.3.).

11 「臺灣紀行(2)」, 『조선일보』(1957.2.7.).

12 李無影, 「臺灣通訊 : 第1信(下)」, 『동아일보』(1957.12.12.).

13 李無影, 「臺灣通訊 : 第2信(上)」, 『동아일보』(1957.12.15.) ; 田淑禧, 「臺灣紀行③」,
    『경향신문』(1957.12.17.).

14 田淑禧, 「臺灣紀行④」, 『경향신문』(1957.12.18.).

15 李無影, 「臺灣通訊 第3信(上)」, 『동아일보』(1957.12.18.).

16 이하 송지영의 타이완 관찰기는 「自由中國의 今日」(1)~(6), 『조선일보』(1958.
1.31./2.1./2.2./2.4./2.5./2.7.) 참고.

17 「臺灣 이모저모③」, 『동아일보』(1959.9.6.) ; 「臺灣 이모저모④」, 『동아일보』
(1959.9.7.).

18 「臺灣 이모저모⑤」, 『동아일보』(1959.9.8.).

19 朴峽賢, 「臺灣紀行 : 建設에 邁進하는 모습을 보고」, 『동아일보』(1960.03.24.).

20 「東南亞 經濟 瞥見 : 自由中國」, 『경향신문』(1962.10.16.) ; 朴根昌, 「旅券에 묻어
온 證言－내가 보고 느낀 海外經濟(10) : 臺灣」, 『매일경제』(1966.4.8.) ; 朴基赫,
「旅券에 묻어온 證言－내가 보고 느낀 海外經濟(12) : 臺灣(下)」, 『매일경제』
(1966.4.13.) ; 李奎燦, 「旅券에 묻어온 證言－내가 보고 느낀 海外經濟(71) : 臺
灣의 現況」, 『매일경제』(1966.9.9.) 등.

21 李奎燦, 「旅券에 묻어온 證言－내가 보고 느낀 해외경제(71) : 臺灣의 農業現況
(完)」, 『매일경제』(1966.9.14.).

22 林元澤, 「이달의 論調(下) : 自立繁榮의 指導精神」, 『동아일보』(1965.3.13.).

23 「오늘의 臺灣(上)」, 『경향신문』(1966.6.27.).

24 「社說 : 臺灣의 立場」, 『조선일보』(1972.2.29.).

25 李東旭, 「臺灣의 오늘과 내일」, 『동아일보』(1971.12.8.).

26 「社說 : 美中共과 臺灣問題」, 『경향신문』(1971.5.12.).

27 「새로 조성될 힘의 眞空 狀態는 어떻게 메우려는가」, 『경향신문』(1973.2.24.).

28 「社說 : 美·中共의 國交正常化」, 『매일경제』(1978.12.18.).

29 李東旭, 「臺灣의 오늘과 내일」, 『동아일보』(1971.12.8.).

30 「豊饒로 치닫는 自由中國(上) : 營農의 機械化」, 『매일경제』(1975.8.28.) ; 「豊饒
로 치닫는 自由中國(中) : 技術開發」, 『매일경제』(1975.8.29.) ; 「豊饒로 치닫는
自由中國(下) : 産學協同」, 『매일경제』(1975.8.30.).

31 「民生優先의 臺灣경제(1)~(4)」, 『동아일보』(1978.5.16.~19.).

32 「特派員手帖 : 孤立속의 繁榮 自由中國」, 『조선일보』(1975.9.5.) ; 「社說 : 試鍊과
繁榮속의 雙十節」, 『조선일보』(1976.10.10.).

33 「自立·自强 意志 넘치는 中華民國」, 『경향신문』(1979.6.14.).

34 「民生優先의 臺灣經濟(1)」, 『동아일보』(1978.5.16.).

35 「民生優先의 臺灣經濟(4)」, 『동아일보』(1978.5.19.).

36 「臺灣經濟의 순리」, 『동아일보』(1981.3.25.).

37 「中小企業의 輸出擴大」, 『동아일보』(1981.5.30.) ; 「中小企業 오늘과 내일을 診斷한다(46)」, 『매일경제』(1981.6.25.) ; 「第5次 韓中 中小企業 심포지엄 參席者座談會」, 『매일경제』(1981.7.23.) ; 「韓國型 문어발 大企業」, 『동아일보』(1983.11.9.).

38 「서두르지 않는 自由中國 農政」, 『동아일보』(1981.10.23.).

39 「經濟政策과 哲學」, 『동아일보』(1984.1.18.) ; 「臺灣의 經濟」, 『조선일보』(1983.2.24.).

40 「富國과 富民」, 『동아일보』(1984.9.10.).

41 「臺灣 禮讚 有感」, 『동아일보』(1984.11.17.).

42 「그들은 이렇게 하고 있다(2) : 臺灣經濟의 특징」, 『매일경제』(1985.4.13.) ; 「활로 찾는 NICS(5) : 臺灣(하)」, 『매일경제』(1986.1.10.).

43 「臺灣禮讚有感」, 『동아일보』(1984.11.17.).

44 「臺灣民主化바람, 38년만의 變化 : 現場을 가다(2)」, 『동아일보』(1987.7.16.) ; 「묵은 틀 깨는 臺灣(2)」, 『한겨레신문』(1989.3.21.).

45 「새해엔 南北韓 여행길 트자」, 『동아일보』(1988.12.29.).

46 「악용되는 保安法 '限定合憲' 決定」, 『한겨레신문』(1990.6.6.).

47 「北韓도 大勢에 順應하라」, 『경향신문』(1990.6.2.).

48 「南北韓 왜 이리 오래도록 싸우는가」, 『한겨레신문』(1990.6.7.).

49 「社說 : 中國 향해 조용히 문을 여는 臺灣」, 『한겨레신문』(1990.6.14.).

50 「富의 蓄積으로 認識의 大轉換」, 『조선일보』(1987.9.11.) ; 「中國—新國共合作時代④中共—臺灣經濟交流」, 『조선일보』(1988.6.17.).

제2부 중국을 보는 세 가지 시선

1 함홍근, 「회고와 전망 : 동양사-총설」, 『역사학보』 39(1968.10.31.), 86쪽.

2 윤남한, 「동양사연구의 회고와 전망」, 『역사학보』 68(1975.12.), 108쪽.

3 민두기, 「困學의 旅路-나와 서울大學의 중국사연구」, 『中國初期革命運動의 연究』(서울 : 서울대학교출판부, 1997), 407~408쪽.

4 하세봉, 「한국 동양사학계에 대한 비판적 검토」, 『동아시아 역사학의 생산과 유통』(서울 : 아세아문화사, 2001), 36~37쪽.

5 하세봉, 앞의 논문, 38~39쪽.

6 이와 같은 관점에서 냉전을 조망한 연구로는 베른트 슈퇴버 지음ㅣ최승완

옮김, 『냉전이란 무엇인가 : 극단의 시대 1945~1991』(서울 : 역사비평사, 2008) 참고.

7 서진영, 「김준엽과 중국연구, 그리고 한반도 통일문제」, 『김준엽과 중국』(사회과학원 편, 서울 : 나남, 2012) 참고.

8 배경한, 「민두기 선생의 중국근현대사 연구와 그 계승방향」, 『중국근현대사연구』 9(2000.9.) 참고.

9 Dongyoun HWANG, "The Politics of China Studies in South Korea: A Critical Examination of South Korean Historiography of Modern China since 1945", *Journal of Modern Chinese History* Vol.6, No.2 (December 2012) ; 임상범, 「민두기 사학의 일면」, 『동양사학연구』 107(2009.9.) ; 하세봉, 「우리들의 자화상 : 최근 한국의 중국 근현대사연구」, 『한국사학사학보』 21(2010.10.) 등 참고.

10 김희교, 「한국의 비판적 중국담론, 그 실종의 역사」, 『역사비평』 57(2001 겨울), 262쪽 ; 백영서, 「중국학의 궤적과 비판적 중국연구」, 『대동문화연구』 80(2012.12.), 590쪽.

제4장 반공주의자의 중국 : 근대화의 일탈

1 「학문의 산실② 고대 아세아문제연구소」, 『한국일보』(1976.1.21.).

2 김준엽, 『장정5－다시 대륙으로』(서울 : 나남출판, 2001, 이하 『장정-5』), 73~74쪽.

3 김준엽, 『장정－나의 광복군시절(상)』(서울 : 나남, 1989), (이하, 『장정-1』), 55쪽.

4 『장정-1』, 58쪽.

5 김준엽, 『장정－나의 광복군시절(하)』(서울 : 나남, 1989) (이하, 『장정-2』), 576쪽.

6 김동선, 「김준엽 가문 독립정신사」, 『월간 정경문화』(1984.9.) (김준엽, 『역사의 신』(서울 : 나남, 1990), 337쪽에서 재인용).

7 『장정-1』, 59쪽.

8 『사상계』에서의 활동에 대한 그의 회고로는 김준엽, 『장정-5』, 84~90쪽.

9 1950년대 후반 지식인사회의 공론장으로 『사상계』에 주목한 연구로는 김건우, 『사상계와 1950년대 문학』(서울 : 소명출판사, 2003) 참고. 본문에서 설명한 사상계의 전성기에 대한 설명은 김건우, 앞의 책, 47쪽 참고. 당시 한국

지식인사회에서 『사상계』가 지닌 영향력과 권위는 1960년대 중반을 넘어서면서 현저하게 위축되어 갔다. 여기에는 대중 저널리즘 시대의 등장, 잡지의 전문화에 따른 지식인 독자들의 이동, 『사상계』로 결집된 지식인의 분화에 따른 공론장의 분열 등이 그 배경으로 작용했다. 1960년대 중반 이후 『사상계』의 영향력 축소, 권위의 실추 현상에 대한 설명은 김건우, 앞의 책, 233~236쪽 ; 임대식, 「1960년대 초반 지식인들의 현실인식」, 『역사비평』 65(2003 겨울), 306쪽 등 참고.

10 김건우, 앞의 책, 61쪽. 문화적 민족주의의 뿌리와 계보, 그리고 일제하 문화적 민족주의자들의 활동상에 대해서는 Michael E. Robinson | 김민환 역, 『일제하 문화적 민족주의』(서울 : 나남, 1990) 참고.

11 박태균, 「1960년대 일본중심의 동아시아 질서 형성과정」, 『동아시아의 지역질서』(서울 : 창비, 2005), 325쪽.

12 박영재, 「동아시아의 근대화와 인문학」, 『인문과학』(연대 인문과학연구소) 71(1994.6.), 108쪽.

13 근대화론이 한국에 유입된 다양한 통로에 대한 설명은, 정일준, 「한국 사회과학 패러다임의 미국화─근대화론의 한국전파와 한국에서의 수용」, 『아메리카나이제이션』(서울 : 푸른역사, 2008), 359~366쪽 참고.

14 김준엽, 『장정-5』, 36쪽.

15 김준엽, 「저자의 말」, 『중국공산당사』(서울 : 사상계, 1958).

16 김준엽, 『중국최근세사』(서울 : 사상계사, 1963/ 일조각, 1975년 재판), 1~2쪽, 24쪽.

17 김준엽, 위의 책, 13~23쪽.

18 김준엽, 「아시아 社會의 後進性에 관한 일고찰」, 『思想界』 1955-9.

19 비트포겔 | 구종서 역, 『동양적 전제주의』(서울 : 법문사, 1991) ; 비트포겔 | 나현수 역, 「동양적 전제주의론과 시대구분」, 『중국사시대구분론』(서울 : 창작과 비평사, 1984) ; 이석희, 「서양학자들의 동양사회국가관에 관한 고찰」, 『한국행정사학지』 3(1994.11.) 등 참고.

20 비트포겔 | 구종서 역, 앞의 책, 551쪽.

21 김준엽, 『중국최근세사』, 265쪽.

22 김준엽, 『중국최근세사』, 269~270쪽.

23 김준엽, 「아시아 社會의 後進性에 관한 일고찰」, 『思想界』 1955-9, 44쪽.

24 김준엽, 「아시아 민족해방운동」, 『思想界』 1957-3, 130~134쪽.

25 김준엽, 「해설」, 『孫文·胡適』(서울 : 지경사, 1968), 14쪽.

26 김준엽, 위의 글, 15쪽.

27 김준엽, 위의 글, 18쪽.

28 김준엽, 위의 글, 16~17쪽.

29 김준엽, 「중국국민정부는 이렇게 하여 몰락하였다(상)」, 『思想界』 1955-5 ; 김준엽, 「중국국민정부는 이렇게 하여 몰락하였다(하)」, 『思想界』 1955-6 등 참고.

30 김준엽, 「中共의 人民支配機構 上」, 『思想界』 1957-11 ; 김준엽, 「中共의 人民支配機構 下」, 『思想界』 1957-12 등 참고.

31 김준엽, 「우리 시대에 있어서의 공산주의 제문제」, 『중공권의 장래』(서울 : 범문사, 1967), 9~10쪽.

32 김준엽, 위의 글, 7쪽.

33 김준엽, 「신해혁명의 의의」, 『중국학보』 22(1981.12.), 124쪽.

34 본서 제2장 참고.

35 김준엽, 「중공의 문화혁명」, 『한국사회과학논집』 6(1967.4.) (김준엽, 『중공과 아시아』에서 재인용).

36 「중공문화대혁명의 분석 – 양호민 교수와의 대담」, 『思想界』 1966-10.

37 김준엽, 「중공의 비림비공운동」, 『고대신문』(1974.4.30.) (김준엽, 『중공과 아시아』에서 재인용).

38 김준엽, 「중공과 아시아」, 『고대신문』(1971.8.31.) (김준엽, 『중공과 아시아』에서 재인용).

39 김준엽, 『장정-1』, 156~157쪽.

40 김준엽, 『장정-1』, 212~215쪽.

41 김준엽, 『장정-2』, 510, 514쪽.

42 정용욱, 「1940~1950년대 미국의 한국 민족주의 인식 및 연구」, 『우리 학문 속의 미국』, 56, 62쪽.

43 김준엽, 『장정-5』, 49쪽.

44 김준엽, 『장정-2』, 609쪽, 652~653쪽.

45 김준엽, 『장정-2』, 657쪽.

46 사료학파는 량치차오의 신사학을 기반으로 후스가 창안하고 그의 제자 푸쓰녠에 의해 체계화된 역사연구방법론, 즉 자료의 수집, 정리, 고증을 위주로 한 연구방법을 중시하는 학파를 말한다. 푸쓰녠은 "근대역사학은 사료학일 뿐"이며 "사학은 본래 사료학"이라 단언한 바 있다. 민국시대 사학계의 주류를 차지했던 이 학파는 1930년대 후기에 이르러 중일전쟁에 따른 연구 활동

부진과 이른바 마르크스주의 역사학의 도전을 받아 위축되었다. 사료학파 학자들이 대거 타이완으로 자리를 옮겨오면서 타이완의 중국근현대사학계의 정통으로 자리 잡았다. 그 정통적 지위는 1960년대 중반까지 유지되었다. 이에 대해서는 王晴佳, 『臺灣史學五十年(1950~2000) : 傳統·方法·趨向』(臺北 : 麥田出版社, 2002), 3~42쪽 참고.

47 「王聿均先生訪問紀錄」, 『郭廷以先生門生故舊憶往錄』(臺北 : 中央研究院近代史研究所, 2004), 33쪽.

48 김준엽, 『장정-5』, 45쪽.

49 오효진, 「한국의 선비 김준엽」, 『월간조선』(1988.5.) (김준엽, 『역사의 신』, 432쪽에서 재인용).

50 김준엽, 『장정-5』, 45쪽.

51 페어뱅크의 중국사해석에 대한 체계적인 소개와 비평은, 폴 A. 코헨 지음 | 이남희 옮김, 『학문의 제국주의 : 오리엔탈리즘과 중국사』(서울 : 산해, 2003) 참고, 특히 제1장, 2장 참고.

52 김준엽, 『장정-5』, 57쪽.

53 『高麗大學校亞細亞問題硏究所 二十年誌』(서울 : 아세아문제연구소, 1977), 9쪽.

54 김준엽, 『장정-5』, 58쪽.

55 이하 미국의 한국에 대한 교육원조에 대한 설명은, 임대식, 「1950년대 미국의 교육원조와 친미 엘리트의 형성」, 『1950년대 남북한의 선택과 굴절』(서울 : 역사비평사, 1998), 141~152쪽 참고.

56 정일준, 「한국 사회과학 패러다임의 미국화─근대화론의 한국전파와 한국에서의 수용」, 『아메리카나이제이션』, 362쪽.

57 Francis X. Sutton, "The Ford Foundation : The Early Years", *Daedalus* (Winter 1987), 49쪽. 포드재단의 1950년대부터 1980년까지의 지원활동의 추이에 대한 개괄적인 소개로는 Kathleen D. McCarthy, "From Cold War to Cultural Development : The International Cultural Activities of The Ford Foundation, 1950~1980", *Daedalus* (Winter 1987) 참고.

58 Francis X. Sutton, 앞의 논문, 57쪽.

59 이하 타이완 중앙연구원 진다이스연구소에 관한 서술은 張朋園, 『郭廷以 費正清 韋慕庭 : 臺灣與美國學術交流個案初探』(臺北 : 中央研究院近代史研究所, 1997)에 따른다.

60 王晴佳, 앞의 책, 48쪽.

61 박영재, 앞의 논문, 109쪽.

62 김경동, 「근대화론」, 『한국사 시민강좌』 25(1999.8), 182쪽.

63 김준엽, 「서문」,『중공권의 장래』, 15쪽 ; 김준엽,『장정3-나의 대학총장시절』(서울 : 나남, 1990), 198~200쪽 ; 김준엽,『장정4-나의 무직시절』(서울 : 나남, 1990, 이하『장정4』), 168~169쪽.

64 김준엽, 「고대 신문기자와의 인터뷰」,『고대신문』(1987.1.1.) (김준엽,『장정4』, 101~103쪽에서 재인용).

65 김준엽, 「피침사를 저항사로 바꿔쓰자」,『한국일보』(1986.6.8.) (『장정4』, 95~96쪽에서 재인용).

66 김준엽, 「대한민국 임시정부 법통」,『동아일보』(1987.2.23.) (『장정4』, 107~109쪽에서 재인용).

제5장 근대주의자의 중국 : 주체적 근대화의 사례

1 민두기의 연구 성과를 일목요연하게 정리한 배경한에 따르면 그는 저서 11권, 편저 12권, 번역서 6권, 그 외 다수의 논문, 논평, 서평 등을 발표했다(배경한, 「민두기 선생의 중국근현대사 연구와 그 성과」,『중국근현대사의 재조명 1』, 서울 : 지식산업사, 1999, 33~41쪽 참고).

2 이와 같은 그의 위상에 대해서는 배경한, 앞의 논문 ; 吳金成, 「韓國における中國史研究の半世紀」,『中國-社會と文化』15(2000) ; 김형종, 「고 민두기 선생의 학문적 업적」,『동양사학연구』74(2001.4.) 등 참고.

3 그의 중국고대사에 대한 연구 업적에 대해서는 이성구, 「민두기 선생의 중국고대사연구」,『고대중국의 이해 4』(서울대학교 동양사연구실 편, 서울 : 지식산업사, 1998) 참고.

4 주 2 참고, 특히 배경한과 김형종의 논문 참고.

5 그의 지적 편력과 연구 활동에 대해 별다른 전거를 밝히지 않는 한, 「閔斗基自編年譜略(1932.11~1992.10)」,『한 송이 들꽃과 만날 때 : 민두기 교수 자전수필선』(서울 : 지식산업사, 1998, 이하『한 송이』)에 따른다.

6 민두기, 「곤학의 여로-나와 서울대학의 중국사연구」(이하, 「곤학」),『중국초기혁명운동의 연구』(서울 : 서울대학교출판부, 1997), 399쪽.

7 「곤학」, 402쪽.

8 「곤학」, 409쪽.

9 베버에 관련된 그의 지적 편력에 대해서는 특별한 전거를 밝히지 않는 한, 「나의 지적 편력」,『월간조선』(1982),『한 송이』, 51~52쪽에서 재인용.

10 「실증의 피안과 중국학의 미래 : 민두기 교수와의 특별대담」, 정재서 편저,

『동아시아연구-글쓰기에서 담론까지』(서울 : 살림, 1999), 271~272쪽. 민두기의 근대사 연구 의욕을 자극한 레빈슨의 연구는, *Confucian China and Its Modern Fate* (Berkely and Los Angeles : University of California Press, 1958).

11 레벤슨의 근대화론적 관점에 대한 요령 있는 분석은 Paul A. Cohen, *Discovering History in China : American Historical Writing on the Recent Chinese Past* (New York : Columbia University Press, 1984), 61~79쪽 참고.

12 임상범, 「민두기 사학의 일면」, 『동양사학연구』 107(2009.9), 347쪽.

13 막스 베버ㅣ전성우 번역, 「직업으로서의 학문」, 『막스베버 사상전집 Ⅰ : '탈주술화' 과정과 근대-학문·종교·정치』(서울 : 나남출판, 2002) 참고.

14 민두기, 「대학생활과 진리탐구-대학 신입생에게 주는 글」, 『대학신문』(1981.3.), 『누가 승자인가-한 중국사연구자의 주변』(서울 : 지식산업사, 1985), 69쪽.

15 민두기, 「나의 지적 편력」, 51쪽.

16 「민두기 자편연보」, 263쪽.

17 민두기, 「한국학자론산고」, 『사상계』 1963-1.

18 「대학생활과 진리탐구-대학신입생에게 주는 글」, 69쪽.

19 배경한, 앞의 글 참고 ; 배경한, 「민두기 스쿨, 나는 이렇게 본다」, 『중앙일보』(1999.6.1.).

20 "현대사"와 "현재"에 대한 그의 설명은 민두기, 「中華民國史と中國現代史」, 『近きに在りて』 15(1989.5.) 참고.

21 민두기, 「머리말을 대신하여」, 『역사의 창』(서울 : 지식산업사, 1977년 재판). 그의 "창"에 대한 언급을 그의 학문태도와 연관시켜 이해, 비평한 글로는 하세봉, 「한국 동양사학계에 대한 비판적 검토」, 『역사비평』 7(1989 여름) 참고.

22 민두기, 「80년대 일본에서의 중국사연구와 중국현실에의 대응」, 『동아문화』 22(1984.12.).

23 두계 이병도와 동빈 김상기의 간략한 이력과 학문관, 한국 사학계에서의 위상 등에 대해서는 한영우, 「이병도」, 『한국의 역사가와 역사학 하권』(서울 : 창비신서, 1994) ; 이성규, 「김상기」, 같은 책 참고. 이병도, 김상기에 민두기의 회고로는 「동빈 김상기 선생님」, 「두계 이병도 선생님」, 두 글 모두 『한 송이』에 수록.

24 하세봉, 앞의 논문, 36~37쪽.

25 李成珪, 「韓國における中國史硏究の現狀」, 『東洋文化硏究』(學習院大) 3(2001.3.), 111쪽.

26 하세봉, 앞의 논문 ; 김태승, 「중국근대사 인식의 계보와 유산」, 『20세기 역사학, 21세기 역사학』(서울 : 역사비평사, 2000) ; 김희교, 「동양사연구자들의 '객관주의' 신화비판」, 『역사비평』 51(2000 여름) 등은 모두 이러한 입장에서 있다.

27 황동연은 냉전기 한국의 중국근현대사 연구자, 특히 민두기가 실증주의와 객관주의라는 연구방법 내지는 태도를 견지한 것은 한국의 정치사회적 환경 탓으로만 돌릴 수 없다며 연구자 개인의 정치적 이데올로기 지향, 선택에도 주목할 필요가 있다고 강조한다. 당시 연구자들이 실증과 객관 등 학문연구에 있어 "비정치적 입장"을 강조함으로써 결국 자신의 정치적 입장을 피력, 선택한 것이었다고 주장했다. Dongyoun Hwang, *op.cit.*

28 그의 근대화의 정의에 대해서는, 민두기, 「근대화의 의미」, 『대학신문』(1972. 5.22.), 『역사의 창』, 104~195쪽에서 재인용.

29 장규식, 「1950-70년대 사상계 지식인의 분단인식과 민족주의론의 궤적」, 『한국사연구』 167(2014.12.), 309~318쪽.

30 김건우, 「1964년의 담론 지형」, 『대중서사연구』 22(2009.12.), 82쪽.

31 김인걸, 「현대한국사학의 과제」, 『20세기 역사학 21세기 역사학』(서울 : 역사비평사, 2000) ; 신주백, 「1960년대 '근대화론'의 학계 유입과 한국사연구」, 『사학연구』 125(2017.3.) 등 참고.

32 이경란, 「1950-70년대 역사학계와 역사연구의 사회담론화」, 『동방학지』 152(2010.12.), 362쪽.

33 민두기, 「근대중국의 개혁과 혁명」(동양사학회 주최 신해혁명 60주년 기념 공개강좌 발표문, 1971.10.5), 『중국근대사론 I』(서울 : 지식산업사, 1976년 초판/ 1985년 3판) 참고.

34 吳金成, 「韓國の明淸時代史硏究の現狀と課題」, 『中國－社會と文化』 4(1989.6.), 356쪽.

35 민두기, 「청조의 황제통치와 사상 통제의 실제－증정(曾靜) 역모사건과 〈대의각미록(大義覺迷錄)〉을 중심으로」, 『진단학보』 25·26(1964), 『중국근대사연구－신사층의 사상과 행동』(서울 : 일조각, 1973) 재인용.

36 민두기, 「청말 '생감층'의 성격」, 『아세아학보』 Ⅷ-4(1965), 『중국근대사연구』 재인용.

37 민두기, 「중국의 전통적 정치상－봉건·군현 논의를 통해 본」, 『진단학보』 29·30(1966.12), 『중국근대사연구』 재인용.

38 민두기, 「청대 봉건론의 근대적 변모」, 『아세아학보』 X-1(1967.10.), 『중국근대사연구』 재인용.

39 「청대봉건론의 근대적 변모」를, 당시 시카고대학에 재직했던 쿤(Philip Kuhn)은 자신의 논문인 "Local Self-government under the Republican : Problems of Control, Autonomy and Mobilization", Frederic Wakeman, Jr. & Carolyn Grant, eds., *Conflict and Control in the Imperial China* (Berkely : University of California Press, 1975)에서 인용, 활용하면서 전통과 근대 문제를 새롭게 이해하는 근거로 활용했다. 이것이 쿤과의 개인적 친분을 맺는 계기로도 작용했으니, 쿤은 나중에 민두기의 논문들이 하버드대학에서 출간되도록 노력을 아끼지 않았다(Min, Tu-ki, *National Polity and Local Power : The Transformation of Late Imperial China*, Harvard University Press, 1989).

40 민두기, 「무술개혁 전후 호남성의 위기의식과 개혁운동」, 『김재원 회갑기념 논문집』, 1969(『중국근대사연구』 재인용). 무술변법운동이 대내외적 위기 속에서 신권(紳權)의 확립과 유지를 추구한 개혁운동이었기 때문에 그들의 민권론(民權論)도 그와 같은 성격을 반영했다. 즉 민은 기존 군신질서(君紳秩序)에 대체되는 횡적 조직인 군(群)을 이루는 존재(구성원)로 의식되었고 그 실질적인 대상은 신사(紳士)였다는 것이다. 이에 대해서는 민두기, 「청말 강유위의 개혁운동(1895~1898) - 민권·평등론을 중심으로」, 『동방학지』 41 (1984), 『중국근대개혁운동의 연구 - 강유위 중심의 1898년 개혁운동』(서울 : 일조각, 1985) 재인용 참고.

41 민두기, 「강유위 개혁운동(1898)」, 『동양사학연구』 18(1983), 『중국근대개혁운동의 연구』 재인용.

42 민두기, 「무술개혁운동과 상해의 상인그룹」, 『동양사학연구』 11(1977), 『중국근대개혁운동의 연구』 재인용.

43 민두기, 「강유위의 개혁운동과 공교」, 『역사교육』 11(1984), 『중국근대개혁운동의 연구』 재인용.

44 민두기, 「무술개혁운동의 국제적 환경」, 『동아문화』 19(1981), 『중국근대개혁운동의 연구』 재인용.

45 본문에서 언급한 변법파의 청류파, 양무파와의 비교에 대해서는 민두기, 「무술개혁운동의 배경에 대하여 - 특히 청류파와 양무파를 중심으로」, 『동양사학연구』 5(1971), 『중국근대개혁운동의 연구』 재인용.

46 민두기, 「중체서용론고」, 『동방학지』 18(1978), 『중국근대개혁운동의 연구』 재인용.

47 민두기, 「무술개혁기에 있어서의 '개혁'과 '혁명'」, 『중국근대개혁운동의 연구』.

48 민두기, 「차식민지와 근대화 - 공산중국에의 노정」, 『세대』(1966.7.), 『중국근대사론 I』, 30쪽에서 재인용 ; 민두기, 「중공에의 역사적 시각」, 『현대인

다이제스트』(1976.1.), 『중국근대사론 I』, 84쪽에서 재인용.

49 민두기, 「'공화혁명'시론 – 현대사의 기점으로서의 '신해혁명'과 5·4운동」, 『중국초기혁명운동의 연구』(서울 : 서울대학교출판부, 1997), 22쪽.

50 이하 제1차 공화혁명에 대한 서술은 따로 전거를 밝히지 않는 한 민두기, 『중국의 공화혁명(1901~1913) – 신해혁명사개제』(서울 : 지식산업사, 1999) 에 따른다. 이 저서는 『신해혁명사 – 중국의 공화혁명(1903~1913)』(서울 : 민음사, 1994)의 개정판이다.

51 森悅子는 민두기의 민국혁명시론에서 보이는 신해혁명관은, 쑨원 중심의 신해혁명사, 즉 기존의 통설을 비판적으로 보고 있는 것이라고 소개한 바 있다. 森悅子, 「書評 : 閔斗基 編, 『中國國民革命指導者의 思想과 行動』」, 『史林』 72-5 (1989), 167쪽.

52 민두기, 「청계 자의국의 개설과 그 성격」, 『역사학보』 45(1970), 『중국근대사연구』 재인용.

53 민두기, 「청말 강절철로분규(1905~1911)와 신해혁명 전야의 신사층의 동향」, 『동아문화』 11(1972), 『중국근대사연구』 재인용.

54 5·4운동, 국민혁명을 공화혁명의 내실화를 위한 노력으로 보는 그의 주장에 일본의 신해혁명 연구자도 찬성을 표한 바 있다. 한편 이 연구자는 신해혁명을 공화혁명으로 명명해야 한다는 주장은 일리가 있지만 그 상한 시기를 1901년이 아닌 1895년이나 1898년으로 올려 잡을 수는 없는지 제안했다. 또 그는 공화혁명에서 작용한 쑨원의 지도성 문제, 중앙집권과 지방분권과의 관계문제, 공화혁명의 경제적 의미의 문제 등을 좀 더 논의해야 할 문제로 제안하기도 했다. 이에 대해서는 大保田文次, 「閔斗基教授の新著を手にして – その歴史像を見る」, 『近きに在りて』 27(1995.5.) 참고.

55 민두기, 「오사운동의 역사적 성격」, 『동양사학연구』 4(1970.10.), 『중국근대사연구』, 428쪽에서 재인용.

56 민두기, 「중국국민당의 개진과 개조 – 제1차 국공합작에 있어서의 개진단계의 성격에 관한 시론」, 『동방학지』 33(1982), 『중국초기혁명운동의 연구』 재인용. 여기서 그는 1924년 국민당의 개조가 이루어지기 이전 개진 단계가 있었으며 이 단계는 개조를 위한 예비적인 단계가 아닌 소련의 지원을 확실히 얻어내기 위한 쑨원의 양보로 이루어진 보다 철저한 개혁 조치였다고 주장했다.

57 이상과 같은 국민당 좌파에 대한 그의 견해에 대해서는, 민두기, 「국민혁명의 이해의 방향」, 『중국국민혁명 지도자의 사상과 행동』(민두기 편, 서울 : 지식산업사, 1988).

58 민두기, 「진공박의 혁명사상과 정치활동」, 『중국국민혁명지도자의 사상과

행동』.

59 민두기, 「서겸(徐謙) : 정객과 혁명가의 사이−국민혁명기 정치지도자상에의 한 접근」, 『동양사학연구』 33(1990.5.).

60 민두기, 「국민혁명기(1926~1928)의 '25감조'문제」, 『동양사학연구』 58(1997. 4.).

61 민두기, 「국민혁명운동의 구조적 이해」, 『중국국민혁명운동의 구조분석』(민 두기 편, 서울 : 지식산업사, 1990).

62 민두기, 「국민혁명운동과 반기독교운동」, 『중국국민혁명운동의 구조분석』.

63 민두기, 「국민혁명의 이해의 방향」, 『중국국민혁명 지도자의 사상과 행동』, 6쪽.

64 민두기, 「5·4운동의 역사적 성격」, 428~429쪽.

65 김태승, 「신해혁명에서 공화혁명으로 : 민두기, 『신해혁명사−중국의 공화 혁명(1901~1913)』」, 『창작과 비평』 22-4(1994 겨울), 359~360쪽.

66 후스에 대한 그의 대표적인 저서로는 『중국에서의 자유주의의 실험−후스의 사상과 활동』(서울 : 지식산업사, 1997)이 있다. 이외에도 후스에 대한 그의 관심은 다음과 같은 글과 번역서를 통해 확인할 수 있다. 즉, 「중공에 있어서 의 호적사상비판운동」(서울대학교 동아문화연구소, 동아시아연구동향조사 총간 제7집, 1979) ; 『후스문선(胡適文選)』(서울 : 삼성문화문고, 1972).

67 김희교, 앞의 논문, 157쪽.

68 민두기, 「蔡元培 사상의 구조적 이해」, 『고병익선생 회갑기념사학논총』(서울 : 한울, 1984). 『중국초기혁명운동의 연구』 재인용.

69 민두기, 「20세기 중국의 집권론과 분권론−중공의 입장과 관련하여」, 『시간 과의 경쟁』(서울 : 연세대학교출판부, 2001).

70 민두기, 「시간과의 경쟁−20세기 동아시아의 혁명과 '팽창'」, 『시간과의 경쟁』.

71 민두기, 「근현대 동아시아의 사회변혁−하나의 단상적 연구노트」, 『시간과 의 경쟁』.

72 민두기, 「근현대 동아시아에서의 기독교도−그 존재양태의 개관」, 『아시아 문화』(한림대학 아시아문화연구소) 4(1988.9.), 『시간과의 경쟁』 재인용.

73 백영서, 「20세기형 동아시아문명과 국민국가를 넘어서 : 한민족공동체의 선 택」, 『동아시아의 귀환 : 중국의 근대성을 묻는다』(서울 : 창작과 비평사, 2000).

74 김태승, 「중국근대사 인식의 계보와 유산」, 『20세기 역사학, 21세기 역사학』 (서울 : 역사비평사, 2001) 참고.

75 白永瑞, 「中國現代史の再構築と東アジア的視覺 : 韓國からの發信」, 『周邊から見た

20世紀中國 — 日·韓·臺·香·中の對話』(福岡: 中國書店 2002) 참고.

제6장 이상주의자의 중국 : 근대의 대안이자 거울

1 손석춘, 「리영희 비판과 반비판의 논리적 비판」, 『한국언론정보학보』 61 (2013.2), 120~121쪽.

2 劉靑峰, 「編者前言」, 『文化大革命 : 史實與硏究』(香港 : 中文大學出版社, 1996), vii~viii.

3 중국학계의 문혁연구의 추이와 성과에 대한 간략한 소개로는 李月軍, 趙永洪, 「"文化大革命"硏究之現狀」, 『許昌學院學報』 2003年 第3期 ; 楊鳳城, 「中國大陸史學界の文革硏究」, 『アジア遊學』 65號(2004) 등 참조. 서양학계의 문혁연구의 추이와 성과에 대한 간략한 소개로는 徐友漁, 「西方學者對中國文革的硏究」, 『二十一世紀』 總第31輯(1995), 『文化大革命 : 史實與硏究』에 재수록 ; Joseph W. Esherich, Paul G. Pickowicz, Andrew G. Walder, "The Chinese Cultural Revolution as History : An Introduction", *The Chinese Cultural Revolution as History* (Stanford : Stanford University Press, 2006) 등 참조.

4 역사로서의 문혁 연구가 주목되는 점은, 새로운 사실이 규명되거나 연구내용이 다양화하고 있다는 점에만 있지 않다. 아직까지는 미약하지만, 기존 "(중국) 국가권력이 주도하고 여기에 지식인이 참여한 지배적인 문혁기억"에 균열을 만들기 시작했다는 데에 있다(「왕후이-이욱연 대담」, 『새로운 아시아를 상상한다』, 서울 : 창비, 2003, 236쪽). 농민과 노동자 등 민중들의 문혁에 대한 기억이 복원, 활용되거나 농촌 지역에 대한 실증적 연구가 진행되면서 문혁의 기억이 계층적, 지역적으로 다양해지고 그에 따라 문혁의 역사상이 다층적으로 재구성되고 있는 것이다.

5 박병기, 「휴머니즘으로서의 이데올로기 비판」, 『시대와 철학』(1996.12.) (『리영희저작집 10 : 반세기의 신화』(서울 : 한길사, 2006) 재인용).

6 리영희 | 백영서·정민 대담, 「전환시대의 이성 리영희선생의 삶과 사상」, 『리영희선생화갑기념문집』(리영희선생화갑기념문집편집위원회 편, 서울 :두레, 1989), 589쪽.

7 리영희 | 백영서 대담, 「비판적 중국학의 뿌리를 찾아서」, 『중국의 창』(2003년 창간호), 141쪽.

8 리영희 | 임헌영 대담, 『대화』(서울 : 한길사, 2005), 203쪽.

9 리영희 | 백영서·정민 대담, 앞의 글, 589쪽.

10 리영희ㅣ백영서·정민 대담, 앞의 글, 589쪽.

11 리영희, 「조건반사의 토끼」, 『한반도』(1971.9.) (『전환시대의 논리』, 서울 : 창비, 2006년 제2판), 207쪽 ; 리영희, 「중국외교의 이론과 실체」, 『정경연구』 (1971.1.) 『전환시대의 논리』, 52쪽.

12 리영희, 「조건반사의 토끼」, 207쪽.

13 리영희, 「대륙중국에 대한 시각조정 : 중국본토 사회의 실제와 판단」, 『정경 연구』(1971.6.). 『전환시대의 논리』 재인용.

14 리영희, 「미군 감축과 한·일 안보관계의 전망」, 『정경연구』(1970.8.). 『전환 시대의 논리』, 250~251쪽.

15 리영희, 「대륙중국에 대한 시각 조정 : 중국본토 사회의 실제와 판단」, 111~ 112쪽.

16 리영희, 「사상적 변천으로 본 중국 근대화 백년사 : 서구문명 극복의 100년」, 『창조』(1972.4.). 『전환시대의 논리』, 156쪽. 이하 중국사상의 특성에 대한 그의 설명은 이 글에 따랐다.

17 이하 중국 근대화 100년에 대한 그의 설명에 대해서는 리영희, 「사상적 변천 으로 본 중국 근대화 백년사 : 서구문명 극복의 100년」에 따른다.

18 당시 일본의 중국학계의 동향에 대해서는 민두기, 「80년대 일본에서의 중국 사연구와 중국현실에의 대응」, 『동아문화』 22(1984) ; 並木賴壽, 「日本における 中國近代史硏究の動向」, 『近代中國硏究案內』(東京 : 岩波書店, 1993), 9~14쪽 ; J. Victor Koschmann, "Mao Zedong and the Postwar Japanese Left", *Critical Perspectives on Mao Zedong's Thought*, edited by Arif Dirlik, Paul Healy and Nick Knight, Atlantic Highlands, NJ : Humanities Press, 1997 등 참조.

19 리영희ㅣ임헌영 대담, 앞의 책, 201쪽.

20 리영희, 「중국 지도체제의 형성과정 : 과연 누가 계승할 것인가」, 『세대』 (1973.10.), 『전환시대의 논리』 재인용.

21 리영희, 「모택동의 교육사상」(1976), 『전환시대의 논리』, 152쪽에서 재인용.

22 리영희, 「당산(唐山) 시민을 위한 애도사」(1988.11.6.), 『리영희저작집 7 : 自 由人, 자유인』, 174~176쪽.

23 스탈린주의에 대한 그의 소개와 비판에 대해서는 리영희, 「모택동의 교육사 상」(1976), 153~155쪽 ; 「소련반체제 지식인의 유형과 사상」(1975) 모두 『리 영희저작집 2 : 우상과 이성』에서 재인용.

24 마오주의에 대한 그의 이해는, 리영희, 「모택동의 교육사상」(1976) ; 「소련반 체제 지식인의 유형과 사상」(1975) 등에 따른다.

25 교육개혁에 대한 그의 소개는 리영희, 「모택동의 교육사상」(1976)에 따른다.

26 당연하겠지만, 당시 교육개혁에 관련한 이러한 태도와 입장은, 그가 문혁의
    현장을 방문한 외국학자들이 남긴 견문기를 번역 소개한 『8억인과의 대화』
    의 내용과도 거의 일치한다. 논자에 따라서는 그 장래성에 대해 다소 회의적
    인 시각을 내비친 경우도 있지만, 대부분은 교육개혁으로 달라진 교육현장의
    변화에 놀라워했고 혹자는 노동과 지식이 결합된 새로운 타입의 지식인이
    형성되고 있다고 높이 평가하기도 했다. 로스 테릴, 「대학과 대학생활」 ; 山田
    慶兒, 「새로운 타입의 지식인」 ; 알렉산더 카셀라, 「南泥灣 五七幹部學校」 ; 古川
    万太郞, 「北京五七幹部學校」, 모두 『8억 인과의 대화』(서울 : 창비, 1977) 참조.

27 리영희, 「중국이란 어떤 나라인가」(1973), 『리영희저작집 2 : 우상과 이성』,
    139쪽에서 재인용.

28 리영희, 「사회주의의 실패를 보는 한 지식인의 고민과 갈등 : 사회주의는
    이기적 인간성을 변화시킬 수 없는 것인가?」(1991.3), 『리영희저작집 8 : 새
    는 '좌우'의 날개로 난다』, 22쪽.

29 「다시 전환시대를 맞아 : 리영희교수를 찾아서」, 『옵서버』(1990.1.) 『리영희
    저작집 8 : 새는 '좌우'의 날개로 난다』, 573쪽.

30 리영희 | 권영빈 대담, "체제보다 늘 인간의 행복 중시" : 『전환시대의 논리』
    의 저자 리영희교수」, 『중앙일보』(1993.2.20.), 『리영희저작집 8 : 새는 '좌우'
    의 날개로 난다』, 589쪽.

31 리영희, 「이상주의적 삶의 표본 '김산' : 『아리랑의 노래』를 읽는 감동」(1992.
    7.), 『리영희저작집 8 : 새는 '좌우'의 날개로 난다』.

32 리영희 | 임헌영 대담, 앞의 책, 447쪽.

33 리영희, 「광복32주년의 반성」, 『리영희저작집 8 : 우상과 이성』, 42쪽.

34 리영희, 「0.17평의 삶」 ; 「크리스천 박군에게」 모두 『리영희저작집 8 : 우상과
    이성』 참조.

35 리영희, 「외화와 일본인」, 『여성동아』(1973.7.), 『전환시대의 논리』 참조.

36 이상록, 「1960~70년대 비판적 지식인들의 근대화인식」, 『역사문제연구』 제
    18집(2007), 242~246쪽.

37 리영희, 「중국 지도체제의 형성과정 : 과연 누가 계승할 것인가」, 194쪽.

38 중국공산당 중앙문헌연구실 편 | 허원 옮김, 「건국 이래 당의 약간의 역사문
    제에 관한 결의」(1981.6.27.), 『정통 중국현대사 : 중국공산당의 역사문제에
    관한 결의』(서울 : 사계절, 1990), 특히 34~35쪽.

39 리영희 | 백영서·정민 대담, 앞의 글, 594쪽.

40 샤를르 베텔렘, 「鄧小平 이데올로기 批判」, 『10億人의 나라』(서울 : 두레,
    1983).

41 리영희 | 백영서·정민 대담, 앞의 글, ; 리영희 | 김동춘 대담, 「리영희−냉전이 데올기의 우상에 맞선 필봉」, 『역사비평』 29(1995 여름), 197쪽.

42 리영희 | 임헌영 대담, 앞의 책, 447쪽.

43 리영희 | 권영빈 대담, 「"체제보다 늘 인간의 행복 중시" : 『전환시대의 논리』 의 저자 리영희교수」, 『중앙일보』(1993.2.20.), 『리영희저작집 8 : 새는 좌우 로 난다』, 588쪽.

44 리영희 | 백영서·정민 대담, 앞의 글, 594쪽.

45 리영희 | 서중석 대담, 「버리지 못하는 이기주의와 버릴 수 없는 사회주의적 휴머니즘」, 『사회평론』(1991.6.), 『리영희저작집 8 : 새는 '좌우'의 날개로 난 다』, 311쪽.

46 리영희, 「사회주의의 실패를 보는 한 지식인의 고민과 갈등 : 사회주의는 이기적 인간성을 변화시킬 수 없는 것인가?」(1991.3), 『리영희저작집 8 : 새 는 '좌우'의 날개로 난다』, 226쪽.

47 리영희 | 김동운·이수강 대담, 「휴전선 남·북에는 천사도 악마도 없다 : '인간 의 얼굴'을 한 자본주의가 돼야 미래가 있다」, 『그날에서 책읽기』(1999. 2.21.), 『리영희저작집 10 : 반세기의 신화』, 391쪽에서. 재인용.

48 리영희, 「'제로섬'적 대결구조에서 경제경쟁으로 : 전환기 동북아정세의 성 격과 남북관계」, 『사회평론』(1993.4.), 『리영희저작집 8 : 새는 '좌우'의 날개 로 난다』, 268쪽에서 재인용 ; 리영희 | 김동춘 대담, 앞의 글, 212쪽.

49 모리스 마이스너 | 김수영, 『마오의 중국과 그 이후』II(서울 : 이산, 2004), 734~739쪽.

50 리영희 | 백영서·정민 대담, 앞의 글, 594쪽.

51 리영희, 「사회주의의 실패를 보는 한 지식인의 고민과 갈등」, 222쪽.

52 리영희 | 백영서 대담, 앞의 글, 151쪽.

53 리영희 | 김동춘 대담, 앞의 글, 197쪽.

54 리영희 | 백영서·정민 대담, 앞의 글, 591~592쪽.

55 프랑스 지식인들의 문혁에 대한 반응과 마오주의자들의 활동상에 대한 간략 한 소개로는 Cornelius Castoriadis, 「毛主義與法國知識分子」, 『二十一世紀』 總 第36期(1996.8.) ; Claude Cadart, 「法國式毛主義的類別與興衰」, 『二十一世紀』 總 第37期(1996.10.) (두 글 모두 『文化大革命 : 史實與硏究』에서 재인용) 등 참조. 68운동의 전개과정과 의의에 대한 간결한 분석으로는 잉그리트 길혀-홀타이 지음 | 정대성 옮김, 『68운동 : 독일, 서유럽, 미국』(서울 : 들녘, 2006) 참조. 일본 지식인의 이상적 문혁론에 대해서는 加加美光行, 「文化大革命與現代日本」, 『文化大革命 : 史實與硏究』; 鐙屋一, 「日本の〈文革〉研究」, 『アジア遊學』65(2004)

; J. Victor Koschmann, *op.cit* 등 참조.

종장

1 문화냉전의 개념과 그것의 현지화에 대해서는 貴志俊彦·土屋由香, 「文化冷戰期における米國の廣報宣傳活動とアジアへの影響」, 『文化冷戰の時代－アリカとアジア－』(東京 : 國際書院, 2009), 11~12쪽 참고.
2 오병수, 「아시아재단과 홍콩의 냉전(1952~1961)」, 『동북아역사논총』 48 (2015.6), 44~45쪽.
3 정문상, 「『역사비평』과 한국의 중국학 연구」, 『역사비평』 100(2012 가을), 336~338쪽.
4 백영서, 「중국학의 궤적과 비판적 중국연구－한국의 사례」, 『대동문화연구』 80(2012.12.), 567~568쪽.
5 이욱연, 『포스트사회주의 시대 중국 지성－'중국' 재발견의 길』(서울 : 서강대학교출판부, 2017), 245쪽.
6 이러한 관점들을 정력적으로 제안하고 있는 연구자는 백영서이다. 중국근현대사를 보는 그의 관점을 엿볼 수 있는 최근의 저작으로는, 『핵심현장에서 동아시아를 다시 묻다』(서울 : 창비, 2013) 참고.

보론_ 냉전기 북한의 중국인식

1 찰스 암스트롱, 「북한 문화의 형성, 1945~1950」, 『북한현대사』 1(서울 : 한울아카데미, 2004), 147쪽.
2 정진아, 「북한이 수용한 '사회주의 쏘련'의 이미지」, 『통일문제연구』 54(2010 하반기) 참고.
3 이종석, 『북한－중국관계, 1945-2000』(서울 : 중심, 2001), 193쪽.
4 하앙천, 「중화인민공화국 창건을 위한 중국 인민들의 투쟁」, 『근로자』 41 (1949.10.15.), 56~57쪽.
5 일심, 「중국인민들의 위대한 승리－중화인민공화국 탄생」, 『로동자』 11 (1949.11.25.), 56쪽.
6 항일운동과 국공내전 동안 북한지도부와 중국공산당의 연대 경험에 대해서

는 이종석, 앞의 책, 제1-2장 ; 中朝關係通史編寫組 編, 『中朝關係通史』(長春 : 吉林人民出版社, 1996), 1169쪽 등 참고.

7 김영석, 「위대한 우의」, 『조선문학』(1955.10.), 105쪽.

8 임순득, 「수고하였습니다－떠나는 중국인민지원군들에게」, 『조선문학』(1954.10.), 55쪽.

9 中朝關係通史編寫組 編, 앞의 책, 1191~1192쪽.

10 황건, 「6억의 목소리」, 『중국방문기』(국립출판사, 1956.8.), 10쪽.

11 박팔양, 「중국 방문의 시초」, 『중국방문기』, 99~101쪽.

12 한설야, 「북경평화대회의 인상」, 『문학예술』 5-12(1952.12.30.), 107쪽.

13 황건, 「6억의 목소리」, 91쪽.

14 이종석, 『현대북한의 이해』(서울 : 역사비평사, 2000), 73쪽.

15 김성보, 『남북한 경제구조의 기원과 전개』(서울 : 역사비평사, 2000), 276쪽.

16 이종석, 『북한－중국관계, 1945~2000』, 202쪽.

17 임순득, 「수고하였습니다!－떠나는 중국인민지원군들에게」, 『조선문학』(1954.10.), 56쪽.

18 임순득, 위의 글, 같은 쪽.

19 이하의 북한에서 벌인 친중국적인 여러 활동에 대해서는 中朝關係通史編寫組 編, 앞의 책, 1200~1201쪽.

20 박원술, 「중국로동자들의 증산투쟁」, 『로동자』 3-1(1950.1.25.).

21 1951년부터 1967년 문화대혁명 이전까지 북한과 중국 사이에 진행된 각종 문화교류에 대해서는 中朝關係通史編寫組 編, 앞의 책, 1244~1261쪽 참고.

22 황건, 「6억의 목소리」, 『중국방문기』, 79쪽.

23 황건, 「6억의 목소리」, 『중국방문기』, 19쪽 ; 윤시철, 「인민 중국의 새모습」, 『중국방문기』, 125쪽.

24 박팔양, 「중국 방문의 시초」, 『중국방문기』, 105쪽.

25 윤시철, 「인민 중국의 새모습」, 『중국방문기』, 141~149쪽.

26 리근영, 「로동자의 락원(1)－중국기행문 중에서」, 『문학신문』(1961.2.21.).

27 윤시철, 「인민 중국의 새모습」, 『중국방문기』, 157쪽.

28 황건, 「6억의 목소리」, 『중국방문기』, 51쪽.

29 주진경, 「새로운 중국의 서남」, 『중국방문기』, 244~256쪽.

30 윤시철, 「인민 중국의 새모습」, 『중국방문기』, 135쪽.

31 중공업 중시와 급진적인 농업집단화를 통해 전후 북한사회를 복구하면서

사회주의개조를 이루고자 했던 김일성의 노선에 대해 연안계와 소련계 등 해외출신의 당내 세력은 비판적이었다. 이들은 김일성이 1956년 6~7월 소련 과 동구 지역을 순방한 틈을 이용하여 김일성을 축출하기 위한 계획을 세우기 도 했다. 김일성은 1956년 8월 당중앙위원회 전원회의에서 이들의 움직임을 "반당종파행위"로 규정하고 출당과 당직박탈, 정부직위의 박탈 등 조치를 내렸다. 소련과 중국이 개입함으로써 이들 조치가 일시 번복되면서 사태가 수습되는 양상을 보였지만, 곧 김일성은 이들에 대한 공격을 시도함으로써 핵심권력에서 이들을 밀어내고 단일지도체제를 확립했다. 단일지도체제를 확립한 김일성은 중공업 중시와 급진적인 농업집단화 노선을 추구했다. 이에 대해서는 서동만, 「1950년대 북한의 정치갈등과 이데올로기 상황」, 『1950년 대 남북한의 선택과 굴절』(서울 : 역사비평사, 1998), 312~318쪽 참고.

32 김성보, 앞의 책, 308쪽.

33 이종석, 『현대북한의 이해』, 75~77쪽.

34 농업집단화 과정에서 보인 다양한 갈등양상의 구체상에 대해서는 김성보, 앞의 책, 328~333쪽 참고.

35 황건, 「6억의 목소리」, 『중국방문기』, 52쪽.

36 윤시철, 「인민 중국의 새모습」, 『중국방문기』, 136~139쪽.

37 리근영, 「북경사람들(1)-중국기행문 중에서」, 『문학신문』(1961.2.17.).

38 리근영, 「세상은 달라졌다-중국기행문 중에서」, 『문학신문』(1961.2.28.).

39 리근영, 「중국공산당 창건 40주년을 맞이하여-영원한 불씨」, 『문학신문』 (1961.6.30.).

40 홍혜미, 「전후 북한 농업협동화의 문학적 수용-리근영의 〈첫수확〉을 중심 으로」, 『배달말』 36(2005), 212쪽. 이하 본문의 리근영에 대한 언급은 이 글 여기저기에 따랐다.

41 리근영, 「대약진속의 한 로동자를 만나고(4)-중국기행문 중에서」, 『문학신 문』(1961.2.25.).

42 리근영, 「중국공산당 창건40주년을 맞이하여-영원한 불씨」, 『문학신문』 (1961.6.30.).

43 서동만, 『북조선사회주의체제성립사, 1945~1961』(서울 : 선인, 2005), 847~ 852쪽.

44 서동만, 위의 책, 832쪽에서 재인용.

45 서동만, 「북한사회주의에서 근대화 전통」, 『북조선연구』(서울 : 창비, 2010), 59쪽.

46 서동만, 「1950년대 북한의 정치 갈등과 이데올로기 상황」, 『북조선연구』, 128쪽.

찾아보기

ㄱ

개조된 국민당 144, 145
개혁개방노선 184
게이오대학慶應大學 97
경제발전주의 101
『경향신문』 54, 75
계몽적 지식인 100
계승의 정치 69
고립 없는 봉쇄 정책 42
고병익 126
공교론孔敎論 137
공화제입헌국가 142, 143
관료주의 169
광복군 제2지대 115
광저우국민정부 149
교육개혁 170, 171
국가 건설 141
국립중앙대학中央大學 99, 116
국민당 좌파 145, 147
국민주의적 흐름 146
국민혁명 144, 145, 147
궈모뤄郭沫若 56
궈팅이郭廷以 99, 117, 120
권력투쟁 46, 47, 52, 56, 64, 65, 122
근대국가의 수립 151
근대주의 153, 154
근대주의적 중국인식 201
근대화 121, 128, 133, 150, 151
근대화로부터의 일탈 189, 192
근대화론 26, 45, 101, 192, 194, 195
근로 인민의 도시 211, 212, 220
길현익 62
김상기 127
김영준 65
김일성 207
김준길 66
김준엽 35, 63, 94, 96, 101, 113, 118,
    191, 192
김하룡 67

ㄴ

난징국민정부 147, 148, 152
난징중앙대학 117
내재적 발전론 134, 154
냉전기 중국인식 26, 28
냉전적 유산 27
냉전형 국민국가 33
농업근대화의 모델 188
농업집단화 213, 218, 220
닉슨 미국대통령 48, 80

ㄷ

다원적 국제질서 47
대약진운동 218
대중화제국 40
덩샤오핑鄧小平 59, 157
데모크라시와 싸이언스 164
동북공정東北工程 18, 20
동아시아 냉전질서 28
『동아일보』 54, 75, 82
동양적 전제주의 107
동양정체론 122
동학란 126
두 개의 중국론 42, 43
둥팡위원전문학교東方語文專門學校 98,
    116

ㄹ

량치차오梁啓超 137
레벤슨Joseph R. Levenson 128
루산회의廬山會議 217
류사오치劉少奇 56, 69, 113
리근영 216, 217
리덩후이李登輝 85
리영희 49, 70, 94, 156, 158, 166, 181,
    193, 199
린뱌오林彪 42, 56, 113
린뱌오비판 공자비판운동[批林批孔運動]
    64, 113

ㅁ

마오쩌둥毛澤東 36, 50, 62, 66, 67, 111,

164, 165, 167, 181, 183
마오쩌둥·린뱌오체제 62
마오쩌둥 사상 57, 63
마일사변 146
마틴 윌버 C. Martin Wilbur 120
막스 베버 Max Weber 127, 129
『매일경제』 75, 82
무술변법운동戊戌變法運動 134, 135,
    136, 139, 193
문명제국 21
문혁 3년설 67
문화냉전 195
문화대혁명(문혁) 39, 45, 54, 56, 65,
    156, 170, 181
문화적 민족주의 36, 100
미중화해 48, 49, 81, 190
민두기 43, 44, 94, 125, 134, 150, 191,
    192, 199
민족의 근대화 101
민주화 바람 85
민진당 85
밀착사관 131

ㅂ

박정희 134
반공 냉전 이념 33, 38
반공 냉전의 학문적 네트워크 123
반공 냉전형 중공인식 28, 38, 41, 47,
    51, 52, 54, 62, 156, 187, 195
반공우방 76, 87, 188
반공주의 36, 191, 195
반기독교운동 146
배상제회拜上帝會 164
베버의 학문관 130, 132

변법운동 108, 137
본성인本省人 77
본토화本土化 74
봉건론封建論 135, 136, 151
북한의 중국인식 203
비정상적 권력투쟁 57, 58, 62, 72,
  188
비트포겔 Karl August Wittfogel 36, 37,
  107, 108
비판적 중국연구 22, 95, 198, 201

_ㅅ

『사상계』 34, 36, 52, 100, 188
4인방 64
사회주의 인간형 65, 167, 168, 170
사회진화론 24
삼민주의 82
상하이 코뮤니케 80
생감층生監層 135
서구의 충격 105, 108
서구중심주의 122
성적갈등省籍葛藤 86, 190
『세대』 34
소련의 위성국 38
송지영 78
수력사회론 108
수정주의자 170
숙청 56
쉬첸徐謙 145
스탈린주의 66, 168
『신동아』 34
신민국시대新民國時代 148
신민주주의사관 165
신사층紳士層 151

신정新政 142
신중국관 39
신해혁명 105, 108, 141
실증주의 94
쑨원孫文 82, 111

_ㅇ

아세아문제연구소 94, 96, 118
아편전쟁 105
안창호 36
야오원위안姚文元 55
양무운동 108, 138
양안관계 86, 87, 88
역사로서의 문혁 157
연성자치론聯省自治論 149
5·16통지 55
5·4운동 110, 143, 144, 148, 163
왕징웨이汪精衛 145
외성인外省人 77, 79, 189
우한吳晗 55
우한정권武漢政權 146
위안스카이袁世凱 143
유럽 신좌파 184
이무영 78
이병도 126
이상적 문혁관 184
이상주의적 중국인식 51, 201
25퍼센트 감조 정책 146
2·28사건 79
인간혁명 51, 53, 65, 70, 167, 170,
  171, 190
인민공사人民公社 215, 216, 217
일본 오리엔탈리즘 25, 191
일탈된 근대화 112, 122

입헌파 142

ㅈ

자립과 자강 82
자본주의 인간형 70, 179
자유중국 29, 49, 74, 187
장순張勳 143
장제스蔣介石 76, 111, 147, 161
장징궈蔣經國 85
장칭江靑 64
저우언라이周恩來 47, 164
전략사무국 115
전숙희 78
전체주의 69
전통의 근대적 변모 45, 151
『전환시대의 논리』 157, 159
『정경연구』 34
정복왕조 106, 108
정체된 전통사회 106
정풍운동整風運動 55
제1차 공화혁명 141, 143, 148
제2차 공화혁명 144, 148
『조선일보』 54, 75, 82
조-소문화협회 204
주자파走資派 170
주쟈화朱家驊 120
주체적 근대화 134, 139, 195
중공 29, 74, 161, 187
중국공산당 105, 206
『중국공산당사』 35, 103
중국방문조선인민대표단 206
중국사상계의 보수화 21
중국사회주의(공산주의)청년단 146
중국위협론 18, 198

중국의 "제국성帝國性" 21
중국의 근대화 45, 105, 111
중국의 대국화 196
중국의 전통 197
중국인민지원군 204
중국학회 96
중국혁명운동사 95
중소논쟁 39
중앙연구원中央硏究院 117
중체서용中體西用 138
중화민국中華民國 28, 74, 161, 188
중화인민공화국 28, 74, 105, 122, 140,
    161, 187
중화주의 21, 114
『직업으로서의 학문』 129
진다이스연구소近代史硏究所 120

ㅊ

차이위안페이蔡元培 149, 150
천공보陳公博 145
천두슈陳獨秀 111
최명 69, 70

ㅋ

캉유웨이康有爲 137, 139, 141
케네디-로스토우 노선 101

ㅌ

타이완 74, 77, 81
타이완인식 189

타이완형 경제모델 189
태평천국운동太平天國運動 164, 194

_ㅍ

패권주의 113
펑더화이彭德懷 217
펑전彭眞 56
페어뱅크John K. Fairbank 41, 117, 118,
  120
포드재단 101, 118, 119, 121, 123
푸쓰녠傅斯年 117
피로 맺어진 형제의 나라 207, 219

_ㅎ

하버드학파 118
『한겨레신문』 75
한국사회 변혁의 모델 196
한국사회를 되돌아보는 거울 196

『한국일보』 54
한국전쟁 25, 76, 203
한일협정 134
한족 중심의 역사해석 122
한족중심주의 108
합작사合作社 214
항미원조 207
「해서파관海瑞罷官」 55
혁명사관 165, 166
혁명운동 148
혁명파 142
혈맹관계 205, 209
호조조互助組 214
호헌운동護法運動 148
홍위병 46, 47, 57, 62, 182
홍위병외교 60, 61
황색문학黃色文學 78
후스胡適 111, 149, 150
후쿠자와 유키치福澤諭吉 99
흐루쇼프Nikita Sergeevich Khrushchyov
  39, 44, 60, 169

출전

이 책에 실린 글들의 출처는 아래와 같다. 단행본 체제에 맞추어 글들의 내용을 수정했으며 아울러 가능한 한 최신 정보를 토대로 내용을 보완하고자 했다.

제1장 「'중공'과 '중국' 사이에서」, 『동북아역사논총』 33(2011.9.)

제2장 「한국의 냉전문화 형성과 문화대혁명」, 『중국근현대사연구』 48 (2010.12.)

제3장 「냉전기 한국인의 대만인식」, 『중국근현대사연구』 58(2013.6.)

제4장 「김준엽의 근현대 중국론과 동아시아 냉전」, 『역사비평』 87(2009 여름)

제5장 「閔斗基敎授(1932-2000)の中國近現代史硏究とその歷史像」, 『近きに 在りて』 44·45(2004.6.)

제6장 「문화대혁명을 보는 한국사회의 한 시선」, 『역사비평』 77(2006 겨울)

보론 「냉전기 북한의 중국인식」, 『우리어문연구』 40(2011.5.)

정문상

연세대학교에서 「국민혁명기 상해지역 학생운동 연구」로 문학박사학위를 받았다. 푸단대학(復旦大學) 역사학과 고급진수생(高級進修生), 연세대학교 통일연구원 연구교수, 가천대학교 아시아문화연구소 연구교수, University of California, Irvine(UCI) Research Professor 등을 역임하고, 현재 가천대학교 가천리버럴아츠칼리지 교수로 재직 중이다. 현대 중국의 대학교육과 대학문화, 동아시아 냉전문화 등 문제에 관심을 갖고 연구하고 있다. 저서로는 『중국의 국민혁명과 상해학생운동』(2004), 『공자, 현대중국을 가로지르다』(2006/공저), 『20세기초 상해인의 생활과 근대성』(2006/공저), 『반전으로 본 동아시아』(2008/공저), 『한중관계의 역사와 현실』(2013/공저), 『연동하는 동아시아를 보는 눈』(2018/공저), 『중국근현대사 강의』(2019/공저) 등이 있으며, 번역서로는 『당안관리학 개론 : 중국의 현대 기록관리학』(2003)이 있다. 최근 발표한 주요 논문으로는 「1930년대 중반 上海 대학생의 신생활운동과 군사문화의 확산」(2018), "How South Koreans Interpreted Modern China"(2018), 「1930년대 자유주의자의 대학교육개혁구상과 학술독립」(2019), 「從"衝擊-反應論"到"時代環境-適應論"」(2019) 등이 있다.

중공, 자유중국 그리고 중국
냉전시기 한국인의 중국인식

정문상 지음

초판 1쇄 발행 2019년 12월 30일

펴낸이 오일주
펴낸곳 도서출판 혜안

등록번호 제22-471호
등록일자 1993년 7월 30일

주 소 ⓦ04052 서울시 마포구 와우산로 35길 3(서교동) 102호
전 화 3141-3711~2
팩 스 3141-3710
이메일 hyeanpub@hanmail.net

ISBN 978-89-8494-640-8 03910
값 15,000 원

이 저서는 2019년도 가천대학교 교내연구비 지원에 의한 결과임. (GCU-2019-0339)